# SMEs Access to Financial Services

From the Perspective of Social Trust

# 中小企业融资

## 基于社会信任视角的思考

冯俊萍 佘伯明 著

东北财经大学出版社 Dongbei University of Finance & Economics Press 大连

**图书在版编目（CIP）数据**

中小企业融资：基于社会信任视角的思考 / 冯俊萍，佘伯明著. —大连：东北财经大学出版社，2024.12. —ISBN 978-7-5654-5514-8

Ⅰ. F279.243

中国国家版本馆CIP数据核字第2024KE6479号

东北财经大学出版社出版发行

大连市黑石礁尖山街217号　邮政编码　116025

网　　址：http://www.dufep.cn

读者信箱：dufep@dufe.edu.cn

大连图腾彩色印刷有限公司印刷

幅面尺寸：185mm×260mm　字数：222千字　印张：13.5　插页：1

2024年12月第1版　　2024年12月第1次印刷

责任编辑：张旭凤　　责任校对：刘贤恩

封面设计：原　皓　　版式设计：原　皓

定价：69.00元

教学支持　售后服务　　联系电话：（0411）84710309



如有印装质量问题，请联系营销部：（0411）84710711

# 前言

随着我国社会主义市场经济体制的建立和完善，中小企业逐步成长为推动经济增长、促进就业、改善民生的重要力量。近年来，在创新驱动发展战略的引领下，中小企业更加注重技术创新和品牌建设，不断提升核心竞争力，在中国经济社会发展中的地位不断提高、作用不断增强，然而其在发展中也面临诸多困难，如人才缺乏、制度不够健全、生长环境有待改善等。而在这些难题中，尤为突出的是融资难问题，这也是悬在中小企业头上的“达摩利斯之剑”，制约了中小企业的进一步成长。

我国各级政府高度关注中小企业的资金需求问题，并且出台了一系列促进中小企业发展的政策，这些政策涉及资金支持、创业支持、技术创新支持、市场开拓支持、社会服务支持等方面。特别是近几年来，扶持中小企业发展的政策力度大、措施实，如2017年修订的《中华人民共和国中小企业促进法》的实施不仅促进了中小企业的平稳较快发展，也使融资管理的法治化水平得到提升。在财政政策方面，国务院建立了专项资金，从国家财政预算上安排无偿资助或贷款贴息来扶助中小企业发展；在税收政策方面，国家通过税收政策直接减轻中小企业的负担，并对中小企业社会服务机构实施税收优惠政策，进一步提高中小企业社会化服务体系；在金融政策方面，国家通过调整货币政策来增加对中小企业的贷款规模以及减轻中小企业的融资成本，积极推进和建立中小企业信用担保机构体系，并进一步规范和完善中小企业信用担保资金管理，加强和改进中小企业金融服务，鼓励依法设立的风险投资机构增加对中小企业投资，改善中小企业融资环境；地方各级政府也出台地方政策与措施，加大对中小企业的扶持力度。金融管理部门也积极引导银行业金融机构创新体制机制，创新金融产品、服务和贷款抵质押方式，积极发展中小金融机构，扩大对小企业的贷款规模和比重，如四大国有银行也早在1998年就开始相继成立了中小企业信贷部。

上述种种举措表明，我国各级政府及相关部门已经积极采取行动，通过实施多样化措施，全力扶持中小企业发展，旨在破解中小企业融资难题。然而在现实中，受经济大周期的影响，中小企业的发展依然受到资金短缺的困扰，融资难问题在未来一定时期内仍然是阻碍中小企业快速发展的重要因素。

基于此背景，本书对中小企业融资的理论框架与实践操作进行了全面梳理和总结，特别关注了中小企业在面临内源融资匮乏与社会信用体系不健全的挑战下，如何以社会信任为突破口来促进其发展。本书综合国内外研究成果，提出强化中小企业社会信任中的“软信息”效应，旨在构建稳固的银企长期合作关系，为创新企业融资途径提供政策启示。进一步地，本书探讨了优化融资环境、寻求地方经济与金融业和谐共生的途径，以应对中小企业融资渠道的单一性与其多层次、多元化融资需求之间的矛盾，旨在为构建一个符合中小企业特性的融资支持体系提供理论支撑与实践指导。本书共分为七个部分，具体如下：

第一章是导论，说明本书的选题背景、研究内容和技术路线，阐明本书的研究方法选择、研究目的和意义。第二章是融资理论与社会信任理论，梳理信贷融资及社会信任相关理论，并对中外相关研究文献进行回顾，在对已往文献进行述评的基础上，得出启示，给出本书的研究视角。第三章是我国中小企业融资现状及理性分析。本章在对中小企业概念进行界定、对中小企业组织经营特征和融资状况进行分析的基础上，提炼出中小企业融资的特点和融资的特殊性。第四章是我国中小企业社会信任分析及信任机制的形成。本章重点是社会信任的操作化分析，阐明本书研究的逻辑起点。本章根据调查的数据不仅对企业家的社会关系网络、信任等分量指标进行描述和分析，而且对企业社会信任网络的体系结构和其融资可获得性进行分析，目的是构建中小企业信贷可获得性研究的社会信任理论分析框架。第五章从社会信任角度对中小企业融资进行理论分析。本章从企业家社会信任角度剖析中小企业非正规金融嵌入性依赖机制，以及企业获得正规金融的社会信任机理，为本书的实证研究提供理论依据。本章同时运用博弈论分析银企关系，判断银企在不同的博弈条件下的信贷行为选择。第六章是社会信任影响中小企业融资可获得性的实证分析。本章尝试采用24个指标测量企业家社会网络、社会信任等，运用主成分分析方法提取社会信任公共因子，进一步运用描述性统计方法和二元逻辑回归模型对企业家社会信任影响中小企业信贷可获得性进行检验。第七章是政策建议与研究展望。本章在前面讨论的基础上，得出研究结论，并提出一些切实可行的政策建议，进而对后续研究进行展望。

在本书的编写过程中，参阅和引用了近几年出版的相关教材与论著，借鉴了相关报纸、杂志、网站的资讯，我们深感这些资料和信息对本书的编写帮助很大，在此向相关作者表示衷心的感谢！同时，我们也对出版社编辑的倾力帮助和竭力支持，一并表示诚挚的谢意！

由于作者水平有限，书中难免有疏漏和不足之处，敬请广大读者批评指正，以便日后进一步完善。

作　者

2024年9月于南宁

# 目录

# 第一章　导论

## 1.1　研究背景及问题的提出

### 1.1.1　研究的背景

（1）中小企业的贷款支持力度与其经济贡献仍有一定的差距

我国中小企业数量众多且独具特色，广泛分布于各细分领域，深耕产业链上下游，构建了紧密相依的产业生态，确保经济顺畅运行。中小企业在我国的国民经济中占据着非常重要的地位，成为推动国民经济持续增长与社会全面进步的重要力量，其数量增长与质量提升，为市场经济繁荣立下汗马功劳。我国现存企业中有90%以上是中小企业，贡献了超过50%的税收，创造了60%以上的GDP，并推动了70%以上的技术创新。同时，它们还为社会提供了80%以上的就业岗位。此外，中小企业还在普及全民创新、大众创业的理念上起到了重要的引领作用。在县域经济层面，中小企业的作用更为突出，它们是带动地方经济发展和人民致富的重要力量。然而，由于中小企业规模相对较小、管理水平有待提高以及信息不对称等固有问题，它们在获取外部金融支持时面临诸多限制。特别是与金融机构之间的信息不对称，使得中小企业在融资过程中遭遇困境。这种困境表现为中小企业对社会GDP的高贡献率与其所获得的贷款资源比例之间不平衡。

（2）政府对中小微企业融资状况的关注和重视程度与日俱增

鉴于中小企业在国民经济中的核心地位及其对我国整体经济趋势的深远影响，党中央和国务院始终将中小企业发展置于战略高度，近年来，政府层面持续出台一系列扶持政策，旨在全方位促进中小企业的蓬勃成长。习近平总书记明确指出“我国中小企业有灵气、有活力，善于迎难而上、自强不息”，强调“中小企业能办大事”。党的二十大报告提出，“支持中小微企业发展”“支持专精特新企业发展”“营造有利于科技型中小微企业成长的良好环境”。2023年1月，国务院原促进中小企业发展工作领导小组办公室印发了《助力中小微企业稳增长调结构强能力若干措施》，为进一步推动稳增长稳预期、着力促进中小微企业调结构强能力，提出15项具体举措，为中小微企业发展注入活力。从国务院、国家发展和改革委、工信部、金融监管部门到各级地方政府出台了一系列政策措施，惠企政策措施“补血”又“造血”，通过财税、社保、金融等一揽子举措用“真金白银”为中小微企业减轻负担，其中最为突出的就是资金支持。

（3）金融扶持中小微企业的力度显著加大

中国普惠型中小微企业贷款余额在过去7年里实现了跨越式增长，从2017年的8.8万亿元激增至2023年的29.06万亿元，这彰显了国家对中小微企业金融扶持力度的显著加大。然而，在政策性资金分配上，仍存明显瓶颈，尤其是针对小微企业的支持显得不足。目前，部分具备高新技术实力的中型企业更能够受到政府政策性资金的青睐，截至2023年底，全国获贷高新技术企业数达21.75万家，但获贷率仅54.2%，虽有年度增长，但惠及范围仍有局限性。

尤为值得关注的是，尽管中长期贷款和信用贷款占比超过四成，但对广大小微企业而言，信用贷款比例依然偏低。2024年1月25日，国务院新闻办就金融服务经济社会高质量发展举行发布会，会上说，至2023年末，小微企业信用贷款比重为19.19%。尽管这一比重较去年有所提升，但与市场需求相比，仍存在较大差距。特别是在信用基础较差的非高新技术企业中，其巨大的融资需求尚未得到充分满足，这成为制约其发展的瓶颈之一。根据“普惠金融-小微指数”2024年第三季度调查，小微企业大额融资成功率环比提升，在融资及时性方面，45.19%的企业表示在面临生产经营资金需求时可以及时甚至提前拿到资金；在融资金额方面，表示非常满足、较满足的企业分别为8.51%、28.72%，仍然有21.28%的企业表示较不满足，12.77%的企业表示非常不满足。尽管我国中小企业的融资环境有所改善，然而在现实中，部分中小企业仍然存在融资不足的问题。

经过深入地剖析可以发现，中小企业融资困境的根源并非市场资金的匮乏。从金融机构的视角来看，由于中小企业信用信息的透明度不足，金融机构在提供贷款时往往持保守态度。而从企业自身的角度出发，信用机制的不完善也诱使部分中小企业产生投机心理，倾向于延迟或逃避银行借款和商业信用的还款义务。这种不良行为逐渐累积，不仅削弱了社会对中小企业整体信用的信任度，最终还反噬了企业自身。部分中小企业失信于金融机构，导致金融机构在一定程度上失去了对中小企业的信任，因而在贷款额度上对中小企业有严格限制；部分中小企业对其他企业的失信，导致其不能获取赊销和延期付款等商业信用；部分中小企业对政府机构的失信则进一步削弱了各级政府在政策层面对中小企业的支持力度。更糟糕的是，中小企业因规模相对较小，风险承受能力较弱，难以直接从资本市场获取融资，也难以获得风险投资公司的青睐。这些因素相互交织，共同构成了中小企业融资困境的恶性循环。

### 1.1.2　问题的提出

世界各国中小企业普遍存在融资难问题，即便在金融市场较发达、金融政策体系比较完备的发达国家，无论是在创立的早期还是在发展过程中，中小企业都不同程度地遭受融资问题的困扰。一般认为，中小企业规模小、财务制度不健全、提供的会计信息质量低、不能提供有效的抵押物、违约率高等问题削弱了其通过正规金融机构获取信贷资金的能力。因此，中小企业更多的是依赖企业家自有资金及周围关系人的资金来维持企业的生存与发展，但由于企业家个人及家庭的资金有限，加之中小企业自我积累的意识弱及能力较差，企业容易出现自有资金严重不足，只能寻求外源融资的支持。而要寻求外源融资，必须取得资金提供者的信任。因此，中小企业与周围关系人的融资关系对其取得外源融资至关重要。

融资本质上是一种经济行为，它涉及用一定数量的货币去交换未来偿还本金并支付利息的承诺。这种交换并非仅仅基于金融合同的文字约定，更深刻地依赖于贷款方与借款方之间所建立的相互信任关系。中小企业社会信任与融资可获得性关系的最大问题是如何加强银企紧密关系，如果让银行“熟悉”它的信贷对象，能够更多地获得企业信用方面的“软”信息，保证银行在没有获取充分的硬信息的情况下也可以考虑扩展他们的信贷业务，那么就既能缓解银行对中小企业的信贷配给，也可以提高中小企业获取信贷资金的能力。

近年来，尽管针对中小企业融资难题的支持政策层出不穷，但其融资困境仍未得到根本性的改善。这一现状反映出我国现有的正式金融制度尚存在不完善之处，单纯依赖政府政策的推动，难以全面突破中小企业融资的约束瓶颈。因此，探索更为多元化的解决之道显得尤为重要。其中，社会信任以其独特的信任机制、网络资源和规范力量，能够在一定程度上弥补正式金融制度的不足，促进信息的有效传递，降低交易成本，增强中小企业融资的可获得性。社会信任作为一种重要的非正式制度，被视为正规金融体系的有效补充力量。

鉴于我国当前市场经济体系尚待完善，市场成熟度与开发程度有限，且地区间经济发展与信任水平差异显著，加之征信系统与信用担保体系等区域软环境建设尚不健全，以民营企业和家族企业为主体的中小企业，在融资时往往难以从正式组织获取超越社会信任与社会网络范畴的社会资本。这种状况不仅阻碍了中小企业获取关键资源及优化资源配置，还削弱了它们应对激烈市场竞争的能力，使其难以实现外部社会资本的良性循环，进而制约了企业的可持续发展。正是基于这个认识，本书从社会信任的角度对我国中小企业融资问题进行深入研究。

## 1.2 研究目的和意义

### 1.2.1 研究的目的

如何提高中小企业在融资中的信任度，拓宽融资渠道，是理论界与实务界的共同话题。处于资本市场逐步发展、法律制度不断完善的中国中小企业，有着不同于其他经济组织的内生异质性特征以及外部环境的复杂作用效应，进而衍生出复杂而特殊的融资行为机理与特性。中小企业的融资带有很强的社会性，血缘、亲缘、地缘等非经济因素已经成为企业信贷融资不可忽略的重要影响因素。

目前，债务融资作为中小企业融资的主要形式之一，具有税盾效应和财务杠杆效应，对企业的发展和治理具有十分重要的意义。然而，由于中小企业自身资产规模小、经营风险大、缺乏不动产抵押品、银企间存在信息不对称、银行对中小企业的隐形排斥等内部原因，中小企业在通过体制内、市场化的途径无法获得或者较难获取其社会信任和社会网络以外的规范性组织提供的社会资源的情况下，开始依赖一些替代性的非正式制度和机制来支持企业的发展，其中依赖企业的社会资本就是一种非常重要的替代性机制。而作为社会资本的本质属性和重要衡量指标的信任，能弥补正式制度缺失，降低违约的风险感知，消除信息不对称对融资的影响；同时，信任作为一种社会心理机制，能够帮助融资双方更好地应对经济环境、政策等不确定性变化，使交往主体克服存在于社会交往关系中的不确定性和易变性，增强合作的稳定性和持续性。因此，中小企业的融资问题究其根源，是由于中小企业存在信用危机。

根据《中国社会心态研究报告》2019、2020、2022年的调查数据，民众的一般信任水平维持在中上区间（Ms ≥ 4.68），相比之下，对陌生人的信任水平则位于中下区间（Ms ≤ 3.84）。通过对比2019、2020、2022年三年社会信任的变化趋势，我们可以观察到，民众的一般信任水平呈现出逐年上升的趋势。2022年的平均得分不仅高于2019年和2020年，而且认为社会上大多数人可信的民众比例相较于2019年和2020年分别增长了8.98个百分点和4.73个百分点。同样地，民众对陌生人的信任水平也呈现出逐年增长的趋势，2022年的均值高于2019年和2020年，且认为社会上大多数人信任陌生人的民众比例相较于2019年和2020年分别增长了13.26个百分点和6.35个百分点。但是，在2022年，仍有接近四成的民众认为社会上大多数人不信任陌生人，这表明尽管信任水平有所提升，但陌生人信任仍然存在着较大的提升空间和挑战。显然，在复杂多变的社会大环境中，民众之间的相互信任仍旧显得薄弱，能够真正倚赖与信赖的对象往往局限于狭小的亲友圈层之内。这种较普遍存在的信任赤字，不仅深刻影响着人与人之间的情感交流与关系构建，使之趋于内向与封闭，还加剧了社会成员间的疏离感，形成了隐形的隔阂。更为深远的是，人际的不信任氛围逐渐蔓延至社会各个阶层，会导致不同群体间的相互排斥与对立，进一步削弱社会的整体凝聚力与和谐度。

当前，信任缺失的问题已成为制约经济社会发展的一个重要因素。在这样的背景下，中小企业作为经济发展的生力军，面临着更为严峻的挑战。由于社会整体信任度下降，金融机构在评估贷款风险时更加谨慎，中小企业因其规模较小、信用记录可能不够完善等，在获取信贷资本时面临更大的难度。这不仅限制了中小企业的资金流动性与扩张能力，也影响了其创新活力和市场竞争力，进而对经济的稳定增长与转型升级构成了潜在的障碍。

因此，构建更加坚实的社会信任体系，提升公众间的互信水平，不仅是促进人际关系和谐、增强社会凝聚力的关键所在，也是优化营商环境、支持中小企业健康发展的迫切需求。只有通过加强诚信教育、完善信用评价体系、强化法律保障等多措并举，逐步消除信任障碍，方能为社会经济的全面发展奠定坚实的基础。

观察历史上的每一次国际金融危机，不难发现，其本质往往是一场深刻的信任危机。在这场危机中，中小企业作为经济体系中的脆弱一环，普遍遭遇了资金链断裂、经营亏损乃至因资金链断裂而被迫破产的严峻挑战。那么，为何中小企业会特别容易受到这种危机的波及呢？

深入剖析其背后的原因，我们可以发现，金融危机的爆发不仅严重削弱了社会个体之间的相互信任基础，还加速了信用体系和社会资本的衰退。信用作为市场经济的基石，一旦受到侵蚀，就会导致融资环境恶化，融资难度和成本双双攀升。对于本就缺乏足够抵押物和稳定现金流的中小企业而言，这种环境无疑是雪上加霜，这使得它们更加难以从正规金融渠道获得必要的资金支持，进而加剧了其生存和发展的艰难。因此，在一个资本市场、法制制度逐步完善的国家，只有提高中小企业的信任度，才能提高中小企业的融资可获得性，从根本上解决企业融资难的问题。

### 1.2.2 研究的意义

近年来，我国政府在扶持中小微企业成长方面展现了坚定决心，从财政补贴、税收优惠、信贷支持等多个维度进行政策布局，明确旨在促进中小微企业便捷获取信贷资源。政府部门这一系列密集且有力的举措，不仅彰显了政府对中小企业发展的重视，也从侧面深刻反映了中小微企业在融资领域仍面临着严峻挑战，尤其是在现有正规金融框架下，融资约束问题依旧突出且亟待解决。鉴于正规金融渠道难以全面且有效地缓解中小企业的融资困难，探索并开发其他替代性或补充性的融资路径变得尤为迫切和重要。在此背景下，社会信任作为一种非正式的制度安排，其对中小企业融资约束的潜在影响逐渐浮出水面，成为学术界与实践界共同关注的焦点。社会信任不仅关乎企业间的合作意愿与稳定性，更在一定程度上影响着投资者的决策行为，从而间接作用于企业的融资能力与成本。

鉴于此，本书的研究意义在于：在理论探索层面，我们创新性地提出了一个研究我国中小企业融资难题的新视角——社会信任。这一视角突破了传统金融理论的局限，将社会信任这一非经济因素纳入中小企业融资问题的分析框架。我们选取融资可获得性作为衡量中小企业融资困境的核心指标，它不仅直接反映了企业获取外部资金的能力，也深刻影响着企业的成长潜力和市场竞争力。基于此，我们精心构建了社会信任与中小企业融资可获得性之间的关系模型，旨在通过严谨的实证分析，验证社会信任对于提升中小企业融资可获得性的积极作用。这一研究不仅丰富了中小企业融资理论，也为后续的政策制定和实践操作提供了坚实的理论基础。在实践应用层面，我们积极探索并拓展了中小企业获取各类融通资金的渠道和方式。针对中小企业普遍面临的融资难、融资贵问题，我们强调应充分利用社会信任这一非正式制度优势，提高中小企业通过社会信任获取资金的能力。具体而言，中小企业应积极与金融机构建立一种长期、稳定、互信的“关系型融资”模式。这种融资模式不仅依赖于企业自身的财务状况和运营效率，更依赖于企业与金融机构之间建立起的深厚信任关系。通过加强双方的信息交流和合作，中小企业可以在正式或非正式金融市场上获得更加优惠的融资条件和更广泛的融资渠道，从而有效改善其融资可获得性，降低融资成本，提高资金利用效率。

## 1.3 主要研究内容和研究方法

### 1.3.1 主要研究内容

本书致力于通过严谨的实证分析，深入剖析社会信任如何具体作用于中小微企业的融资约束，旨在为这一复杂问题提供更为丰富且有力的实证依据。本书不仅关注社会信任水平对企业信贷可得性的直接影响，还进一步探讨了其如何通过影响企业声誉、降低信息不对称程度等机制，间接优化企业的融资条件与成本。这一探索不仅极大地拓展了中小企业融资约束的研究视角，更为政策制定者、金融机构及中小微企业自身提供了宝贵的启示与参考，助力他们在错综复杂的金融环境中，找到破解融资难题的新路径与新方法。

根据国内外有关中小企业信贷融资以及社会信任研究的现状，本书选取的研究主题是从社会信任的角度切入研究中小企业信贷可获得性，找出社会信任对中小企业信贷获得的作用机制，实证研究分析社会信任对中小企业信贷可获得性的影响，试图从一个全新的角度为中小企业走出信贷融资困境提供政策建议。因此，本书共分为七部分，具体如下：

第一章，说明本书的研究背景、研究内容和技术路线，阐明本书的研究方法选择、研究目的和创新之处。

第二章，主要阐述中小企业债权融资及社会信任相关理论，提出本书的研究视角。

第三章，在对中小企业的鉴定、中小企业组织经营特征和融资状况进行分析的基础上，提炼出中小企业融资的特点和融资的特殊性。

第四章，重点是社会信任的操作化定义，阐明本书研究的逻辑起点，根据调查的数据对企业家的社会关系网络、信任等分量指标进行描述分析，并对企业社会信任网络的体系结构和其融资可获得性进行分析，目的是构建中小企业信贷可获得性研究的社会信任理论分析框架。

第五章，从企业家社会信任角度剖析中小企业非正规金融嵌入性依赖机制以及获得正规金融信贷的社会信任机理，为本书的实证研究提供理论依据。同时运用博弈论分析银企关系，判断银企在不同的博弈条件下的信贷行为选择。

第六章，尝试采用24个指标测量企业家社会网络、社会信任等，运用主成分分析方法提取社会信任公共因子，进一步运用描述性统计方法和二元逻辑回归模型对企业家社会信任影响中小企业信贷可获得性进行检验。

第七章，在前面讨论的基础上，尝试提出一些切实可行的政策建议，并简要总结研究不足、对未来研究进行展望。

### 1.3.2 研究方法

本书是基于现实背景和实证分析基础的应用性理论研究，在大量阅读现有相关文献的基础上，以融资结构理论等为基础，总结已有研究的经验和不足，一方面注重理论研究，另一方面充分考虑中小企业融资模式的发展实践。注重定量和定性相结合、理论研究和实证研究相结合的方法，先提出理论研究框架，然后利用调研数据使用相关软件对理论模型进行实证分析。

（1）文献研究法

目前，国内外对社会信任与中小企业融资可获得性问题已有过一些探讨，并取得了一定的研究成果。本书在前人研究的基础上，提出构建中小企业融资可获得性研究的社会信任理论分析框架。本书针对社会信任的构成、整合社会资本能力及其对中小企业融资行为的影响等问题查阅了大量国内外相关文献，借鉴了不少前人研究的相关成果，这既为本书提供了理论基础，又在研究方法上起到了重要的启示作用。

（2）问卷调查法

问卷调查法作为本书的重要方法之一，其设计与实施过程经过了严谨的考量与优化。在充分借鉴相关文献及研究成熟的调查问卷基础上，本书作者广泛听取了领域内专家与资深企业家的宝贵意见，对问卷内容进行了细致入微的修改与调整，以确保问卷的科学性、有效性和针对性。为了进一步拓宽问卷收集的渠道，提升数据的广度与深度，本书充分利用了问卷星这一高效便捷的在线调查平台，广泛发布并收集了大量关于社会信任与中小企业融资状况的问卷反馈。这一过程不仅确保了问卷的广泛覆盖与高效回收，也为深入分析社会信任对中小企业融资约束的具体影响提供了丰富、有效的数据支持。

（3）博弈分析法

在对中小企业通过正规金融手段获得社会信任机理分析的基础上，本书运用博弈论对银企关系进行分析，以判断金融机构与融资企业的信贷行为选择。

（4）统计分析法

本书主要运用因子分析方法对企业家社会信任进行因子分析，采用主成分分析法提取企业家社会信任的公共因子，并将所得因子值与中小企业非正规信贷和正规信贷可获得性进行逻辑回归分析。同时，对收集的问卷数据运用SPSS16.0统计软件进行信度和效度分析、相关分析和回归分析等，从而对本书所提出的理论模型进行了验证。

# 第二章　融资理论与社会信任理论

中小企业融资问题早已引起中外学者的普遍关注，因而有关企业融资的相关理论与研究文献也颇多，西方对企业融资的理论研究比较成熟，从而为其研究和解决中小企业融资问题提供了坚实的理论基石。从既有研究成果看，存在一条明显的从现象到本质的研究线索：在研究初期，学者们发现中小企业在资本结构上有别于大企业，从而发展了新古典资本结构理论；在运用中，学者们发现该理论建立在经验推断的基础上，没有经过科学的数学推导和分析，不够成熟，缺乏一定的说服力，因而逐步完善了融资结构理论的理论框架。同时，人们逐渐开始从信息不对称条件下的市场行为方面重新审视中小企业的融资行为问题，形成了基于信息不对称下的均衡信贷配给理论和企业融资理论；在分析企业融资理论的基础上，加入时间维度，从而产生了企业金融成长周期理论，直至发展到近期的关系型贷款、群体贷款等众多理论体系。本书研究的核心内容是探索和验证中小企业的社会信任与融资可获得性二者之间的关系，由此，本章将试从中小企业融资理论、社会信任理论等方面的相关理论入手，沿着现象到机理的脉络，对企业融资可获得性的机理进行概述，为本书理论框架构建提供相应的理论支持。

## 2.1　中小企业融资理论

有关中小企业融资的相关理论颇多，西方对企业融资的理论研究比较早也比较成熟。现代融资理论，包括MM理论、融资优序理论、金融成长周期理论等，都对企业融资做出了解释与建议。本章通过对现代融资理论的梳理，对中小企业融资难的原因进行了综述，为寻求中小企业融资可获得性的途径提供启示。

### 2.1.1　中小企业的融资需求：结构与次序

（1）融资结构理论

西方国家在研究企业融资问题时主要以融资结构理论为依据。融资结构理论的研究大体经过了两个阶段：一是早期的资本结构理论；二是现代企业融资结构理论。古典企业融资结构理论的产生以1952年大卫·杜兰特（David Durant）提出的“净收益理论”为标志。其后对“净收益理论”做出修改，提出了“净经营收益理论”和“传统融资结构理论”。古典企业融资结构理论认为，在资本结构中，综合融资成本会随着权益融资比重的下降或负债融资比重的上升而下降。1958年，米勒（Mertno H. Mllier）教授和莫迪格莱尼（Frnaoc Mdoihgnai）教授在论文《资本成本、公司理财和投资管理》中提出了MM理论，标志着现代企业融资理论的形成。

MM理论的无公司税模型认为，在没有所得税且市场处于均衡的状态下，企业资本结构的改变不会影响企业的价值和资本成本。公司税模型引入公司所得税的影响之后，却得出了相反的结论：税盾效应增加了企业的价值，因而企业负债越高越好。实践表明，MM理论无论是无公司税模型还是引入所得税后的公司税模型，都与企业的现实经济活动相悖。

（2）融资优序理论

融资优序理论也称为啄序理论。美国经济学家迈尔斯（Myers）和智利学者迈勒夫（Majluf）于1984年在对企业的资本结构研究中，发现了企业资本结构及融资方式随企业成长过程发生变动的现象，并因此提出了关于企业融资次序的融资优序理论，试图解释企业不同发展阶段资本结构及融资方式的差异。迈尔斯等人认为，由于信息不对称的存在和信号传递机制的作用，企业的融资顺序是先内部融资，再债务融资，最后是股权融资。融资优序理论放宽了MM理论完全信息的假定，以不对称信息理论为基础，一并考虑交易成本的存在，认为权益融资会传递企业经营的负面信息，而且外部融资要多支付各种成本，因而企业融资一般会遵循内源融资、债务融资、权益融资这样的先后顺序。

国外学术界针对公司融资优序理论的检验结论呈现出多样化的特征。具体而言，施亚姆-森德（Shyam-Sunder）与迈尔斯的深入研究支持了融资优序理论，认为融资优序理论是对企业融资行为最贴切的描述。然而，弗兰克（Frank）和高雅德（Goyal）则得出了不同的结论，他们发现当企业面临财务赤字时，更倾向于首先采用股权融资方式。此外，巴拉特（Bharath，2009）等的研究则揭示了美国上市公司的融资偏好顺序为：债务融资优先于内部融资，而内部融资优先于股权融资。这些差异性的结论不仅反映了不同市场环境和经济条件下企业融资行为的复杂性，也为进一步的理论探索与实证研究提供了丰富的素材与视角。

（3）金融成长周期理论

金融成长周期理论着重从长期和动态的角度揭示企业在不同成长阶段融资结构的变化特征（伯格和尤德尔，1998），并部分弥补了融资优序理论的缺陷。金融成长周期理论认为，伴随着企业成长周期而发生的信息约束条件、企业规模和资金需求的变化，是影响企业融资结构的基本因素。企业在每个阶段面临不同的资金需求，应该据此选择适合每个发展阶段的融资模式。在企业创立初期，由于资产规模小、缺乏业务记录和财务审计，企业的信息是封闭的，因而外源融资的获得性很小，企业不得不主要依赖内源融资。当企业进入成长阶段，资金需求增加，同时随着企业规模的扩大，可用于抵押的资产增加，并且有了初步的经营和财务记录，信息透明度有所提高，企业开始更多地依靠银行等金融机构提供外源债务融资。成长阶段的融资模式是中小企业贷款难的关键阶段，该阶段企业的融资模式，适宜以银行贷款为主、以自有资金或风险资本为辅的融资模式，开始由内源融资模式转为外源融资模式。在进入稳定增长的成熟阶段后，企业的业务记录和财务制度趋于完备，同时企业已具备一定规模，和供应商、客户建立了较好的关系网络，商业信贷构成运营资金的来源之一，而且有效抵押品和良好的信贷记录都将有助于企业从正规金融渠道获得短期和中长期贷款，逐渐具备进入公开市场发行有价证券的条件。随着公开市场可持续融资渠道的打通，债务融资的比重下降，股权融资比重上升，部分优秀的家族企业成长为大企业。金融成长周期理论表明，在企业成长的不同阶段，随着信息、资产规模等约束条件的变化，企业的融资渠道和结构也随之变化。其基本规律是，越是处于早期成长阶段的企业，外部融资的约束越紧，渠道也越窄；反之亦然。因此，企业要顺利发展，就需要有一个多样化的金融体系来对应其不同成长阶段的融资需求。金融成长周期理论是在对前述诸多理论不断修正的基础上，不断得以发展和完善的。研究表明，在我国中小企业的不同发展阶段，融资结构存在周期性变化，正式和非正式金融、股权融资和债权融资随着企业所处的不同成长阶段而发生变化。

### 2.1.2　中小企业的融资供给：约束与障碍

（1）金融缺口理论

金融制度是市场经济体系的核心制度安排，如何实现资本由供方到需方的有效对接，即将稀缺的资金资源由资金富余者提供给能够最有效使用资金的资金短缺者是金融制度要解答的中心命题。大量研究表明，中小企业在发展过程中长期面临着融资约束，其集中表现为金融缺口。金融缺口，是指中小企业对资本和债务的需求超出金融体系能够并愿意提供的资金的差额，主要包括资本缺口和债务缺口。所谓“麦克米伦缺口”，指的是中小企业因普遍面临金融资源匮乏，特别是长期融资领域因供给不足而形成的显著资金配置不足现象（周密，2007）。该概念起源于20世纪30年代初，由英国议员麦克米伦（Macmillan）在其提交给国会的中小企业融资问题调查报告中首次提出。具体而言，“麦克米伦缺口”揭示了在特定利率条件下，资金供给与需求之间的不平衡，这是导致中小企业融资难的关键因素。自提出以来，该概念即引起了学术界的深切关注，并催生了众多关于其成因的深入理论探讨。信息不对称、交易成本的规模效益以及银行组织结构差异是形成中小企业债务缺口的三个重要原因（胡勇，2003），而万伦来等（2011）认为，除了信息不对称外，规模不匹配、制度缺陷等也是导致“麦克米伦缺口”的根本原因。

（2）信贷配给理论

信贷配给是国外大量关于中小企业融资文献的主题。关于信贷配给的研究最早可以追溯到亚当·斯密（Adam Smith，1776），其在论述高利贷上限过程中曾简单探讨过信贷配给现象。凯恩斯（Keynes）把“得不到资金供给的借款人群体”的存在，也是贷款配给现象，看作影响宏观货币运动的一个变量。现代最早研究信贷配给理论的罗莎（Roosa，1951）等人强调，信贷配给现象是由于受某些制度约束而导致的长期非均衡现象。传统理论认为，利率能够调节信贷资金的供求，从而使信贷市场产生均衡利率。斯蒂格利茨和韦斯（Stightz & Weiss，1981）的均衡配给模型（也称S-W模型）指出，由于借款人和银行之间存在信息不对称问题，贷款利率的提高会引发逆向选择和道德风险。这两种效应都会增加银行的风险，因此，即使借款人愿意接受更高的利率，作为理性经济主体——银行，为规避潜在风险，其信贷资金供给并不一定是贷款利率的单调增函数，在处于竞争均衡时也可能出现“信贷配给”。惠特（Whette，1983）改变了S-W模型关于借款人为风险厌恶者的假设，进一步验证得出，在借款人为风险中性的条件下，银行抵押品要求的增加同样会引发逆向选择，因此，即使借款人还愿意接受如资产抵押等其他非价格条款，银行为维护自身利益同样会采取“信贷配给”。

### 2.1.3 中小企业的融资选择：期限与成本

（1）代理成本理论

代理成本理论是由詹森和梅克林（Jensen & Meckling，1976）提出的。在信贷市场上，企业信息的完全程度会对企业的融资可获得性和融资条件产生非常大的影响。该理论认为，在信息不完全和代理人绝对风险规避的情况下，由于存在股东与经理层之间、债权人与股东之间两种利益冲突，就产生了两种代理成本，即“外部股东代理成本”和“债券代理成本”。在信息不对称条件下，规模不同的企业，信用信息的不完全程度是不相同的。一般情况下，规模小的企业较规模大的企业的信息完全程度低，因而其获取信贷资金的能力相对较差，融资成本较高。从企业的融资角度来看，由于中小企业的管理权与所有权具有高度统一性，管理者与所有者信息对称程度高，股东与经理层之间的利益冲突较小，因而此类代理成本较低。但由于中小企业与外部债权人之间存在着较为严重的信息不对称，债权人与股东之间利益冲突较大，外部债权人面临的代理成本问题更加突出。因此，在信息不对称的情况下，外部债权人必须对代理成本与投资期望收益进行权衡，以便做出最优决策。

迈尔斯（1998）从投资的可验证性角度着手论证了外部股权融资的代理成本，认为外部股权融资产生代理成本的主要原因是缺乏对新一轮投资的可验证性。迈尔斯（2000）通过建立基于股东分散的模型进行研究得出结论：能够减少代理成本、实现有效的外部股权融资的方法是平衡内部管理层和外部投资者的权力。迈尔斯的应用模型有力论证了未来债务负担对企业投资决策的潜在制约：在特定情境下，企业可能因需偿还债务而不得不舍弃具有正净现值（NPV）的投资项目。基于这一洞察，迈尔斯进一步推断，企业的成长机会与其债务期限应呈反向关系，即成长机会越多，债务期限应相应缩短，以平衡风险与收益，确保企业的财务灵活性和长期稳健发展。詹森（1986）主张，企业经营管理者若倾向于滥用企业充裕的自由现金流以追求个人非财务利益，即存在过度投资的道德风险，此时，短期债务融资成为了一种有效的治理机制。通过削减企业的自由现金流，短期债务能够频繁地降低企业可支配的现金资源，从而降低这种道德风险的发生。不仅如此，短期债务的频繁到期增加了企业的财务压力，提升了破产风险，这种“鞭策效应”促使经营管理者更加审慎地运用企业资金，增强了其提升经营效率和资金使用效益的动力。

综合多项研究结论，我们可以发现，代理成本假说主张通过缩短企业债务的实际期限来降低企业代理冲突的程度，从而降低债务代理成本，提高企业价值。同时，短期债务融资给了企业更多的灵活性来进行企业的成长选择，减少了投资不足的问题。短期债务的增加，为那些善于评估违约风险的代理人提供了频繁而集中的监督条件，从而节约了股东的监督成本。

（2）税收假说

税收假说源于债务的税盾效应，即大多数国家的税法都规定债务利息可以抵扣应税收入，因而使用债务融资可以减少税负支出，使杠杆公司相对于非杠杆公司有一个价值增加的效应。而债务期限的不同也会使税盾效应不同，追求价值最大化的企业因此会采取某种最优的期限安排。凯恩（Kane）、马库斯（Marcus）和麦克唐纳（Mcdonald）于1985年建立了一个连续时间模型，以此来确定最优债务期限的内生因素，提出选择债务期限结构要根据税收的利益、破产成本和发行成本之间的权衡决定。此模型表明，债务期限结构与税率负相关，即当债务抵税后的收益减少时，企业会延长债务期限以确保该收益高于已经摊销的发行成本。

布里克和拉维德（Brick & Ravid，1985）引入利率收益曲线，深入剖析了债务期限对企业价值的潜在影响。他们指出，相较于短期债务，长期债务能够更有效地降低未来应付税款的现值，从而最大化企业价值。在此基础上，布里克和拉维德（1991）进一步拓展了研究领域，提出了在利率不确定性条件下，企业同样会偏好长期债务融资的观点。他们认为，长期债务能够为企业提供更为稳定的融资成本预期，减少因利率波动带来的财务风险。金（Kim）、莫尔（Mauer）和斯托斯（Stohs）在1995年则从税收时机选择的角度出发，进一步阐释了长期债务的优势。他们指出，长期债务赋予企业更多的税收时机选择权，使其能够灵活调整利息费用的扣除时机，从而更有效地削弱利率风险对企业价值的影响。刘易斯（Lewis，1990）提出了一个见解，他认为当企业在做出债务期限决策时，若能同时优化其资本结构，那么税收（在此假设其为唯一的市场不完全性因素）对债务期限的选择将不再产生显著影响。进一步地，1992年，财务学教授斯科尔斯（Scholes）与会计学教授沃尔夫森（Wolfson）基于企业间边际税率的差异性，提出了税收客户理论。该理论指出，尽管所有企业都意识到短期债务频繁展期或多次发行的交易成本高昂，但仅有部分企业能够成功发行长期债务，而这些企业恰好是那些边际税率较高的企业。这一理论揭示了税收因素在不同企业债务期限选择中的差异化影响。然而，在实证研究领域，该理论观点并未得到普遍支持。莫尔和斯托斯于1996年的研究虽然发现债务期限结构选择与税率存在反向关系，但众多后续研究，如格德斯和奥普勒（Guedes & Opler，1996）、巴克莱和史密斯（Barclay & Smith，1995）等人的研究却未能发现债务期限与企业债务之间存在显著关联。

尽管如此，国内学者匡海波、李延喜和曹雪（2007）的实证研究却为布里克和拉维德（1985）的观点提供了有力支持。他们发现，通过减少短期债务比例、提高长期债务比例，企业能够显著提升收益水平。这一发现不仅验证了长期债务在优化企业资本结构、提升企业价值方面的积极作用，也为后续研究提供了新的思路与启示。

张静（2009）利用1998年至2007年期间制造业上市公司的面板数据，研究发现债务期限与边际税率之间存在负相关关系，即边际税率较低的公司更倾向于发行长期债务。这一发现得到了宁静和宋晓满（2010）以及黄文青（2010）研究的支持，他们分别通过经典理论的归纳和上市公司的实证研究为税收假说提供了证据。然而，肖作平（2007）的研究结果并不支持税收假说。他通过实证分析发现，即使增大长期债务与短期债务的收益差，企业也并未因此增加长期债务的发行以强化税盾效应，国债收益差系数的不显著性为此提供了佐证。齐婧（2010）在文献综述中梳理了斯科尔斯与沃尔夫森关于边际税率的观点，指出边际税率较高的企业更倾向于发行长期债务，而边际税率低的企业由于税盾效应较弱，可能面临较高的清算风险，因此只能选择短期债务。然而，齐婧采用多元线性回归分析的结果同样未能支持税收假说，她认为边际税率的高低对债务期限结构没有显著影响。段彰乔和王丽娟（2010）的研究也支持了齐婧的观点，并进一步指出，我国的税收征管政策在一定程度上削弱了负债的税盾作用，这可能对债务期限结构的选择产生了额外的影响。这些研究结果表明，税收因素在债务期限决策中的作用可能受到多种因素的制约，需要更深入的研究来揭示其复杂关系。

（3）期限匹配理论

期限匹配理论也被称为免疫假设理论，是一种关于企业债务期限结构管理的理论，其核心在于强调企业债务的期限应当与其资产的期限相协调，以确保企业的财务稳健性和运营效率。期限匹配理论源于莫里斯（Morris，1976）的研究，他提出通过资产和债务的期限匹配，企业可以降低因现金流不稳定可能导致的偿债风险。这一理论的核心观点是，企业应根据其资产的期限结构来合理安排债务的期限，以确保在资产产生收益的同时，债务的偿还能够得到有效的支持。如果债务的期限短于资产的期限，企业可能无法在债务到期时产生足够的现金流来偿还债务，从而面临偿债风险。这可能导致企业不得不通过额外的融资手段（如发行新债、出售资产等）来筹集资金，增加企业的财务成本和运营压力。反之，如果债务的期限过长，而资产的收益期已经结束或即将结束，企业仍需继续偿还债务，这同样会给企业带来财务压力。此外，过长的债务期限还可能限制企业的财务灵活性，使其难以根据市场变化及时调整债务结构。

迈尔斯（1977）从解决投资不足问题的角度进一步强调了期限匹配的重要性。他认为，企业应优化资产和债务的期限结构，以确保在资产生命周期的节点（如债务到期时）能够有足够的资金进行重新投资。合理的期限匹配有助于确保投资的连续性，激发企业的投资动力，从而避免因资金不足而导致的投资不足问题。迈尔斯的研究还指出，企业的负债期限不仅受有形资产寿命的影响，还取决于无形资产（如增长机会）的有效期限。这意味着，企业在制定债务期限策略时，还需要考虑其无形资产的特性和价值，以确保债务的偿还能够得到无形资产收益的有效支持。

哈特和摩尔（Hart & Moore，1994）的研究进一步强化了债务与资产期限匹配的重要性。他们指出，当资产的折旧速度较慢时，债务的期限应相应延长，以匹配资产的长期收益。这一观点有助于企业更准确地评估其资产的寿命和收益情况，从而制定出更加合理的债务期限策略。

### 2.1.4 中小企业融资可获得性的机理：信息与关系

（1）信息不对称理论

莫迪格利安尼与米勒（Modigliani & Miller，1958）提出的MM理论假设资本市场是完全的，即企业的外部融资与内部融资可以相互替代，企业的投资决策不会受制于自身的债务结构。然而，现实情况中，市场往往是不完全的，企业的外部融资成本普遍高于内部融资，这导致了融资约束的存在。到了20世纪60年代，西蒙（Simon）、阿罗（Arrow）等欧美经济学家对传统经济学的完全信息假定发出第一声质疑，指出了市场交易中因信息不完全而导致经济行为的不确定性。

乔治·阿克洛夫（George Akerlof，1970）在其经典著作《柠檬市场：质量不确定性与市场机制》中，奠定了信息不对称理论的基础，并指出在信息不对称的条件下，自由竞争可能导致市场出现逆向选择的现象。此外，阿克洛夫（1976）还提出可以通过传递"显示性"信息向对方显示对产品质量的信心，来缓解买卖双方之间的信息不对称问题，从而避免产生逆向选择问题。迈克尔·斯宾塞（Michael Spence）在其博士论文《劳动市场的信号》（1973）及后续著作《市场信号：雇佣过程中的信息传递》（1974）中，深入探讨了不对称信息市场中，信息优势方如何通过传递可靠信号给信息劣势方以获取市场利益，这一理论被称为信号显示理论，旨在揭示不对称信息条件下提升市场效率的途径。而斯蒂格利茨在1976年的经典论文《竞争性保险市场的均衡：论不完全信息经济学》中，则证明了信息劣势方能够通过设计包含多项选择的契约来诱导信息优势方提供更多信息，这一机制被称为信息甄别理论。

阿克洛夫、迈克尔·斯宾塞与斯蒂格利茨三位经济学家的卓越贡献，为分析不对称信息市场奠定了坚实的理论基础，他们的研究成果不仅深化了我们对市场运作机制的理解，也推动了经济学理论的边界拓展。因此，他们共同荣获了2001年度诺贝尔经济学奖，这一殊荣是对他们学术成就的高度认可。

信息不对称理论不仅在中小企业信贷融资领域发挥着重要作用，还成为国内外众多学者对中小企业进行深入研究的重要理论基础。学者们通过运用信息不对称理论的分析框架，对中小企业的经营特点、融资行为以及市场环境等方面进行了深入细致的探讨，为中小企业的发展提供了有益的理论指导和实践建议。

（2）信号传递理论

信号传递理论由2001年的诺贝尔经济学奖得主迈克尔·斯宾塞于1972年创立。作为信息经济学的一个重要分支，信号传递理论核心思想在于：市场中掌握更多信息的个体，通过特定的“信号传递”方式，向信息较少的对方准确展示商品价值或质量信息，旨在减轻信息不对称现象，进而达成高效的市场均衡状态（斯宾塞，1973）。该理论是促进交易双方信息流通的关键手段，对于解决信息不对称问题具有举足轻重的作用。

自1973年提出以来，信号传递理论不仅在理论上得到了深化，而且在实践应用上展现出了广泛的适用性。它已被广泛应用于财务管理学、产业组织研究以及社会制度分析等多个领域（王钦池，2009）。时至今日，在经济学、管理学乃至社会学的研究范畴内，学者们正积极运用信号传递理论，以期有效应对信息不对称问题及其带来的信息获取成本挑战（范培华、吴昀桥，2016）。

中小企业的许多行为及财务数据都具有信息的内涵，可以作为传递信息的信号工具。根据罗斯（Ross，1977）的资本结构信号传递理论，在信息不对称条件下，作为企业管理者的经理层掌控了外界投资者不能获得的信息，因而能对企业的收益作出准确的估计，对可能发生的潜在风险作出准确的判断和规避。外界的投资者只能根据企业向市场传递的信息来了解企业的价值和经营状况，并以此作出投资决策。弗兰纳里（Flannery，1986）认为，当债务市场不能辨别公司质量的优劣时，拥有私有信息的高质量企业将有动机选择短期债务，相反，低质量企业有动机选择长期债务，这种信号传递博弈均衡是否存在，取决于企业质量的分布函数和企业债务的交易成本。戴蒙德（Diamond，1991）对传统信号传递模型进行扩展，分析了在存在流动性风险的情况下私有信息对债务期限选择的影响。他认为，当企业有内部的利好消息时，最佳债务期限结构是在短期债务所带来的信用等级改善与由此带来的流动性风险（再融资风险）之间的权衡。戴蒙德的模型最终得出，企业信用等级与债务期限之间呈U形关系，即在所有其他条件相同的情况下，信用等级最高的企业和信用等级最低的企业都拥有较多的短期债务，而信用等级中性的企业则拥有更多的长期债务。

金融机构对中小企业的信贷行为也可以看作信任传递的信号。该信息能够进一步使完全陌生的个体据此建立信任，实现信息共享，做出有利于中小企业的融资决策。

(3) 关系型融资理论

20世纪90年代，以银企关系为核心的关系型融资成为了经济学家们关注的焦点，并在西方金融中介理论研究中占据了重要地位。依据美国学者伯林和麦斯特（Berlin & Mester）的分类框架，商业银行的贷款模式被明确划分为两大类：交易型贷款（Transactional Lending）与关系型贷款（Relationship Lending）。从融资企业的视角出发，这相应地引出了交易型融资与关系型融资两种融资方式。

彼得森和和拉詹（1995）将关系型融资定义为利用紧密的关系能使企业以较低的融资成本获得更多资金的一种融资。交易型融资所依据的是企业的“硬信息”，如财务报表、抵押品的质量和数量、信用得分等，这些信息容易数据化，不具有人格化的特征，可以很方便地在所有人员之间传递。关系型融资与交易型融资相对，其决策所依据的信息称为“软信息”，也称为意会信息。它是通过长期和多种渠道的广泛接触所积累的关于融资企业及其业主的相关信息，如财务和经营状况、企业行为、信誉和业主个人品行等专有信息。这些信息具有强烈的人格化特征，只能意会不能言传，具有模糊性，难以用书面报表的形式进行列示、归纳和传递。但这些信息可以弥补企业财务状况、经营成果等“硬信息”的不足，可以克服“硬信息”不对称问题，为中小企业融资可获得性的提高提供一个相当强的支持，并构成关系银行相对于其他贷款人的比较优势。同时，紧密的银企关系可以不借助抵押和担保贷款而获得信用贷款，即银企关系改善了企业的贷款条件，还能使关系企业获得利率上的优惠。关系型融资理论是为解决中小企业融资中信息不对称问题而发展起来的理论。

应当承认，中小金融机构在解决中小企业融资需求方面扮演着不可或缺的角色。伯格（Berger，1998）和尤戴尔（Udell，2002）也从银行视角出发，将大企业通过规范财务报表体系披露的易于量化与传递的信息定义为“硬信息”，而将中小企业因缺乏规范披露而呈现出的模糊信息称为“软信息”，并据此提出了关系型融资假说。该假说强调，企业倾向于与少数几家银行建立稳定的合作关系，这种固定的银企关系使得银行能够通过长期、多渠道的接触，获取贷款企业及其经营者的相关信息，有效减轻信息不对称现象。他们进一步阐释，关系型借贷主要依赖于难以量化与传递的“软信息”，这些信息极具个性化，对于内部架构复杂的大银行而言，传递成本高昂；若将决策权下放至地方分支机构，又可能引发银行内部的代理问题。因此，中小金融机构在发放这种关系型贷款上就比大银行具有成本优势。

（4）长期互动假说

班吉（Banejee，1994）提出了长期互动假说，该假说认为，中小企业金融机构多为地方性机构，专注于为当地中小企业提供服务。通过长期的合作关系，这些中小金融机构能够逐渐深入了解地方中小企业的经营状况，从而有助于缓解中小企业与中小金融机构之间的信息不对称问题。长期互动假说的核心在于，通过引入中小金融机构，并利用它们与中小企业之间特有的联系和利益相关性，来有效解决中小企业的融资难题。

### 2.1.5　影响中小企业融资的因素研究

从现有研究看，中外学者对中小企业融资的影响因素的直接研究成果较多，研究角度各有不同，影响因素多元化。

（1）外部因素对中小企业融资的影响

从企业外部看，企业的融资主要受到银行的信贷政策、信用制度、金融服务体系以及国家宏观经济政策等因素的影响。

①金融机构的信贷行为与信贷政策对中小企业融资的影响研究。

梅洛（Mello，2004）、伯格和尤德尔（2002、2005）、布莱克和斯特兰翰（Black & Stranhan，2002）等认为，银行自身的资金供给能力和方式、市场力量、贷款交易成本等因素会影响对中小企业的信贷供给。马九杰（2005）指出，金融机构对中小企业信贷供给的能力取决于融资能力及成本、信息获取能力及成本、贷后监督能力及成本、信贷基础设施、违约控制机制等，它受到金融机构规模、组织类型、所有制结构（商业银行或合作社）、人力资源状况、内部管理制度等方面的影响。其中，银行规模与其对中小企业提供贷款之间存在较强的负相关关系（斯特兰翰和韦斯顿，1996；林毅夫和李永军，2001；伯格，2002；李志赞，2002）。班吉（2008）认为，信贷可获得性取决于金融机构的信贷供给能力和金融机构对特定借款企业资信状况的主观评价。伯格（1998）、张捷（2002）从“软信息”传递和代理成本的角度，阐述了银行组织结构差异对贷款决策的影响。由于贷款规模效应的存在（即银行单位贷款处理成本随着规模上升而下降），金融机构一般更倾向于给大企业提供贷款，而忽视中小企业的贷款请求（杨思群，2000；林毅夫，2001，张捷，2003，胡勇，2003）。伯格和尤德尔（2002）证明了关系型借贷需要不同的银行组织形式。陈晓红、林汉川等（2003）通过实证分析证实了国有银行贷款“所有制歧视”的存在。

叶康涛与祝继高（2009）通过实证研究深入探讨了不同货币政策下信贷资源的分配情况，结果揭示出在信贷紧缩期间，高成长行业尤为显著地遭受了信贷融资缩减的影响。简锦恩（2007）则从信贷政策的功能角度出发，针对流动性过剩的背景重新审视了信贷政策的定位。他紧密结合中国市场经济的特点，指出信贷政策作为金融政策工具中的微观干预手段，其理解和运用需充分考虑我国的国情和发展阶段，确保信贷政策得到正确且充分的运用。蔡慎锐（2014）和王铭利（2015）指出，非正规金融机构对信贷政策的有效性构成了挑战，主张解决民营企业尤其是中小企业融资难题的关键在于放宽金融市场对民营企业的准入限制，拓宽其融资渠道。艾伦（Allen，2011）通过实证研究进一步发现，影子银行等非正规金融的发展削弱了信贷政策的实施效果。

陆正飞等人（2009）的研究揭示，在央行推行宽松信贷政策时，民营企业面临的融资约束相对不明显；然而，一旦央行实施紧缩信贷政策，民营企业的融资约束便显著加剧。研究发现，商业银行对民营企业存在明显的“信贷歧视”，更倾向于支持国有企业，导致银根紧缩对民营企业的负债增长率产生显著的抑制作用。于蔚等人（2012）进一步指出，在紧缩信贷政策下，融资约束本就紧张的企业更易受到影响，中小企业相较于大型企业，受现行信贷政策的影响更为显著。苏冬蔚等人（2010）通过实证研究也得出结论，中小企业因担保能力相对较弱，其负债水平更易受到信贷政策变动的冲击。

巴克莱和史密斯（1995）、格德斯和奥普勒（1996）以及斯托斯和莫尔（1996）的实证研究均指出，贷款利率是影响公司资本结构的关键因素，信贷政策通过调节贷款利率来影响公司的资本构成。格雷厄姆（Graham，1999）以美国为案例，利用本土数据实证研究发现，公司的所得税税率与公司债务比率呈正相关。而莱维（Levy）和亨尼西（Hennessy，2007）则通过一般均衡模型对企业周期性融资进行了研究，他们发现，在经济衰退期，资金短缺会导致企业财务杠杆下降；相反，在经济繁荣期，资金充裕也会促使企业财务杠杆降低。

②信用制度对中小企业融资的影响研究。

很多学者认为银行对中小企业惜贷的主要原因是避免在借贷过程中经常会出现的逆向选择和道德风险问题。银行在贷款前，需要寻找更多的信息资源，提高信息分析技术和能力，通过投入更多人力等方式提高审批决策的正确概率；在贷款后，银行还可以加强对借款人资金使用行为的监督来降低借款人的“道德风险”。然而，对于银行而言，中小企业贷款前的信息收集和处理、贷款后的监督这两方面都存在着规模不经济的问题。据调查，中小企业贷款的频率是大企业的5倍，而户均贷款数量仅仅是大企业的0.5%，银行对中小企业贷款的信息成本和管理成本是大企业的5~8倍，即使按现行规定，商业银行对中小企业的贷款利率最多可以上浮30%，银行的综合成本仍然很高（徐洪水，2001）。因此，从成本-收益比较看，部分或全部放弃对中小企业的融资服务，似乎也是符合国有商业银行利益最大化要求的。

③金融服务体系对中小企业融资的影响研究。

中小企业在不同的成长阶段有着不同特征的融资需求，因而，应当有一个多层次和多元化的金融体系来为中小企业提供相应的融资服务。在中小企业的起步初期，非正规金融、社区合作金融以及私人资本市场所发挥的作用往往大于正规金融、大银行及公开资本市场（张捷，2003）。作为一个处于经济转型期的发展中国家，我国长期实行严格的金融监管，金融市场被少数大型金融机构所垄断，民间信贷等非正规金融制度虽在部分地区较为活跃，但整体而言受到金融压抑政策的抑制。因此，金融体制结构相对单一、金融市场发育仍不够成熟，中小企业因融资渠道狭窄所限而受到融资约束。

④国家宏观经济政策、经济发展环境对中小企业融资的影响研究。

波塔等（Porta et al.，1998）、阿塔纳索娃和威尔逊（Atanasova & Wilson，2001）、比克等（Beek et al.，2004）指出，市场的发展水平、经济周期、信息基础设施、产权保护的完备程度、法律和司法制度等因素也会影响资金成本以及信贷契约的执行，从而影响银行的贷款供给意愿。樊纲研究员通过分析银行对民营企业的惜贷原因，认为这是政府一直没有采取发展非国有银行的政策所导致的。刘岳楠（2003）认为，金融体制障碍、政府支持力度不够和民营企业自身的经营状况是民营企业融资困难的主要原因。何广文、冯兴元（2004）分析认为，中国农村金融市场缺乏竞争主体，没有形成有效的竞争机制。储小平、王宣喻（2004）认为，现行的融资体制与私营企业在预算约束、融资渠道和信用关系上并不兼容。李军峰、牛建高（2005）认为，缺乏对等的法律地位和金融抑制是中小企业融资困难的主要原因。此外，杨思群、林毅夫、李永军、历以宁等人分别以证券市场不发达、劳动密集型的资源特征、地下钱庄等民间资本的高风险为出发点，指出银行等金融机构以外的融资对中小企业解决资金缺口帮助不大。万红波（2020）指出，政府性支撑作用尚未充分发挥，导致银行、投资者等资金盈余主体对中小企业的风险承担能力和经营状况缺乏信任。同时，学者如施莱弗和维什尼（Shleifer & Vishny，1994）、拉波塔等人（La Porta et al.，1999）以及范等人（Fan et al.，2011）提出，政府在自然资源、人力资源、金融资本方面的过度干预，也在一定程度上加剧了中小企业的融资约束。吕劲松（2015）则认为，我国长期存在的经济与金融体系双重二元结构，导致金融资源对中小企业形成天然的排斥，加之较高的无风险利率推高了中小企业融资成本的下限，进而加剧了中小企业的融资难题。

（2）内部因素对中小企业融资的影响

在金融机构信贷供给能力一定的情况下，借款企业的信贷获取能力取决于其自身的资信状况及相关特征。相对来说，影响企业融资的内部因素研究文献较多，主要包括以下几个方面。

① 企业规模、财务状况等自身原因对中小企业融资的影响研究。

迈尔斯（1984）对企业资本结构进行研究后发现，企业规模是企业融资行为最重要的解释变量。伯格和尤德尔（1995）、温克（Winker，1999）等认为，一般来说，规模小的企业能够提供的有效抵押物少，很难符合金融机构的贷款资格要求，因此金融机构往往不愿意向它们提供贷款。林毅夫等（2001）指出，相较于大型企业，中小企业在获取外部资金时面临更高的信息披露成本。由于难以承担高昂的信息披露费用，中小企业中的信息不对称问题更为突出，因此更容易遭受信贷配给不足导致的融资约束。王朝弟（2003）等多位学者指出中小企业自身规模小等问题是导致信贷约束的主要原因。而马九杰等（2004）则从交易成本的角度指出企业的规模影响信息披露程度和贷款人获取信息的成本。如果企业规模小，则其信息透明度低，银行与企业的信息不对称程度较大，金融机构贷款决策和贷后监督的成本就高。若企业资产结构中固定资产比例较高，其适合作抵押品的质量和数量也就比较高，该企业的信用质量也会相应地被提高，那么其获取贷款的可能性也更高（马九杰、毛旻昕，2005）。因为在很大程度上，贷款的发放取决于抵押品的质量和数量（梅强、谭中明，2002）。梁冰（2005）、何广文等（2005）认为部分中小企业缺乏有效抵押品和担保是贷款难的最主要原因。此外，中小企业常因财务不规范、信息透明度低以及内部制度不健全等问题，导致融资成本上升，相较于大型企业，需要以更高的成本来获取所需资金（楚晓玉，2021；王波，2021）。

② 信息不对称、信息沟通、信用评级和信用记录等对中小企业融资的影响研究。

银行与中小企业之间存在严重的信息不对称。融资规模小所引发的金融机构信贷收益与信贷成本的不对称，以及中小企业抵押品和担保的缺乏，是导致中小企业融资难的症结所在（斯蒂格利茨和韦斯，1981；樊纲，2000；贺力平，1999；张捷、郭斌，2002；李永军，2002）。戴蒙德（1989）通过信用评级（Credit Rating）来说明信誉机制的形成和逐步演化，对区分借贷市场上不同风险的借贷对象具有至关重要的意义。只有当企业初期借贷逆向选择问题非常轻微时，信贷市场上的声誉机制才可能较快地发挥作用，为企业提供经营长期性项目的激励。马丁内利（Martinelli，1997）也指出，银行对小企业早期的信贷约束是为了促使企业建立自己在信贷市场上的声誉；从事风险较低的项目，及时还贷，可以使企业在将来获得更大额度的贷款和更优惠的利率条件。

③ 银企关系对中小企业融资的影响研究。

彼得森和拉詹（1994）的系统性研究证实，小企业和银行机构之间关系建立的时间长短对其贷款可获得性及贷款数量的影响有明显作用，而且小企业是集中在一家银行机构还是选择多家银行机构的贷款行为显著影响关系型贷款的可获得性和贷款利率。一般而言，企业与银行建立关系的时间越长，越能够增进银行对企业的了解（弗卢克，1998），越可能降低贷款利率和抵押要求（伯格和尤德尔，1995；伯林和麦斯特，1998；安吉里尼等 1998；布里克，2003），从而增加企业的信贷可获得性。尚长风等人（2006）也指出，小企业与银行机构长期交易所形成的“软信息”，有助于其在贷款可获得性、抵押担保品要求、低贷款利率方面获取优势。因为银行与企业的关系密切与否，关系到企业的各种信息能否准确、及时地传递给银行，而信息在银行决定是否给企业发放贷款时至关重要。如果企业与银行、信用社维持良好的关系，则有利于银行、信用社对企业的信息捕获，从而有利于增加企业贷款可获得性（安吉里尼等，1998；彼得森和拉詹，1994）。张捷、梁笛（2004）认为，密切的银企关系有助于缓解中小企业的贷款约束。还有学者认为，合作银行的会员企业比非会员企业信贷约束程度低，信贷可获得性较好（安吉里尼，1998）。有的学者还直接提出了关系型融资，彼得森和拉詹（1995）的研究认为，如果存在信息生产的规模经济，而且信息是耐用的、不能轻易转移的，那么关系型融资就是能使企业以更低资本成本获得更多资金的紧密的融资关系。

关系型融资是基于银行的信贷员对企业的深入了解，特别是这些信贷员在与企业的多方接触交流中所掌握的“软信息”（伯格等，2002）。他们认为关系借贷方式可以弥补中小企业因其财务制度不健全的缺陷而带来的信息不透明给企业信贷可获得性带来的影响。

④ 企业信用对中小企业融资的影响研究。

陈晓红认为，中小企业融资难的根源在于中小企业信用不足。企业以前的贷款记录对其信贷获取具有很大影响（加林多等，2002；班吉等，2002）。马九杰、毛旻昕（2005）指出，进行过信用评级的企业，其信息披露程度相对较高，披露的信息质量也较好。而且，信用评级的结果也清楚明白地体现出企业的信用质量。信用级别越高，企业信用越高，从而企业的信贷可获得性也就越高。

⑤ 借款企业所有者、管理者的个人特征等对中小企业融资的影响研究。

由于企业家既是企业内部网络系统的核心，又是企业连接外部网络的枢纽，其才干、责任感、性格以及管理经验都会影响企业信用。中小企业的企业家个人层面与企业层面紧密结合，体现企业家财富、个人信誉、能力、创意及潜在收益等方面的“软信息”，应作为外部投资者或金融机构决定是否为中小企业提供融资的重要考察内容（罗正英，2004）。伯格等（1998）研究发现，对于成立时间尚短的中小企业而言，企业自身的信用信息可能存在缺失或无法满足银行的评估需求，而企业家作为中小企业的核心与灵魂，主导着企业的所有决策与市场活动，因此企业家的道德操守、个人声誉和还款意愿对企业的信贷风险有非常重要的影响。企业家个人因素对中小企业融资具有重要影响（田晓霞，2004）。一般而言，年龄越大、文化程度越高的企业家，其财富越多，也越具有高自我融资能力和进入外部融资市场的可能性（弗卢克，1998）。企业家拥有越多的社会资本，社会关系越好，越容易获得正规金融机构的贷款（李路路，1995）。从事管理的年限越长，积累的经验越多，企业家的能力也越强，越有可能获得贷款（林丽琼、谢志忠，2009）。一个有着丰富管理经验和良好职业道德的企业家，能给企业带来良好的信誉（贝特兰德等，2003）。企业家个人财富状况对信贷申请可获得性有显著影响，个人财富越多，贷款申请被拒绝的可能性越小（伯格和尤德尔，1998；卡瓦卢佐和沃尔肯，2002；卡瓦卢佐等，2002）。

此外，国内不少学者对企业的信贷融资可获得性进行了实证研究。张琦（2008）对湖南等地中小企业融资的研究表明，企业资产规模、负债多少与银行信贷余额呈负相关关系，企业盈利能力、所有者权益水平与银行信贷渠道融资能力呈正相关关系。杨毅（2009）选择了企业年龄、盈利能力、固定资产、销售收入、银企关系、经理年龄、工作年限、教育年限和政治面貌等解释变量，利用浙江温州等地的调研数据，对我国中小企业融资中银行贷款的可获得性进行了实证研究，发现企业参加信用评定、较长的企业年龄、较强的盈利能力和提供抵押的能力、是公司制企业、处于经济更发达的地区等因素，对企业获得贷款的能力具有显著的影响。俞兆云等（2010）对福建宁德地区中小企业信贷融资进行了实证研究，发现销售规模、资产负债水平等财务指标对中小企业信贷可获得性的影响极大，中小企业家的诚信度及其从业经验对缓解中小企业信贷融资约束具有重要作用。周中胜（2010）对江浙地区中小企业的研究表明，企业家能力可能通过“直接嵌入”和“间接嵌入”信用评级两条路径，对中小企业信贷融资可获得性产生影响。

# 2.2　中小企业的社会信任相关理论

自20世纪90年代起，西方金融学界开始关注社会因素对企业融资活动的影响。其中，斯帕格诺罗（Spagnolo，1999）具有开创性地引入了社会学领域的社会资本理论，以此对企业融资行为进行全新解读。社会信任，作为社会资本的核心属性和关键衡量标准，在中小企业融资过程中发挥了至关重要的金融功能。社会信任的存在，不仅降低了借贷双方的信息不对称，还增强了投资者对中小企业的信心，从而在一定程度上缓解了中小企业融资难的问题，体现了社会因素在金融市场中的独特作用。

## 2.2.1　信任与社会信任的概念与内涵

（1）信任的概念与内涵

《现代汉语词典》中“信任”的释义是“相信而敢于托付”，包含着观念和行为两方面含义：就观念方面而言，信任是一种相信别人的意愿或观念；就行为方面而言，信任不只是静态的观念，还是发生在双方间的行为。行为方面的信任具有以下特性：第一，承诺与兑现间存在着时间差，行动的兑现较之诺言或约定是滞后的。第二，信任双方都存在某种不对称。第三，信任源于彼此间的相互依赖性，是主观愿望和信念，没有足够的客观依据，而且希望能够在一方形成而在另一方得以履行。

"信任"是一个综合概念，具有正直、能力、责任、沟通、约束五大维度，包含了信赖、信用、责任等多层含义。哲学、社会学、心理学、经济学、管理学等不同学科领域的学者从不同的视角对其进行了定义。

①心理学视角。

心理学对信任问题的研究最早开始于美国心理学家多伊奇（Deutsch，1958）。他在著名的囚徒困境实验中从探讨如何解决冲突入手，得出：在人际关系中，信任其实是对情境的一种反应，它是由情境刺激决定的个体心理和个人行为，信任双方的信任程度会随着情境的改变而改变。从这一定义看，信任是在后果不确定的情况下，对某个事件的非理性期望。它点明了信任的风险性和非理性，将信任理解为由情景刺激决定的个体心理和行为。随后，心理学家霍斯莫尔（Hosmer，1995）、罗特尔（Rotten，1967）、怀特曼（Wrightman，1992）等，循着人际信任研究的思路，从人际信任特质上的个体差异和人格特点的角度，用心理学实验的方法，借助测量、统计、比较等方法，认为：信任就是个人人格特质的表现，是一种经过社会学习逐渐形成的相对稳定的人格特点。霍斯莫尔对信任有一个经典的定义："信任是当个体面临预期损失大于不可预料的预期收益的事件时，所做的一个非理性的选择行为"。罗特尔认为，信任是个体认同另一个人口头或书面的陈述可靠的一种概括性的期望，即信任是对他人言行方面可靠性的信赖。怀特曼则认为，信任是个体所有的一种构成其个人特质的一部分的信念，一般人都是有诚意的、善良的并信任别人的。罗特尔和怀特曼在实验中还注意到，一个人的生活经历和对人性的看法，会形成其对一般性他人的可信赖程度的概化期望或信念，这就是为什么有的人倾向于信任他人而有的人则倾向于怀疑他人。

后期的心理学研究学者将信任从对情景和个体概化的信任转向特定交往下的人际信任。萨贝尔（Sabel，1993）较早地将信任理解为人际交往的一个维度，他认为信任是"交往双方共同持有的，对于两人都不会利用对方弱点的信心"。迈耶等人（1995）则把信任定义为"基于信任客体会依照信任主体期望的方式行事的预期，信任主体不考虑自身防范能力，使自己处在易被信任客体伤害的境地的愿望"。这一定义在管理研究中被较多采用。罗塞苏亚等人（Ruosesua et al.，1998）将信任定义为："信任是一种心理状态，指的是基于对另一方行为的正面预期而愿意暴露自身弱点，愿意接受被损害的风险”。

心理学视角对信任的理解基本依照心理学传统范式，专注于信任的认知内容或行为表现。从该视角出发，学者们通常采用心理学实验方法或用量表对人格特质、个体差异进行测量、统计、比较来得出结论，并在信任者与被信任者的人格特质以及值得信任的行为表现上取得了丰富的研究成果。

②社会学视角。

对信任的理论研究起始于社会学，最早可以追溯到齐美尔（Simmel）。齐美尔关于信赖的讨论和韦伯（Webber）关于信任类型的分析都涉及信任的概念。但直到20世纪70年代，信任才开始成为社会学研究的专门课题。齐美尔认为信任是“社会中最重要的综合力量之一”。他说：“没有人们相互间享有的普遍的信任，社会本身将瓦解。几乎没有一种关系是完全建立在对他人的确切了解之上的”（齐美尔，1978）。韦伯（1920）将信任分为特殊信任和普遍信任；前者以血缘性社区为基础，建立在私人关系和家族关系上，后者以信仰共同体为基础。

社会学对信任的系统研究始于卢曼（Luhmann）。卢曼认为，信任是对风险的外部条件所做的一种纯粹的内心估价，是基于风险和行动之间的循环关系。卢曼在帕森斯（Parsons）的理论基础上，把行动者的预期作用作为信任定义的出发点，把信任定义为一种简化复杂的机制，能够减少社会生活和社会交往的复杂性，认为信任能实现这一功能的原因在于它能够超越现有的有限信息去概括出一些行为预期，从而用一种带有保障性的安全感来弥补所欠缺的信息（卢曼，1979、2005）。这一分析综合了信任的可靠性和冒险性。卢曼还将信任分为人际信任与制度信任，前者建立在熟悉度和人与人之间的感情联系的基础上，后者则是用外在的如法律类的惩戒式或预防式的机制来降低社会交往的复杂性。卢曼的分类方式的贡献不仅在于，“熟悉度”这一因素的提出能够体现出人际关系和信任的直接联系，还在于突出了社会结构与制度在构筑信任机制方面的作用，暗示了信任仅作为一种微观的社会关系是不完全且不充分的，还需要借助其他社会力量共同实现。巴伯（Barber）从社会行动者在社会交往中彼此给予的预期开始理解信任（巴伯，1989）。科尔曼（Coleman）则把信任视为两个理性行动者之间的博弈与互动过程，并依据行动者的主动与被动，把互动双方分为委托人和受托人（科尔曼，1999）。新兴起的社会资本理论则认为，人们之间普通的信任来自志愿性的社团内部个体之间的互动，同时这种互动使社团推动了人们之间的合作并促使信任形成（福山，1998）。

在卢曼的启发下，巴伯（1983）从社会道德的角度分析信任。他认为信任是一种通过社会交往获得的对维持合乎道德的社会秩序的预期。祖克尔（Zucker，1986）则认为信任是基于制度的，是在特定的法律制度、社会规范基础上形成的，反映的是由于担保、安全保障措施或其他机制的存在而使人感到环境的安全性。制度保障可能增强控制的感觉，从而降低知觉的风险。祖克尔称这种信任为“基于制度的信任”（Institution-based Trust）。祖克尔进一步从发生学的角度分析了信任的产生和建构，提出信任分三个层面：一是基于交往经验的信任，这种信任来自互动、交换和交易经验的积累，互惠是核心；二是基于行动者具有社会、文化共性的信任，它根源于社会模仿的义务和合作规则；三是基于制度的信任，这种信任建立在非个体的规则、社会规范和制度基础上。由此，信任扩展到公共性的专家系统、制度系统或法律系统。

总之，在社会学视角下，学者倾向于用社会规范来解释行动者如何形成信任，将信任理解为社会制度（法律和法规等）和文化规范（道德和习俗等）的产物，认为信任是一种社会现象，是与社会结构和文化紧密相连的。因此，社会学对信任的研究较多采用统计分析的方法，侧重于从一个多维的、基于社会现实的视角，分析社会因素与信任水平间的相关性。

③经济学视角。

经济学对信任问题的研究最早可以追溯到英国古典经济学家亚当·斯密。他早在1759年的重要著作《道德情操论》中就关注过信任和人类经济行为的关系。他曾说过，经济活动是建立在社会习惯和道德基础之上的，如果离开了这些习惯和道德，人们之间的交易活动就会受到重大的影响，交易的基础就会动摇。在这里，亚当·斯密所提到的经济活动的道德基础最主要地是指人与人之间的信任。然而，亚当·斯密的这些观点并没有引起经济学家的充分重视。长期以来，信任的研究被排斥在规范经济学的研究范围之外。直到20世纪70年代，主流经济学才开始关注信任问题。1976年，新古典学派经济学家加里·贝克尔（Gary S. Becker）出版了《人类行为的经济分析》，用经济学的分析方法理解人类行为，并成为信任研究的路径之一。

在经济学理论范畴中，学者们一般立足于“经济人”假设，从“经济人”的完全理性到有限理性考察了信任问题。经济学学者认为信任决策和其他风险决策具有相似性，个体被认为倾向于做出理性的、利益最大化的选择。在企业内部，雇主对雇员的相关信任关系有利于减少企业内部的交易成本（科斯，1937）。在信息和计算能力有限的条件下，人们之间的相互信任降低了相互作用的成本（诺斯，1994）。在经济学视角下，学者艾克斯罗得（Axelord，1984）、达斯古普塔（Dasgupta，1988）、诺斯（North，1994）、威廉姆森（Williamson，1975、1985、1993）等把信任与风险联系在一起，认为信任是理性行动者在内心经过成本收益计算的风险的子集，即计算型信任。信任决策是在个体内在价值观的基础上，基于理性分析，对信任与不信任的成本和收益进行计算后形成的信任。这种信任是以经济计算为中心的，需要显性的、精确的计算来得出。科尔曼和威廉姆森等学者在20世纪90年代对计算型信任进行了深入的研究。从这一角度出发，研究者们侧重考察了信任的节约交易成本功能，得出在重复博弈模型中，当事人为谋求长期利益最大化会采用信任手段的结论。也就是说，在某种制度下，若博弈重复发生，人们会更倾向于相互信任。较早代表这类观点的是经济学家阿罗。他提出信任是经济交换的润滑剂，是控制契约的最有效的机制，是含蓄的契约，是不容易买到的独特商品。哈丁（Harding，1992）进一步描绘了这类观点的基本特征。他指出理性计算包含两个要素：其一，用以判断对方可信度所需的信息；其二，信任者履行信任内容的动机。当人们有足够的理由相信对方乐意在合适的时间以合适的方式实现诚信，他们就会信任对方。这里可信度的判断包括意愿和能力两方面。相应地，可信度的信息包括被信任方的声誉、证书等。这意味着信任基于对被信任者偏好的了解而非信任者自身的特征。

基于理性选择的前提，经济学家将博弈论引入对信任形成和演化机制的研究。学者们认为，博弈论本身是为人际互动中涉及信任的合作问题而设计的，它不仅展示了人们在人际互动时对成本-收益的考察，还为人们如何基于这种计算结果采取行动策略提供了线索。从博弈论的角度来看，信任的产生，是因为在信息不对称条件下，信任和信誉具有减少市场交易费用的“功效”，而人们追求信任和信誉是受到了隐形的价格激励。克瑞普斯（Kreps，1990）认为在有可能持续进行重复博弈的情况下，“尊重-信任”结果会自动产生。社会学家科尔曼（1999）认为信任既是一种风险行为，也是一种理性的市场交易行为，他强调了即时的利益以及委托人与受托人的成本-效益计算在信任形成与发展中的作用。他指出，市场经济条件下的信任关系是通过个体之间的承诺、契约、信任中介和法律保护来体现的。在“法人组织”中，理性行动者只有在预期收益大于预期损失时，才会给予对方信任。在一次性交易中，个体违背诺言的损失较小，在持续交易中，个体丧失信任的损失较大。个体间的关系越持久，信息交流越广泛，信任度越高。信任是委托人与受托人在不断重复的理性博弈过程中产生的，是一种理性行为。

格拉诺维特（Granovetter，1985）将信任视为一种前社会化的概念，认为信任是社会影响因素，并提出一切经济行为都嵌于社会结构中，而社会结构的核心就是人们生活中的社会网络，嵌入网络机制的是信任。他还认为，信任来源于社会网络且嵌于社会网络之中，因此人们的经济行为也会嵌于社会网络的信任结构之中。自此，“嵌入性”视角受到信任研究的广泛关注。

总之，经济学视角倾向于沿用“经济人假设”，将信任定义为人的主观概率判断，利用博弈论方法和成本-收益范式进行研究，是一种纯计算理论。为了能够全面而准确地解释信任，必须在对信任决策的考察中更加系统地嵌入一些社会和关系因素的考虑（迈耶、戴维斯和舒尔曼，1995）。

④管理学视角。

自20世纪90年代以来，信任问题逐渐成为行为学的一个重要议题。目前，对此论题的研究主要集中在组织行为信任的两个问题上：一个是组织中信任的动力问题；另一个是探讨人们信任的原因。

对于组织中信任动力问题的研究，有宏观、中观和微观三个层面的考察。从宏观层面来看，米尔斯和格雷德（Milles & Greed，1995）通过研究管理者的态度和行为，提出了一个概念性框架：信任在管理哲学和组织形式中的互动作用。他们通过对组织中信任功能的诠释，提出了信任对投资与成本核算的经济学意义。最终得出结论：在组织中，信任是可以实现的，信任就是组织控制的机制，是管理理念和管理哲学的关键要素，是组织网络形成运转的要因。但是，信任只有从伦理道德上的“应该”走到经济上的“必要”范畴时，才能受到足够的重视。

在中观层面，鲍威尔（Powell）、伯特（Burt）和肯兹（Knez）等的研究很具有代表性。1990年，鲍威尔从关注信任产生的社会环境入手，通过对四种合作网（地缘网络、研发网络、商业集团、战略联盟）的考察，发现每种类型的合作网都有自己建立信任的社会基础。他提出信任“就像在经济交换中使用功效卓著的润滑剂，可用它来化解复杂的现实问题，这比采取预测预报手段、运用权威或者通过讨价还价要快速得多、省力得多”。他认为，我们在信任研究中，仅仅认识信任在多大程度上被选择、被采用是远远不够的，更重要的是要了解、强化信任，并使它成为长期相互作用和讨论的产物。伯特与肯兹的研究则以人际网络——一种纯粹的双边关系——这一最基础的社会背景作为信任产生的起点，深入剖析。他们依据社会交换理论，结合丰富的实证资料，细致探讨了信任与第三方信息（闲言碎语）之间的关联。他们指出，信任的本质在于对未来合作的预期，这种预期构成了组织信任的核心。而信任的复杂性往往源自其复杂的结构性影响。在人际互动中，信任的强度深受第三方言论的影响：积极的第三方信息能够增强彼此间的信任感，反之，消极的信息则可能加剧不信任的氛围。

在微观层面的研究中，克雷默（Kramer）、刘易斯（Lewicki）和邦克（Bunker）等学者构成了该研究领域的主要代表力量。克雷默的研究聚焦于等级关系中信任与不信任的生成机制，通过对这一特定情境下信任动态的深入分析，为我们揭示了信任建立的复杂性和挑战性。而刘易斯与邦克则携手探索了信任在组织内部的发展轨迹，他们的研究涵盖了信任从萌芽到成熟的各个阶段，为我们呈现了一幅信任在组织生态中逐步演变的生动图景。

这些学者的分析，无论是从组织结构、权力分布，还是从团队互动、个体行为等角度入手，都深刻地将个人的心理因素纳入了考量范畴。他们共同追问的核心问题包括：人们为何会选择信任？在组织中，信任水平下降或提升的深层次原因是什么？对此，他们一致主张，要从个体的角度出发，通过剖析个人心理模式的形成过程来寻求答案。换言之，组织中的信任问题并非孤立存在，而是与社会学、心理学等领域紧密交织、相互影响。这一观点强调了信任问题的多维度本质，提示了我们在解决信任危机或提升信任水平时，需综合考虑社会文化背景、个体心理状态以及组织内部的人际关系等多重因素。

⑤关于信任的定义的小结。

综合上述观点，总体来看，信任分为心理认知和行为选择两个层面。信任是交易行为的基本要素，是一个社会经济构建和运作的润滑剂（阿罗，1972）；信任是个体特有的对他人的诚意、善意及可信性的普遍可靠性的信念（赖兹曼，1974）。而希克斯（Hicks，1976）将信任比喻为人类社会生活的基石，而且信任是交易行为所必需的公共品德。迈耶、戴维斯和舒尔曼（1995）认为，信任是指基于对方特定行动对自己重要性的期望。

（2）社会信任的概念与内涵

众多学者普遍认为，信任问题不仅深刻地体现了个体间的差异性，同时，作为一种重要的社会关系，它还蕴含着丰富的制度性、结构性等社会性因素。信任在很大程度上超越了单纯个体间的关联，升华为一种广泛的社会关系，而这种社会关系并非孤立无援，而是深深植根于整个社会的政治、经济、文化网络之中，成为连接各个社会单元的纽带。

社会信任的形成，源自社会群体内部共享的规范与价值观，它是市场交易得以发生和持续进行的前提条件，也是人际交往过程中受到社会结构和社会规范深刻影响的一种社会现象。这一观点得到了普特南（Putnam，1993）、福山（Fukuyama，1995）、克奈克和基弗（Knack & Keefer，1997）等学者的有力支持。他们指出，社会信任不仅反映了个人与组织之间信任的相互作用与相互影响，还体现了这种相互作用与影响所凝聚而成的群体意识（白阳春等，2006）。它是实现社会群体内部以及社会群体之间合作互惠所不可或缺的公共道德基础。

值得注意的是，尽管社会信任以个人信任为基础，但它并非个人信任的简单延伸或放大。相反，社会信任比个人信任更具理性和社会性，它受到法规、制度、契约等社会规范的保障和约束。这种信任关系的建立和维护，需要社会成员之间的共同努力和长期实践，以形成稳定的社会预期和合作氛围。因此，社会信任不仅是个体心理状态的体现，更是社会整体道德水平和文明程度的重要标志。

在广义的范畴内，信任这一概念可细分为人际信任与社会信任两大维度。

首先，我们来深入探讨人际信任。人际信任，顾名思义，是根植于人与人之间复杂而微妙的关系网络之中的。它源于对个体可信度的综合评估，这种评估可能基于理性的、客观的考察，比如对方过往的行为表现、职业操守或专业能力等；同时，它也可能深受个人情感联结的影响，如血缘关系的亲近、友谊的深度或是长期共同经历所培养出的默契与依赖。因此，人际信任特指对某一特定个体所持有的信赖感，其深度、广度及持久性无不依赖于双方持续的互动与交流。值得注意的是，无论是通过严谨的逻辑分析还是凭借深厚的情感联结来建立，人际信任均以前提性的信息掌握为基础——这包括了对对方性格、价值观、行为习惯乃至信誉记录的充分了解。这种信息的获取与解读，构成了人际信任构建不可或缺的基石。

在中国传统文化的深厚土壤中，人际信任扮演着尤为重要的角色。它超越了简单的信任机制，成为维系社会关系、促进社群和谐与合作的基石。在传统社会，人际信任的应用范围广泛，不仅渗透于日常生活的方方面面，更是商业交易、权力交接乃至文化传承中的重要纽带。它不仅仅是信任建立的基本模式，更是社会稳定与发展的重要保障。

社会信任，作为社会结构中不可或缺的黏合剂，根植于同一社会成员间共享的价值观与信念体系之中，体现为彼此间的坦诚相待与相互认可。这一宏观信任形态，实际上蕴含了人际信任与制度信任两大核心要素，共同构筑了社会信任的多维框架。人际信任，作为社会信任的情感纽带，侧重于交往双方在心理层面对彼此话语及行为的认可与肯定，是对交往结果积极预期的基础。它基于个体间的直接互动，通过不断地正向反馈与情感累积而逐渐深化，是人际关系和谐与社会凝聚力增强的关键所在。而制度信任，则是社会信任的制度保障，它建立在社会成员对既定规则、程序及法律体系的普遍认同之上。制度信任的核心在于相信这些规则能够有效规范并约束社会成员的行为，确保信任双方能在预设的框架内有序互动，从而维护社会秩序的稳定与公正。它为社会合作提供了可靠的制度支撑，降低了交易成本，促进了社会资源的有效整合与优化配置。

社会信任的重要性不言而喻。它不仅是经济发展的催化剂，能够激发市场活力，促进资源的高效配置与利用；它还是政治进步的基石，有助于增强政府公信力，推动民主决策与公民参与；同时，社会信任也是构建良好生态环境的关键，它鼓励公众积极参与环境保护，形成全社会共同守护绿水青山的强大合力。正如某位社会学家所言："没有信任，人类社会将难以维系……信任是社会生活中不可或缺的先决条件，它如同空气般无形，却至关重要。"

社会信任与社会制度及道德规范之间存在着紧密相连、错综复杂的关系。社会信任是现代社会制度体系的重要产物，伴随着人类整体信心的增强而逐渐萌芽并发展壮大。在从传统社会向现代社会转型的过程中，社会信任与人际信任逐渐融合，社会信任的元素逐渐渗透到传统的人际信任之中，从而重塑了两者之间的结构关系，这构成了现代性社会信任的一个核心特征。在这一转型过程中，外在的规范、法律等制度在构建信任机制方面扮演了日益重要的角色。人们不再单纯依赖个人间的信任，而是通过诸如从业资格认证、专业评价机构、多项法律法规等社会制度来确定对他人的可信度。随着经济的蓬勃发展、社会分工的日益细化以及社会化程度的不断提升，仅仅依靠人际信任已无法满足现代社会的需求。因此，严格的制度管理和监督成为信任构建不可或缺的基础。在现代社会中，无论是对人的信任还是对物的信任，都需要以法律手段作为支撑。这并不意味着传统的人际关系已经消失，而是法制因素已经深入渗透到了现代人际信任的每一个层面，为信任关系的建立和维护提供了坚实的制度保障。

（3）中国社会信任的研究状况

对中国社会信任问题的学术研究，其历史脉络可追溯至20世纪70年代，这一领域的研究随着时间的推移而不断深化与拓展。国内外众多专家学者，基于各自的专业背景与研究兴趣，从多维度、多领域对中国社会信任问题进行了全面而深入的探讨。这些研究不仅丰富了我们对于中国社会信任现状的理解，也为未来信任机制的构建与优化提供了宝贵的理论支撑与实践指导。具体而言，这些研究大致可以从文化、结构、制度、转型四个核心角度进行归纳与总结。

①文化视角的研究，聚焦于中国传统文化的深厚底蕴对于社会信任形成与发展的影响。

学者们普遍认为，儒家文化中的“仁、义、礼、智、信”等核心价值观念，以及强调家族、宗族、社群等集体主义倾向的文化传统，对塑造中国人际信任模式与社会信任氛围具有深远影响。同时，文化变迁与社会发展的互动关系，也是研究中国社会信任问题时不可忽视的重要方面。

从文化视角探究信任问题，学术界存在两种截然不同的观点。一种观点倾向于认为，中国社会较低的信任度源自其特有的依恋关系结构。德国社会学家韦伯在其著作《儒教与道教》中，指出儒家文化作为中国的正统文化，强调秩序理性主义，并高度重视亲情与家族关系。据此，他认为，中国社会中的信任主要建立在宗族或血缘关系之上，是一种局限于小范围的信任模式；相比之下，西方社会的信任则较少受家族或血缘关系的束缚，更多地建立在经济理性和广泛社会关系的基础之上，呈现出更为普遍的特征。然而，也有学者对此持不同看法。林端认为儒家文化实则融合了特殊主义与普遍主义的元素，最终形成了一种特殊的普遍主义形态。这种观点挑战了将儒家文化简单划分为特殊信任或普遍信任的二元对立框架，为我们理解中国社会的信任机制提供了新的视角。有的学者认为，儒家文化是注重信任的文化，在儒家文化中“信”被列为五常之一。

②结构视角的研究，则侧重于分析中国社会结构的变迁对信任机制的影响。

随着社会主义市场经济体制的确立与完善，社会阶层分化、利益格局调整、人口流动加速等社会结构变化，对社会信任关系产生了深刻影响。学者们通过对不同社会阶层、地域、职业群体间的信任状况进行比较研究，揭示了社会结构变迁对社会信任水平及模式的塑造作用。

从结构的角度审视，同样存在两种对立的观点。一种观点认为，西方社会的团体格局并不适合用来解析中国社会。中国社会展现出的是一种独特的差序格局，差序格局这一概念由社会学家费孝通首次提出，用以描绘中国人际关系中亲疏有别的动态结构，类似于水面上逐渐扩散的涟漪，以自己为中心，一圈圈向外延伸，根据与自我中心的距离来确定关系的亲疏。众多学者以此理论为基础，认为中国社会的信任结构同样遵循着这种差序格局。

然而，有一部分学者则持不同见解，他们认为判断信任程度的高低应主要依据两个人之间的实际关系。在他们看来，虽然血缘关系是影响信任的关键因素，但绝非唯一决定因素。社会习俗和传统文化的深厚积淀，为社会信任的拓展提供了丰富且深远的文化背景，使得信任关系的建立不再局限于血缘或亲缘，而是能够跨越更广泛的社会网络。这一观点强调了社会环境和文化背景在信任构建中的重要作用，为理解中国社会信任结构的复杂性提供了新的视角。

③制度视角的研究，聚焦于制度因素在构建与维持社会信任中的关键作用。

法律、政策、规章制度等正式制度，以及习俗、惯例、道德观念等非正式制度，共同构成了社会信任的制度基础。学者们通过对不同制度环境下信任机制的运行状况进行实证研究，探讨了制度因素对社会信任水平及稳定性的影响机制。

有的学者认为，中国的社会信任问题就是制度问题。传统的社会是熟人社会，即使没有完备的法律，人们通过伦理规范也能建立起高度信任的社会。而现代社会是匿名社会，只能通过制度才能建立起高度信任的社会。如吉林大学社会学系董才生在《引发社会信任危机倾向的制度分析》一文中认为，当今中国的社会转型从本质上说，就是一种制度转型。因为，此时社会的外在制度有效供给不充足，会引发一定程度的社会信任危机。所以，他认为加强制度的有效供给是解决社会信任危机的重要途径。

④转型视角的研究，则着眼于中国社会从传统向现代转型过程中信任机制的演变与重构。

在快速的社会变迁中，传统信任模式与现代信任机制之间的冲突与融合，成为研究中国社会信任问题时需要重点关注的问题。学者们通过对转型期社会信任关系的动态变化进行追踪研究，揭示了社会转型对社会信任水平及发展趋势的影响路径。

有的学者认为，社会信任危机与社会转型有关系。因为，中国的传统社会是一个熟人社会，人与人之间彼此了解，信息基本掌握，不存在信任问题。社会转型后，中国进入了风险社会，社会信任度下降。在风险社会里，社会流动性强，信息极易被隐瞒，单纯靠伦理规范很难有好的效果，必须建立起规范性的制度约束。例如，中国人民大学哲学系洪波的《当前信任危机的阐释与消弭》，从社会伦理的角度去研究社会信任危机，他认为，当前社会信任危机是在我国社会转型期这一特殊的时代背景下发生的。而产生这种信任危机的根本原因是利益失衡、制度缺失以及观念的转变。而解决社会信任危机的途径是调整利益的格局、加强权力的监督、建立契约的信任等。

（4）社会信任与相关概念辨析

①社会信任与诚信。

诚信，简而言之，即诚实守信，它体现了个体践行承诺并赢得他人信赖的能力。作为日常生活中不可或缺的道德基石，诚实守信归属于伦理道德的广泛范畴。中国传统文化深植诚信、正直与公平等价值理念，视之为社会交往的准绳。

诚信由“诚”与“信”两部分构成。诚，意味着真诚无欺，既不对自己虚伪，也不欺骗他人。唯有具备内外一致、以诚待人的高尚品质，个体方能构筑和谐的人际网络，否则恐将面临孤立无援的境地，正如《孟子·离娄上》所言：“诚者，天之道也；思诚者，人之道也。”信，则侧重于人际交往中的守信用、践诺言，它是儒家五常（仁、义、礼、智、信）之一，亦是调节五伦关系（君臣、父子、夫妇、兄弟、朋友）的重要原则。因此，诚信的内涵可从两方面理解：一方面，它要求人们在交流中坦诚相告，不隐瞒真相；另一方面，它强调信守承诺，确保言行一致。综上所述，诚信不仅关乎个人的道德品质，更是维护社会和谐与秩序的重要纽带。

市场经济本质上是信用经济，其核心在于构建并维护一个以信用为基石的交易环境。在这个过程中，诚信不仅是“信用”这一抽象概念的精神支柱，更是其思想道德层面的深厚基础。诚信不仅作为市场经济的道德基石和前提条件，更是一种不可多得的宝贵资源，其蕴含的经济价值难以估量，能够显著降低交易过程中的成本，促进资源的高效配置。

诚信在消费者层面也扮演着至关重要的角色。作为道德品质的一种，诚信有助于强化消费者对品牌的信赖与忠诚。一个坚守诚信的品牌，往往能赢得消费者的持久信赖，从而在激烈的市场竞争中脱颖而出。社会信任与诚信之间存在着密不可分的关系，它们相互依存，共同影响着社会的运行与发展。

从诚信的基本含义出发，我们可以看到，诚信作为一种道德品质，是信任双方能够建立起相互信任关系的先决条件。双方彼此取得信任的过程，实质上既是履行承诺的过程，也是对彼此诚信品质真伪进行检验的过程。在这一过程中，诚信的坚守显得尤为重要。

然而，社会信任与诚信在概念上又存在一定的区别。信任包含静态的观念和动态的行为两个方面，是一种综合的、复杂的社会心理现象。而诚信则更侧重于个体的道德规范和品质，属于静态观念的一种。信任通常涉及信任双方相互的关系，是一种双向的、互动的社会联系；而诚信则更多是从信任一方的个体角度出发，强调的是个体的道德操守。此外，信任的产生受多方面因素的影响，如信任双方的背景、个人感情、交往历史等，其中诚信虽是关键因素，但并非唯一决定因素。因此，在构建和维护社会信任体系的过程中，我们既要重视诚信这一道德品质的培养与践行，也要全面考虑信任产生的多种因素，以实现社会的和谐稳定发展。

②社会信任与信用。

在《现代汉语词典》中，“信用”一词被赋予了多重含义：一是作为道德标准，它指能够如约履行与他人商定之事而赢得的信任，是日常社交中不可或缺的行为准则，要求人人秉持诚信，无论老少，皆应言行一致，不欺不诈；二是作为经济领域的概念，它在市场经济活动中占据基础地位，意指在相互信任的基础上，交易一方无须即时支付现金即可获取商品或服务的能力。这一能力包含两大核心要素：信任，即授信方对受信方的信赖；以及时间，即信用授予与偿还之间的期限设定。信用的本质是一种基于信任、以按期履约为条件的交易模式与价值流转方式；三是从法律层面的定义来看，信用作为一种法律制度存在，当信任双方未履行信用义务时，将依法承担相应的法律责任。由此可见，信用不仅是道德规范的体现，也是经济活动的基础法则，更是法律体系中的重要组成部分。

信用是市场发展的自然产物。在商品交换的初期，实物交易是主流，但随着货币的引入，交易过程变得更为便捷。然而，即时支付的要求常带来不便，于是赊销应运而生——卖家同意买家在未来某个时间点付款，这标志着最早信用关系的诞生。赊销体现了授信人对受信人未来付款承诺的信任，它替代了传统的物流与货币流同步发生的交易模式，引入了信用作为交易中介。随后，信用的应用范围超越了单纯的商品买卖，货币本身也融入了信用交易之中，催生了借贷活动，即贷款。在贷款过程中，债权人基于对债务人未来还款付息承诺的信任，出借资金。信用交易的应用显著降低了市场交易成本，促进了市场规模的扩张。

由此可见，信用关系的发展根植于信任这一前提。信任建立在相互信赖和承诺之上，而信用则是通过履行这些承诺来赢得对方的信赖。因此，信用不仅是市场经济的重要支柱，也是推动经济交易和社会信任不断深化的关键力量。

信任蕴含着三大核心特性，它们共同构建了信任这一概念的基础框架。首先，时间差是信任存在的前提条件。信任的本质在于一种预期与实现之间的时间跨度——先有承诺，后有履行，两者之间自然形成了一段等待的时间。这种时间差使得信任成为必要，因为在即时交易、如一手交钱一手交货的场景中，由于交易即刻完成，信任的议题不再凸显。只有当承诺的兑现滞后于承诺的给出时，信任的问题才浮出水面。其次，信任内含不确定性，这是其本质的另一面。在信任关系中，承诺的兑现或预期行为的实现并非板上钉钉，而是伴随着一定的风险。这种不确定性源于多种因素，包括但不限于意外事件、个人意愿的变化或外部环境的影响。当一项行为的发生被视为确定无疑时，信任的考量便不再重要。然而，在现实世界中，绝对的确定性几乎是不存在的，因此信任成为人类社会中不可或缺的一种润滑剂。最后，信任是一种主观的态度，它超越了客观依据的束缚。当事者在缺乏确凿证据的情况下，仍然愿意相信事态的发展以及他人的行为会朝着他们期望的方向前进。这种信任并非盲目，而是基于对人性的理解、对过去的经验以及对未来的积极预期。它体现了一种对未知风险的接纳，以及对合作伙伴或合作对象的深切期待。

信用这一概念由两大核心要素构成：时间因素与信心因素。首先，时间因素至关重要。在信用关系中，受信方需在授信方认可的时间期限内，为所获取的资金、物资或服务完成付款或还款。这一时间期限不仅是对受信方履约能力的考验，也是双方信用关系得以维持的基础。它确保了交易的公平性与可持续性，使得授信方能够在合理的预期内回收成本并获得回报。其次，信心因素同样不可或缺。授信方必须对受信方的付款承诺抱有坚定的信任，并对潜在的信用风险进行审慎评估。这种信任并非凭空而来，而是基于受信方过往的行为记录、财务状况、市场声誉等多种因素的综合考量。信心因素的存在，使得信用关系得以在信息不对称的市场环境中建立并维持。

信用，实质上是一种基于信任的约定，它发生在受信方与授信方之间。当受信方能够按照约定的时间足额支付应允的货款或贷款时，便被视为守信；反之，则构成失信。在频繁的信用交易中，一个受信人或法人单位若能持续对所有授信单位信守承诺或合同，便能在社会上树立起卓越的信誉。

信誉，作为法人或自然人在市场环境中的一张名片，其重要性不言而喻。它不仅反映了主体的经济实力与履约能力，更体现了其道德水准与社会责任感。值得注意的是，信誉的影响范围并非局限于经济领域，而是可以扩展到主体所处的周边社会环境之中。它超越了经济范畴的局限，成为了一个对社会而言具有广泛影响力的概念。一个拥有良好信誉的法人或自然人，往往能够在社会中获得更多的尊重与信任，从而为其未来的发展与成功奠定坚实的基础。

显然，信任与信用之间存在着一种紧密且深刻的联系，它们相互依存，互为前提与基础。信任的建立，其根本在于双方都能秉持信用，即遵循承诺、诚实守信。同样地，信用的形成也离不开双方之间的相互信任，这种信任为信用关系的建立提供了必要的心理基础和社会环境。在信用经济这一大背景下，企业间的合作尤为依赖于可靠的信用基础。企业双方彼此信任，往往建立在双方具备良好的信用记录之上。信用不仅代表了企业的经济实力和履约能力，更体现了其商业道德和社会责任感。因此，一个信用良好的企业，在寻求合作伙伴或面对公众时，更容易赢得他人的信任与尊重。这种信任与信用的良性循环，不仅促进了企业间的合作与交流，还推动了整个社会的经济发展与繁荣。在信用经济时代，企业的信用状况已成为衡量其市场竞争力的重要因素之一。良好的信用不仅能够帮助企业获得更多的商业机会，还能在危机时刻为企业提供有力的支持，使其能够迅速恢复并持续发展。

信任和信用虽然紧密相连，但也存在显著的差异。首先，从词性上来看，信任通常作为动词使用，指的是信任主体对另一方是否具有信用的评估和判断；而信用则更多作为名词出现，描述的是一种可信赖的特质或属性。在描述个体品质时，我们更倾向于使用“信用”一词，因为它直接关联到个人的诚实和守信程度。而当谈及社会的道德风貌时，“信任”则更为贴切，因为社会行为本质上是互动的，涉及信任双方相互的判定与被判定，这一过程更加凸显了信任的动态性和互动性。

其次，信任通常发生在两个或多个行为者或组织之间，其历史可以追溯至人类社会的早期阶段，即原始社会。相比之下，信用的存在则与选择密切相关。在高度集中的经济体制下，当一切行为都遵循指令或行政命令，缺乏自主选择的空间时，信用问题便不再凸显。然而，在可以自由选择的经济环境中，每个个体都拥有选择的权利，只要大家坚守诚信原则，信用问题就会相应减少。然而，在那些选择受限、机会主义盛行的经济体制中，个体往往难以充分讲信用，这种情境下社会信任问题尤为突出。因此，理解和区分信任与信用的差异，有助于我们更深入地把握社会互动的本质和经济发展的规律。

### 2.2.2 信任与社会信任的类型

信任的维度划分可以是多元的，国内外学者根据不同的标准对信任进行了多维度划分。西方学术界普遍将信任划分为人际信任与组织间信任两大类别。人际信任，亦称作关系信任，根植于人与人之间的长期交往，它基于对他人品行的深入考量及彼此间情感纽带的建立。此类信任的形成是一个历经多次互动与博弈的过程，通过实际行动或明确承诺得以体现，它代表着一种确信——即敢于基于对对方的信赖而托付重要事务的心理状态。因此，人际信任构成了整个信任体系的基石。查希尔（Zaheer）等学者于1998年对组织间信任进行了界定，他们认为，组织间信任是指合作一方对另一方能够忠实履行其职责与义务的正面预期，同时也是对对方持有诚实与善意信念的体现。这种信任并非凭空产生，而是受到一系列非人格化的规范、准则以及法律法规的制约与保障。

德国杰出学者韦伯根据信任产生的基础不同，将信任划分为特殊信任与普遍信任两大类别。特殊信任深深植根于血缘共同体之中，主要盛行于传统社会的封闭式结构中，它基于血缘、亲缘、地缘及业缘等紧密的人际关系网络。相对而言，普遍信任则是以信仰共同体为基石，它超越了特定人群的界限，广泛存在于现代社会的开放式结构中，这种信任建立在非特定个体或陌生人之间，并依赖于法律、制度和契约的支撑，实现了社会信任的普遍化。

卢曼在1981年从信任构建的基础维度出发，进一步将信任分为人际信任与制度信任。人际信任根植于人际交往过程中形成的深厚情感纽带，而制度信任则建立在法律制度的刚性约束力之上。在此基础上，刘易斯和威格特（Weigert）于1985年对人际信任进行了更为细致的划分，将其区分为基于认知的人际信任和基于情感的人际信任。前者侧重于人际交往中积累的认知判断，后者则侧重于人际交往中培育的深厚情感联系。

威廉姆森（2001）从认知和情感两个维度深入剖析，将信任划分为关系型信任、计算型信任与制度型信任三种类型。关系型信任是在契约不完全且理性有限的情境下，即便一方曾有过失信行为，另一方仍因长期关系的维系而持续相信对方会履行其职责。这种信任源于自然形成的深厚情感纽带。计算型信任则是基于理性计算与谋划而产生的信任。当一方理性地预期另一方的行为将对自己有利时，这种信任便会产生。它被视为利益的保障，信任的产生或丧失被视为理性计算的结果。为确保预期行为的结果，契约或合同常被用作增强或表达双方信任的工具。制度型信任则是行动者在考量制度环境的惩罚机制后选择守信的行为体现。它构成了计算型信任和关系型信任的重要基础，因为制度环境的约束力为信任关系的建立和维护提供了必要的保障。

巴伯（1983），迈耶、戴维斯和舒尔曼（1995），达斯和滕（Das & Teng，2001）将信任区分为能力信任和人品信任。能力信任是行为的一方相信另一方拥有足以履行其工作职责所需的专业知识、经验与技能，它反映了一方实现绩效目标的能力。人品信任是一种期望，是一方对另一方的声誉、忠诚度、诚信度等人格的认同，即在社会关系中，行为一方相信另一方是善意的、有责任的、可靠的和正直的。

孟卫军（2015）根据信任的程度将信任划分为三个维度：弱信任、半强信任以及强信任。弱信任基于机会主义行为受限，当交易一方在交换中无明显弱点时，对另一方不利用其弱点的信心增强（巴尼和汉森，1994）。此信任独立于管理与对方承诺，源自机会主义有限性。半强信任是一种“治理信任”，它在联盟双方在交易中均存在显著弱点而通过治理机制来限制机会主义行为时产生。这种信任的实现依赖于多种治理机制，如市场机制、社会治理机制（格拉诺维特，1985）等。半强信任通过各种规范的治理机制来降低机会主义行为，以保证企业自身的弱点不会被对方所利用。强信任是交易双方即便面临巨大弱点，在无论是否有完善治理机制的情况下仍然相互信赖的深层次信任。它根植于对行为准则、企业文化及价值观的相互认同。这种信任主要体现在两方面：一是对合作方企业文化及行为模式的认可；二是对合作方具体人员的信赖与认同。

国内学者白春阳与安文军（2008）将信任划分为个人信任与社会信任两大维度。个人信任根植于人际交往的深厚情感联系之中，是一种以个体情感为主导的情感性信任，其范畴通常局限于特定的个体间。相比之下，社会信任则是对普遍人群的信任，它建立在理性判断或态度基础之上，并依托制度、结构等社会性因素的坚实保障。社会信任在经济、政治、文化等社会公共生活领域的交往活动中得以体现，表现为一种态度或行为方式。个人信任与社会信任相互依存，相互促进，共同构建了一个完整的社会信任体系。

### 2.2.3 社会信任与社会资本的关系

“社会资本”概念源自经济学中的“资本”理念，由古典经济学家亚当·斯密奠基，他认为资本是产生收入或利润的资产，并区分为固定资本与流动资本。法国社会学家皮埃尔·布迪厄（Pierre Bourdieu）首次系统提出社会资本概念，将其与经济资本、文化资本相对照。科尔曼进一步细分资本为人力资本（基于遗传天赋）、物质资本（如土地、货币等）及社会资本（个人所处社会环境的产物）。经济学视角下，社会资本作为资本类型之一，影响着效率、收益与利润；而从社会学角度看，社会资本则成为衡量社会和谐程度的关键指标。

社会资本理论自诞生之初便聚焦于信任问题，将社会信任视为核心衡量指标。皮埃尔·布迪厄强调，社会资本是现实或潜在资源的集合，这些资源与制度化程度不一的共同认知及认可的关系网络紧密相连，即社会资本与群体成员身份息息相关。它为成员提供集体支持，相当于为成员获取信誉提供了“信任凭证”（张文宏，2003）。科尔曼则对社会资本进行了全面深入的界定与分析，他指出，人力资本除涵盖人的技能和知识外，还包括个体与他人合作的能力，而这种合作能力取决于社会共享规范与价值观的水平，以及个体能否将自身利益融入群体利益之中。在这些共享的价值观中，信任占据着举足轻重的地位（科尔曼，1999）。社会资本不仅反映了社会成员间的信任程度，也是促进合作、提升社会凝聚力的重要基石。

罗伯特·帕特南（Robert Putnam，2001）将社会资本定义为社会组织的一种特性，涵盖信任、规范与网络等要素，这些要素通过促进合作行动，能够提升社会效率，增强对物质资本和人力资本的投资回报。社会资本的含义可从多个层面理解：首先，它根植于社会网络关系之中，群体和组织是其重要载体；其次，社会信任度构成社会资本的核心内容，而有效合作则是其成果的外在体现；再者，制度与规范为社会资本的存续与发展提供了必要条件。福山（1998）则将社会资本直接等同于信任，他强调，社会资本体现在社会或特定群体内部成员间的普遍信任程度。福山认为，尽管法律、契约和经济理性为后工业化社会的稳定与繁荣提供了基础条件，但仅有这些并不足够，还需依赖互惠、道德义务、社会责任及信任等要素，才能确保社会的持久繁荣与稳定。社会资本不仅是经济发展的催化剂，更是社会和谐与进步的基石。

诺曼·厄普霍夫（Norman Uphoff）等学者将社会资本细分为结构型与认知型两大类。结构型社会资本通过既定的规则、程序和先例，构建起稳固的社会网络，明确社会角色，促进信息共享，推动集体行动，并引导政策制度的制定。而认知型社会资本则侧重于价值观与行为规范的共享，其基本形态涵盖信任、团结、合作、宽容、诚实、平等及公正等要素（格鲁特尔特，2004）。波斯特、林南等众多学者在探讨社会资本时，同样将信任视为不可或缺的核心元素。在针对社会资本的经验研究中，学者们从多个维度衡量信任水平，包括公民对政府的信任度、“邻居信任指标”等，这些指标从不同视角反映了社会信任的现状与特征。社会资本不仅是社会结构的黏合剂，更是推动社会和谐与进步的重要动力。

社会资本与社会信任之间的紧密联系，源于它们共同植根于社会成员间的互动之中，而这些互动又深深植根于社会共享的规范与价值观。社会资本，简而言之，是群体成员间共有的一套非正式的、促进合作的价值观或行为准则。同样地，信任也建立在这些共享的规范之上，当群体成员开始预期其他成员的行为将正直可靠时，信任便随之产生。这种信任如同润滑剂，能够显著提升群体或组织的运作效率。进一步地，信任度的高低直接决定了社会资本的丰富程度。任何社会都具备一定的社会资本，但其多寡则与“信任半径”息息相关（福山，2002）。所谓信任半径，即一个社会中成员间能够相互信任的范围或程度。信任半径越长，意味着社会成员间的信任关系越广泛、深入，社会资本也就愈加丰厚。一个社会的信任度越高，其社会资本就越多，这不仅能够增强社会的凝聚力，还能有效降低社会交易成本，实现社会成本的节约。因此，提升社会信任度，是扩大社会资本、促进社会和谐发展的重要途径。

### 2.2.4 信息与信任

信息，作为事物特征、运动状态及属性的综合反映，以各种形态呈现，是系统用以消除不确定性、更新并丰富个体知识结构的关键要素。信息的本质特性包括普遍性、客观性、动态性、时效性、可识别性、可传递性以及可共享性。尤为重要的是，信息能够在同一信任网络中传递，为网络内的成员所共同享有，这一过程极大地促进了认知主体对客观世界的深入理解，有效防止了决策过程中的误判，并降低了因信息不对称所引发的逆向选择及道德风险。然而，人类在处理信息时的能力限制，即有限理性，以及潜在的机会主义倾向，构成了信息不对称的主观成因。有限理性意味着人们在面对海量信息时，无法做到全面、精确地处理与分析，导致对信息的把握存在偏差。而机会主义则可能促使个体在信息不对称的情况下，为追求自身利益最大化而采取隐蔽行动或提供不实信息，进一步加剧信息不对称的程度。因此，提高信息处理能力，增强信息透明度，以及建立和维护信任网络，成为缓解信息不对称、促进公平交易与社会和谐发展的关键策略。

"信任"是一个多维度、深层次的综合性概念，它融合了正直、能力、责任、沟通、约束等多个方面，蕴含着信赖、信用、责任感等多重深刻含义。这一复杂而丰富的概念吸引了哲学、社会学、心理学、经济学、管理学等多个学科领域的学者，他们基于各自的专业视角，对信任进行了广泛而深入的探讨与定义。从功利主义的角度出发，信任被视为一种社会行为，其核心在于个体对他人能够遵循社会规范、表现出恰当行为的期待或期望（卢曼）。赖兹曼（Raizman，1974）则进一步强调，信任是个体内在的一种信念，它普遍地相信他人具备诚意、善意以及可信性，这种信念是稳固而可靠的。迈耶、戴维斯和舒尔曼（1995）则提出，信任建立在对他人特定行动的预期之上，这种预期关乎于他人行为对自身重要性的影响。哈丁（2001）则进一步指出，信任包含两个关键的构成要素：一是对合作对象行为结果的不确定性，即个体无法完全预知或控制他人的行为及其后果；二是对合作对象的选择性，即个体在面临多种可能的合作对象时，需要基于某种标准或判断来做出选择。这两个要素共同构成了信任的核心特征，使得信任成为了一种既充满挑战又极具价值的社会现象。

综合审视各学派对信任的多维度定义，我们可以清晰地看到，信任这一概念涵盖了心理认知与行为选择两个紧密相关的层面。从心理认知的角度来看，信任首先是对特定情境及信任对象的一种深层次心理评估，这种评估过程是由个体一系列复杂的心理体验所构成的，因此具有鲜明的动态性和过程性。在这个心理评估的过程中，个体围绕信息这一核心要素，进行着一系列细致的评估工作，包括对情境的理解、对信任对象的认知以及两者关系的预判等。

在人际交往和合作活动中，信任关系的建立与维持，在很大程度上取决于不同主体在信息不对称的条件下，如何根据自己的预期和判断，对成本收益进行综合权衡与考量。这种权衡与考量并非简单的加减法，而是涉及诸多复杂因素的全面分析，如对方的可信度、合作的潜在价值、可能面临的风险与成本等。在此基础上，个体通过理性思考和判断，选择出最优的行动方案，以实现其目标函数效用值的最大化。因此，信任不仅仅是一种心理状态或情感反应，更是一种基于理性考量和判断的行为选择。它要求个体在复杂多变的社会环境中，能够准确地识别并评估潜在的合作机会与风险，从而做出明智的决策，以维护自身的利益并促进社会的和谐发展。

信任，这一深植于心理认知基础之上的行为决策，其本质建立在对他人或他事的明确认知上。这种认知并非凭空而来，而是经过对信息的收集、整理、辨识后，在特定情境下作出的具体选择。信任决策是一个动态的过程，要求个体或组织在面对不断变化的环境时，能够持续更新信息，并据此适时调整信任策略（维克、伯纳和琼斯，1999）。信任之所以成为知与无知之间的桥梁，是因为它是基于对未来可能事件的可靠性进行预测和计算的结果。这种预测和计算并非绝对确定，而是建立在一种假设之上，即我们对他人的了解介于完全知晓与一无所知之间。实证研究揭示，信息的有效传递与信息不对称性的降低，在信任的建立过程中扮演着至关重要的角色。

在熟人社会中，或当交易双方能够“知己知彼”时，由于信息相对透明，隐瞒和欺骗的成本高昂，信任便成为自然而然的结果，此时信任问题几乎不复存在。

然而，在陌生人社会，即在社会流动性强、人际关系疏离的环境中，信息的不对称性和隐蔽性显著增强，个体或组织往往难以获取足够的信息来做出信任决策。在这种情境下，隐瞒和欺骗变得容易，信任变得脆弱，甚至可能导致双方无法进行交易。因此，信任不仅仅是一种心理状态，更是一种价值心理，它蕴含着对成本与收益的权衡与算计。在信任或不信任的态度和心理中，个体或组织会根据自身的价值观、利益诉求以及外部环境的变化，不断调整自己的信任策略，以实现利益的最大化。

在经济学家的视角下，信任虽可能深受亲情纽带与文化背景的熏陶，但其核心更在于人们的理性抉择。信任，这一人际关系的基石，往往是基于个体或组织在充分掌握相关信息后做出明智构建。在市场经济的大潮中，仅凭伦理道德的约束往往难以达到理想的治理效果，因此建立并维护一套行之有效的制度规范，以约束和引导市场行为，显得尤为重要。

为了提升一个国家、地区或城市在内外环境中的信任水平，首要任务是完善信息的传递系统，确保信息的透明度与流通性。这意味着，无论是主动披露信息以供外界了解，还是积极获取信息以增进自身认知，都是提升信任度不可或缺的一环。信息的广泛传播与深度挖掘，有助于打破信息不对称的壁垒，增进各方之间的互信。同时，信息的稳定性和可靠性是构建信任大厦不可或缺的砖石。在快速变化的市场环境中，若信息频繁波动，不确定性陡增，信用的基础将被极大地削弱。因此，确保信息的持续稳定与真实可靠，是维护信任关系的关键所在。这要求我们在信息传递的过程中，不仅要注重信息的时效性，更要确保其准确性和持久性，以构建一个稳定、可靠的信息环境，为信任的培育与巩固提供坚实的支撑。

### 2.2.5 信任的作用与功能

（1）信任的作用

①信任是社会中最重要的综合力量之一。

齐美尔指出“信任是社会中最重要的综合力量之一”。他认为，正是因为信任普遍存在，交易双方即便内心波动，也能构建起稳固而持久的关系纽带。而且现代经济生活在更大程度上是建立在对他人诚信的基础上，经济生活的日益复杂，恰恰彰显了信任无处不在的重要性。罗特尔与怀特曼认为，信任是一个人对他人的言辞、承诺、诚意、善意及可信性的整体可靠性的一种普遍信念；而萨贝尔则进一步指出，信任是交易双方对于彼此都不会利用对方易受攻击性的弱点的相互信心。因此，人际交往中的信任首先突出体现在其对交易行为的深远影响上——缺乏基础的个人信任，市场机制便如同失去了源头活水，难以维系。

②信任是经济交换的有效润滑剂。

阿罗（1974）提出，“信任是经济交换的有效润滑剂”。他还进一步指出，世界上许多国家的经济落后，在很大程度上可归因于相互信任的缺失。赫希更是明确指出，信任是经济交易不可或缺的公共资源。科尔曼进一步阐释，信任是在风险环境中追求利益最大化的有意识行为，作为社会资本的一种，它能有效降低第三方监管与惩罚的成本。卢曼对信任的理解颇具洞察力，他认为信任是简化复杂交易流程的最有效的工具之一。摩根和亨特（Morgan & Hunter，1994）的研究表明，信任是双方在自愿的前提下以促进双方合作关系持续下去为目的的，信任能够使人们在面临风险决策时做出有利于双方合作的决策。诺斯（1994）也指出，鉴于人的有限理性与信息、能力的不完备，相互信任显著降低了交易成本。

③信任是稳定社会关系的基本因素。

信任问题之所以占据举足轻重的地位，是因为它构成了“稳定社会关系不可或缺的基石”（布劳，1964）。正如巴伯在1989年所述，信任是行动者在社会互动中相互寄予的深切期望，这种期望聚焦于对方能够忠实履行其信用义务与责任。海默（Highmore）在1976年的研究中进一步指出，信任如同一道坚实的屏障，有效削弱了社会关系中的不确定性和易变性，为行动者提供了稳定与可预测性的环境。因此，信任不仅是人际互动的润滑剂，更是社会秩序得以维系的重要支柱之一，它确保了社会结构的稳固与发展的和谐的可能性。在更深层次上，信任促进了合作与互惠，为社会的繁荣与进步奠定了坚实的基础。

综合上述对信任的深入分析，我们可以得出以下结论：信任不仅是人们进行交换活动的基石，而且是经济系统中降低交易风险不可或缺的“简化机制”。它对于削减因信息不对称诱发的机会主义行为所产生的内生交易费用具有决定性影响。换言之，在日益复杂且高级的经济交易活动中，内生性的私人信任与公共信任需要普遍且和谐地共存，即人格化信任与非人格化信任需要达到一种和谐状态。从某种程度上讲，现代经济中金融市场与股份公司制度的兴起，正是信任从个人层面逐步扩展到关系信任、组织信任，并最终形成制度信任的必然产物与内在需求。这一过程不仅反映了信任形态的进化，也推动了经济体系的深化与发展。

（2）信任的功能

金融活动本质上是通过当前的金钱与信用交易，在未来获取更多的金钱收益。这种交易能否顺利达成，不仅依赖于合同法律条款的有效性和执行力，还深深植根于借贷方对融资方的信任程度。金融体系的构成广泛而复杂，涵盖了市场、中介机构、服务公司以及协助家庭、企业和政府做出金融决策的各种机构。在这一体系中，金融机构作为关键一环，紧密地嵌入到企业的社会信任网络之中，成为连接各方信任与金融活动的桥梁。信任在金融领域扮演着至关重要的角色，它不仅是维系金融交易稳定与效率的基石，更是一种具有显著金融功能的机制。通过信任，金融机构能够更有效地评估和管理风险，促进资本的流动与配置，进而推动经济的增长与发展。同时，信任促进了金融创新的步伐，使得新的金融产品和服务得以不断涌现，满足市场多样化的需求。因此，在金融体系的运作中，信任不仅是无形的社会资本，更是推动金融深化与经济发展的强大动力。

① 信任能导致资源的时空转移。

信任作为一种强大的社会力量，能够促使资源在时间与空间维度上进行有效的转移与配置。在基于信任的关系框架下，信任方（通常是资金充裕的个体或机构）基于对未来回报的期待，可以自愿地、有偿或无偿地将资金调配给中小企业使用。这种资金流动不仅体现了资源的重新分配，更是资源时空转移的一种典型表现形式。具体而言，信任方与中小企业各自拥有不同的资金时间价值与空间分布特点。信任方可能拥有暂时闲置的资金，而中小企业则因业务扩张、技术创新或日常运营急需资金支持。通过信任建立的桥梁，资金得以从时间价值较低（或暂时无明确用途）的信任方流向时间价值较高（或急需资金使用）的中小企业，从而实现了资源的优化利用。同时，从空间角度看，资金可以在不同地区间流动，支持那些地理上虽远但具有发展潜力的中小企业，促进区域经济的平衡与协同发展。因此，信任不仅促进了金融资源的有效配置，还加速了经济的整体增长与创新步伐，展现了其在现代经济社会中不可替代的重要作用。

② 信任具有风险管理的功能。

信任在风险管理中扮演着至关重要的角色，特别是在面对未来经济生活的不确定性时，其重要性尤为凸显。金融机构为了降低风险和潜在的损失，通常会采取一系列措施，如深入获取并分析企业的详细信息，精心设定授信条件、基准利率以及抵押担保要求等。在中小企业融资的过程中，信任更是展现出了其独特的风险管理功能。首先，当中小企业面临经营困境甚至失败时，作为信任方的银行也会因此蒙受损失，包括无法收回贷款本金及相应的贷款利息，从而承担了中小企业失败所带来的部分风险。这种风险共担的机制，实际上为中小企业提供了一个风险分散与转移的通道，增强了其抵御风险的能力。其次，信任的存在对中小企业的资金使用行为产生了深远的影响。在计算型信任的作用下，中小企业在使用资金时会更加审慎，力求资金被有效利用，从而降低自身的风险水平。这种谨慎的使用态度，不仅有助于中小企业的稳健发展，也间接减少了信任各方所承担的风险。最后，尽管信任本身也伴随着一定的风险（如过度信任或误信），但金融机构可以通过科学的信贷决策流程来有效控制和降低这些风险。信贷决策不仅是对企业信用状况的评估，更是对信任风险的一次全面审视与把控，确保了金融机构在提供融资支持的同时，能够最大限度地维护自身的安全与稳定。

③ 信任能实现资源集中和权益分割。

信任在资源配置与权益划分方面展现出了其独特而强大的功能，特别是在中小企业的起步与发展阶段，这种作用尤为显著。由于中小企业在初创期和发展期所需的最低投资额度往往远超企业家个人的资金实力，此时，信任便成为一种关键的资源聚合力量。通过建立信任关系，企业家能够利用广泛的关系网络，吸引并集中来自不同渠道的资金，为中小企业的成长提供必要的资金支持。这种资金集中机制不仅拓宽了企业的融资渠道，还促进了资源的有效整合与利用。与此同时，信任在权益划分方面也发挥着至关重要的作用。在中小企业中，不同的关系人依据其投入的资金规模、所承担的风险程度以及期望获得的权益性质，往往有不同的诉求。信任作为一种隐性的契约，能够指导并规范这些权益的分割与分配。通过信任，各方可以基于公平、合理和透明的原则，将集中的资金按照既定的规则划分为股权或债务，从而确保各方利益的均衡与被保护。这种权益分割机制不仅增强了中小企业的融资吸引力，还促进了企业内部的和谐与稳定，为企业的长远发展奠定了坚实的基础。

④ 信任具有信息提供的功能。

信任作为一种深层次的社会关系纽带，其独特的价值不仅体现在资源的整合与权益的划分上，更在于其强大的信息提供功能。在由信任构筑的关系网络中，每一个关系人都成为了信息的节点，这个网络本身就是一个庞大的信息库，既能够孕育并储存丰富的信息，又能够高效地将这些信息在各个节点间传递。社会信任网络作为这种软信息传递的主要途径，其优势在于能够传递那些难以量化、难以通过正式渠道获取的非正式信息。这些信息可能包括对企业的经营状况、发展前景的直观感受，对个人的道德品质、职业能力的深入了解等。这些信息虽然难以用具体的数字来衡量，但却在决策过程中发挥着至关重要的作用。通过社会信任网络，这些软信息得以在关系人之间自由流动，为各方提供更为全面、深入的信息支持。此外，社会信任网络还具备信息的筛选与过滤功能。在信息的传递过程中，网络中的关系人会根据自己的经验、判断以及与其他关系人的互动，对信息进行筛选和过滤，从而确保信息的真实性和可靠性。这种信息的筛选机制，进一步增强了社会信任网络在信息提供方面的优势，使其成为决策过程中不可或缺的信息来源。

⑤ 信任能解决激励问题。

信任在解决激励问题方面发挥着举足轻重的作用，特别是在中小企业融资关系中，其影响力尤为深远。首先，基于信任的融资关系极大地简化了融资流程，省去了烦琐的征信调查、冗长的谈判以及复杂的签约手续，从而节省了宝贵的时间和资源，降低了交易成本。这种效率的提升，不仅加快了融资速度，还使得中小企业能够更快地获得所需的资金支持，为其发展注入了强劲的动力。其次，关系网络中的计算型信任在减少逆向选择方面展现出了显著的效果。在计算型信任的作用下，融资方能够更加准确地评估中小企业的信用状况和经营能力，从而避免将资金投向那些风险较高、经营不善的企业。这种筛选机制不仅提高了融资的精准度，还降低了因逆向选择而产生的潜在风险。再次，基于信任的中小企业融资关系在解决道德风险方面也表现出色。计算型信任不仅能够有效阻止中小企业滥用资金，还促使企业更加珍惜和合理利用来之不易的融资资源。同时，关系网络的存在为监督资金的使用提供了强有力的支持。网络中的各方能够相互监督、相互制约，确保资金按照既定的用途和计划使用，从而降低了道德风险的发生概率。最后，信任所嵌入的关系网络在减少监督成本方面同样功不可没。在关系网络中，信任作为一种隐性的契约和约束机制，能够促使各方自觉遵守规则、履行义务，从而减少了因违约而产生的监督成本。这种成本节约不仅提升了融资效率，还促进了关系网络的稳定和可持续发展。

⑥ 信任在一定情形下具有清算和支付结算功能。

信任，作为一种深层次的社会关系纽带，在某些特定情境下，展现出了独特的清算与支付结算功能。这种功能并非直接体现在货币或物质的交换上，而是以一种更为抽象、更为高级的形式——信任本身作为交易对象和转移媒介——来实现资源的转移与清算。当交易的目的不再单纯追求货币价值的最大化，而是转向获取或深化信任关系时，信任便成为一种重要的交易资源。在这种情境下，交易双方会更加注重彼此的信任建立与维持，通过一系列的互动与合作，不断扩大和巩固信任关系。尤为值得一提的是，信任关系中的某一方有时会将这种珍贵的信任资源转移给第三方。这种转移并非简单的信息传递，而是基于深厚的信任基础，将自己在某一领域或某一关系网络中积累的信任资本，转化为对第三方的支持与认可。这种转移的本质，实际上就是将信任所蕴含的资源价值进行再分配与清算，使得信任资本能够在更广泛的范围内发挥效用。在信任的这种清算与支付结算功能中，我们不难发现，信任不仅仅是一种情感上的联结，更是一种具有实际价值的资源。它能够在不同的主体间流动、转化，并产生深远的影响。因此，在构建和维护信任关系时，我们不仅要注重情感的培养与沟通，更要善于挖掘和利用信任资源的潜在价值，以推动社会的和谐与发展。

# 2.3 社会信任与中小企业融资的关系

在中小企业融资的复杂过程中，信任不仅仅是一种心理感受或情感联结，更是一种具有实际经济价值的资源。通过嵌入广泛的社会网络，信任构建了企业与其他融资主体之间的桥梁，促进了资金的有效流动和合理配置。从金融的功能性观点来看，信任以其所嵌入的社会资本在中小企业融资及资本市场发展中发挥了不可或缺的金融作用。这种作用不仅体现在降低融资成本、提高融资效率上，更体现在促进市场稳定、推动经济持续发展等更深层次的经济效应上。因此，在构建和完善中小企业融资体系及资本市场的过程中，我们应充分重视并发挥信任及社会资本的重要作用。

（1）社会信任有利于降低融资成本，实现融资可获得性

社会信任作为一种无形却强大的社会资本，其在经济活动中的实用价值不可估量，正如阿罗（1972）所言，没有任何东西比信任更具有重大的实用价值。信任不仅促进了人与人之间的交换行为，还成为了推动社会进步与繁荣的综合力量之一，这一点在齐美

尔（1990）的论述中得到了深刻体现。福山在《信任：社会美德与创造经济繁荣》一书中，深入剖析了信任对于经济效益的推动作用。他指出，高度的信任作为经济关系的润滑剂，能够显著降低经济学家所关注的事务性成本，从而大幅提升经济效益。在企业层面，信任更是构成了企业社会资本的核心要素，这种社会资本实质上就是企业内外部个人及组织间形成的复杂而紧密的社会信任网络（李敏，2005）。这种信任网络的存在，使得企业能够更容易地获取和利用金融资本、人力资源等关键资源，为企业的持续发展提供有力支持。王涛和顾新（2006）进一步强调了信任在社会资本中的关键地位。他们认为，社会信任不仅能够有效降低交易成本，提高合作效率，还能够通过信任的传递和合作网络的良好声誉，为企业带来更多的稀缺资源。这种建立在信任基础上的合作网络，不仅增强了企业的竞争力，还提升了整个网络中的社会资本价值。

布瑞恩·乌兹（Brian Uzzi）和詹姆斯·吉莱斯皮（James Gillespie）在1998年的研究中巧妙地运用结构嵌入的方法，深入探索了社会信任在小企业债务市场中对降低银行融资成本的重要作用。他们指出，企业与银行之间建立的关系质量，以及借方与其他金融机构所构成的网络结构，都是影响企业借贷成本的关键因素。具体而言，乌兹和吉莱斯皮发现，企业与银行之间关系的时间长度对于降低融资成本具有显著影响。长期稳定的合作关系能够加深彼此之间的了解与信任，从而降低因信息不对称而产生的额外成本。此外，关系的复杂性，即企业与多家银行或其他金融机构之间形成的多样化联系，也有助于降低融资成本。这种复杂性不仅为企业提供了更多的融资渠道选择，还增强了企业在金融市场中的议价能力。

（2）社会信任有利于降低信息不对称对融资的影响

张捷（2002）深刻指出，中小企业融资难题的核心根源在于信息不对称所引发的市场失效。尽管众多中小企业中蕴藏着诸多潜力项目和可观的利润增长点，但由于银行对中小企业的管理能力、信用状况等方面拿不准，无形中贷款过程中的交易成本增加。成本与收益之间的不对称性，迫使银行对中小企业采取更为严格的信贷政策，这也加剧了中小企业的融资困境。在此背景下，社会信任的作用显得尤为重要。它为社会交往主体之间的相互作用提供了稳定的期望模式，有助于行为者在复杂多变的社会关系中克服不确定性和易变性。社会信任的建立，不仅能够增强彼此间的合作意愿，还能有效降低因信息不对称而产生的交易成本。王霄（2005）进一步指出，在银行实行均衡信贷配给的情境下，中小企业的社会资本成为关系融资的重要基石。通过社会资本，中小企业能够构建起信息传递的渠道和甄别机制，显著降低信息不对称的程度，进而减少银行的贷款审查成本。这种信息的有效传递和甄别，不仅能够减小银行的保本贷款规模，还能够降低其对抵押品的要求，从而大大提高中小企业融资的可获得性。

（3）社会信任有利于拓展企业融资模式

国外学者曾探索性研究过ROSCA（轮转储蓄与信贷协会）机制，即通过成员间的集体集资、相互担保及监督，创新性地解决中小企业面临的抵押担保不足及信息筛选难题（格尔茨，1962；阿德纳，1964；范登布林克与尚瓦斯，1997）。在国内，学者崔文芳（2008）、彭萍等（2007）以及吴小谨和陈小红（2008）则提出了供应链融资模式和基于产业集群社会资本的融资模式。这些模式的共同点在于，利用企业的业务联系或社会网络进行集资，提供经济担保，并借助声誉机制与集体惩罚机制构成隐性担保，同时发挥信息甄别的作用，从而帮助中小企业更有效地获取银行贷款。

储小平（2003）通过对私营经济与私营企业相关统计数据的深入分析，揭示了一个有趣的现象：在20世纪80年代至90年代初，尽管有41%的被调查私营企业能够从银行和信用社获得贷款，但这些贷款中的大部分实际上是通过个人社会关系网，即依靠亲戚熟识关系，并常常辅以正式组织出面担保而获得的，这反映了人情关系在当时的融资过程中的重要作用。

王越、刘坷（2008）也关注到中小企业发展所依赖的环境特质——集群效应，并且以网络结构、信任合作、环境认知作为社会资本的测量维度，将中小企业利用社会资本的融资行为归纳为民间融资、银企间关系型贷款、企业间合作融资三类。

罗家德（2000）通过深入访谈，以嵌入性视角深入剖析了中国台湾“关系金融”的四种典型形式。他发现，私人借贷以一对一的人际关系为基础，深深植根于感情连带之中；标会则构建了一个小型、短期且封闭的网状人际关系网络，其稳固性依赖于会员间关系网络的强度与密度；储蓄互助社展现出高度的封闭性和强烈的群体归属感，其运作基石在于既有团体的内聚力和群体意识；而信用合作社则呈现为一个开放且团体化的网状人际关系网络，其基础在于地缘关系的人脉连带及团体化过程。这四种融资渠道不仅在经济上发挥着重要作用，而且与社会功能紧密相连，共同构成了一个错综复杂的金融生态系统。罗家德指出，强化关系信任网络的强度、密度或团体意识，是确保这 生态系统经济功能正常运作的关键。在此基础上，我们可以进一步理解，建立在广泛社会信任基础上的“关系融资”，为中小企业通过关系网络寻求自身发展资源提供了全新的视角。这种融资方式不仅拓宽了中小企业的融资渠道，还促进了企业与社会各界的深度融合，为中小企业的蜕变和发展注入了新的活力。

（4）信誉及信任机制是中小企业融资的保障

中小企业融资时面临的主要挑战包括发展上的不确定性和潜在的道德风险，信誉及信任机制对于降低融资过程中的道德风险尤为重要。

首先，信誉被视为现代市场经济高效运行不可或缺的关键资本要素。在成熟且规范的市场经济环境中，信誉不仅是个人资信的证明，更是企业的无形财富和品牌吸引力的源泉。企业的信誉直接影响其在潜在融资伙伴中的形象，进而可能决定其能否顺利获得所需资金。当一家企业在其社交圈内乃至更广泛的社会中享有良好信誉时，这意味着投资该企业的资金面临较低的道德风险。良好的企业信誉不仅能够反映出企业稳健的经营状况，还能为企业在社会资本网络中赢得良好的口碑，使企业成为值得信赖的合作伙伴。因此，强化信誉机制，提升企业的信用水平，对于中小企业克服融资难题、实现稳健发展具有重要意义。

其次，中小企业与投资方建立起长期的信任合作关系后，投资方会更倾向于投入资金以期望获得相应回报，并积极参与企业的经营管理，提供宝贵建议，助力企业优化运营。这种长期的合作信任关系，是企业获取资金的重要基石。若投资方对中小企业的信任度不足，企业则难以顺利融资。相反，当企业的社会资本存量较高，即投资方认为企业值得信赖，无须担忧欺诈行为或信息不对称带来的风险时，他们更愿意承担投资风险，进行投资。进一步地，企业间的信任与合作是相互促进的良性循环。信任作为关系型社会资本的核心，随着市场主体间合作关系的深化而不断加强。在此过程中，企业间逐渐形成了共同的价值观念和行为规范。这些价值观念的融入，激励企业构建社会网络或分享资源，而规范则进一步提升了市场主体组建战略联盟的意愿。因此，信誉及信任机制为中小企业融资提供了坚实的保障，促进了企业的健康发展。

（5）信任关系的拓展为金融制度的创新提供了可能

金融制度创新是微观金融组织为追求利润最大化而采取的旨在消除或缓解外部金融压制的“自卫”策略。在纵向社会结构中，银行等金融机构因国家资本的支持而赢得了社会的广泛信任，克服了社会诚信基础薄弱的困难。随着信用体系的完善和社会信任度的提升，拥有独立产权的微观主体逐渐具备足够的经济实力和信任基础，能够承担金融制度创新的成本，为金融制度从供给主导型向需求诱致型的转变创造了条件。

浙江民间金融在制度创新方面展现出丰富的多样性，这些创新源自乡村社会的金融互助传统，并逐渐演化为各种形式的“会”，包括平会、台会、摇会和排会等。这些“会”通常以乡镇为单位，资金规模相对较大，运作时采用多边机制进行资金筹集与投放，并依靠道德约束来防范信用风险。浙江民间金融的多样性创新，对推动区域性的资本积累、集中及融通发挥了关键作用。

浙江地区社会普遍信任的广泛建立，为其金融制度创新提供了肥沃的土壤。这种信任的不断提升不仅促进了当地民间金融创新的活跃，也为其金融市场的健康发展奠定了坚实的基础。

## 2.4　信任的测量

在国内，李路路（1995）将企业家社会资本阐释为企业家所具备的社会关系特质，其规模通过企业家最常交往的亲属与友人，以及这些关联人士的职业层次和在政府权力架构中的职位高低来评估。石秀印（1998）提出，企业家作为企业与外部环境的桥梁，需具备获取关键资源的能力，涵盖政府行政与法律支持、生产经营所需资源、管理智慧与文化动力四大类。周小虎（2002）进一步指出，企业家社会资本根植于企业群体模式，是在信誉和规范框架下形成的社会关系网络，体现为企业家调动内外资源的能力。他提出的衡量社会资本的标准包括社会关系网络的广度与深度，以及企业家在构建、维护与运用这些网络方面的能力，这些网络涵盖了市场网络（涉及顾客、供应商、销售商等）、组织内网络（包括股东、员工、合作伙伴等）、环境网络（如政府、银行等机构），以及基于血缘、地域的个人关系网络。

另外，企业家的教育水平、信任预期及价值观共同塑造了其社会关系网络的规模以及开发、维护、运用这些网络的能力。王革、张玉利（2004）指出，企业家社会资本是以企业家为核心，联结企业外部社会成员、社会组织及企业内部组织和成员，能为企业创造实际或潜在利益的社会关系网络。惠朝旭（2004）则强调，企业家社会资本是个人社会资本的一种形式，它以企业家个体为中心，体现为依附于个体的网络结构、社会声誉与信任的总和。

在探讨企业家社会资本的量化评估时，边燕杰与丘海雄于2000年提出了三项关键指标：首先，考察企业法定代表人是否曾在上级领导机关担任过职务，这反映了企业与政府部门的纵向联系强度；其次，评估企业法定代表人是否在跨行业的其他企业中有过工作经历或担任过管理、经营方面的领导职务，这体现了企业的横向联系广度；最后，衡量企业法定代表人的社会交往和联系的广泛性，这代表了其社会联系的深度与多样性。这一研究框架实质上是以企业家的社会资本作为衡量企业社会资本的一个代理变量。进一步地，张其仔（2004）深化了社会资本测量的维度，他主张从网络类型（即网络的性质，如亲友网络、商业网络等）、网络密度（网络中成员间联系的紧密程度）以及网络规模（网络中成员的数量）三个方面来全面评估社会资本。这种多维度的测量方法为我们提供了更为细致和全面的视角，以理解和量化企业家及其所在企业所拥有的社会资本资源。他所选用的网络指标分别为：①是否已成为个体劳动者协会（个协）的成员；②是否已加入私营企业家协会；③是否具备行业协会会员身份；④是否已成为商会的成员；⑤是否为中国共产主义青年团团员；⑥是否为中国共产党党员；⑦是否为某个民主党派的成员。这些身份信息不仅体现了企业家在不同社会组织中的参与度，也间接反映了其社会关系网络的多元性与影响力。网络规模的评估依据是成员身份的数量，具体而言，企业家所持有的成员身份越多，其构建的社会关系网络规模就越大。

至于网络密度的测量，他则采用以下指标来综合考量：①社会捐赠的总额，这反映了企业家在社会公益方面的投入与贡献；②当年的社会捐助额，这体现了企业家在年度内的社会参与度；③社交费用，包括参加各类社交活动的开销，这是衡量企业家社会关系活跃度的直接指标；④当年的社交费用，此则聚焦于本年度社交活动的经济投入；⑤社会捐助占企业总投资的比重，这揭示了企业家在社会责任方面的相对投入；⑥当期捐助占销售收入的比重，这显示了企业盈利后用于回馈社会的部分；⑦当期交往费用占销售收入的比重，这进一步衡量了企业家为维持和拓展社会关系网络所付出的经济成本；⑧企业销售额中本地销售数量的比重，这一指标虽不直接体现网络密度，但可以从侧面反映出企业家在本地社会关系网络中的嵌入程度及其对企业经营的影响。通过这些综合指标，金融机构能够更全面地理解和评估企业家的社会关系网络的密集程度与活跃水平。

# 第三章　我国中小企业融资现状及理性分析

## 3.1　中小企业的界定和现状

### 3.1.1　中小企业的定义

对中小企业的界定是理论界和实践领域共同关心的问题。一般而言，中小企业是与所处行业的大企业相比在人员规模、资产规模和经营规模都比较小的经济单位。国际劳工组织的一项调查表明，在50多个国家中就有75种中小企业的定义。

国外研究主要侧重于从“质”的角度来界定中小企业，即从企业的组织结构、行业地位和融资方式上来定义。中小企业是指相对于大企业来说经营规模比较小的经济单位。美国在1953年颁布并修订的《中小企业条例》中规定，中小企业“是一个独立所有和自主经营，并在其经营的行业中不是处于主导地位的经济单位”。基于1971年的博尔顿报告，英国对中小企业的界定除了定量标准外，还明确规定了以下定性条件：企业不得作为大企业的附属部分存在；需拥有较小的市场份额；其经营方式应体现个人化特点，即所有者（或经营者）依据个人判断进行决策；企业必须是独立运营的，不受任何母公司控制。

从国内研究来看，主要是从企业规模来界定，一般体现为资产总额、营业利润总额和员工人数等量化指标。有学者将中小企业定义为“独立经营、形式多样、规模较小，在市场上不具有支配地位的经济单位”（包锡妹，2000）。而林民书（2000）则认为，中小企业是指相对于大企业来说经营规模比较小，在本行业中不属于市场主导地位的经济单位。锁箭（2001）提出，“中小企业是一个多重相对性的概念，在不同的行业、时间和区域，其所代表的企业群体各异，而且这些群体自身具有非均质性，即构成这一集合的各元素具有异质多元特征。用函数可表示为：$SMEs=F(I, T, S)$。其中：$I$（Industrial）代表行业变量：$T$（Time）代表时间变量；$S$（Site）表示地域变量”。在上述函数中，当我们固定该函数中的任意两个变量为常数时，第三个变量的变动将引出一系列不同的中小企业定义，揭示了中小企业内涵的多样性。李玉潭根据西方主要国家对中小企业的定义，认为中小企业是指相对于大企业来说经营规模比较小的经济单位。他总结中小企业具有四个特点：①中小企业往往依附于大企业，其生存与发展服务于大企业的战略目标；②所有权与经营权通常高度统一，经营者与员工之间关系密切，管理较为直接；③融资方式多依赖于内部积累，较少采用股票、债券等资本市场工具；④经营活动深深植根于地方经济之中，带有鲜明的地方特色，与地方发展紧密相连。

对于中小企业的界定，无论是从学术上还是从国家政策规定来看，企业作为市场经济的主体，只要从市场地位上观察其是否具有足够强大的竞争力，就可以进而以此作为衡量企业大小的标准。根据这种思想，吴敬琏（1999）将中小企业定义为：相对于处于垄断地位的大企业来说，在市场竞争中处于弱势地位的企业。《中国企业管理百科全书》对中小企业的定义为：“中小型企业指生产规模较小的企业，即劳动力、劳动手段和劳动对象集中程度较低的企业”。2003年1月1日正式颁布实施、2017年9月1日第十二届全国人民代表大会常务委员会第二十九次会议修订的《中华人民共和国中小企业促进法》第二条指出，“本法所称中小企业，是指在中华人民共和国境内依法设立的，人员规模、经营规模相对较小的企业，包括中型企业、小型企业和微型企业”。

尽管中小企业的内涵难以界定，但各国出于把握国民经济中的企业规模结构和运营状况，并对之进行经济、法律和政策等方面管理和扶持的需要，都对本国或本地区的中小企业制定了不同的划分标准。

### 3.1.2　中小企业的界定标准

由于各国经济发展水平、文化背景及划分中小企业的目的各有差异，不同的国家在中小企业界定方面采用的指标各不相同。即使同一国家，随着经济发展和企业所处行业的变化，界定标准也会发生变化。各个国家对中小企业的界定有定量和定性两种主要方法。定量标准主要从企业雇员人数、资产额以及年营业额三方面进行界定，指标主要包括企业雇员人数、实收资本总额、总资产数额、总营业额等量化指标；定性则主要从企业质量和地位两方面进行界定，指标主要包括企业的组织形式、融资方式及所处行业地位等。量的指标较质的指标更为直观，数据容易选取，为了便于统一管理，大多数国家都采用定量界定的标准，少数国家如美国、加拿大、德国、英国、以色列等国家则采用定性界定和定量界定相结合的方式。从中小企业量的规定来看，美国的《中小企业条例》规定，中小企业是企业资产规模小于1 000万美元、年销售额小于3 000万美元、雇佣人数小于2 000人的经济单位。2001年，美国国会出台的《小企业法》对中小企业的界定标准为雇员人数不超过500人。英国与欧盟在界定中小企业时，不仅采用了量化的指标，还结合了质化的标准作为补充。具体而言，英国设定的中小企业量化标准包括：小制造业的从业人员不超过200人，小建筑业与矿业的从业人员上限为25人，小零售业的年销售收入须低于18.5万英镑，而小批发业的年销售收入则不得超过73万英镑。此外，英国还设定了若干质化标准，如企业拥有较小的市场份额、所有者亲自参与管理以及企业保持独立经营。欧盟方面，雇员人数少于250人、年营业额不超过5 000万欧元或年资产负债表总额不超过4 300万欧元的企业统称为中小型企业；其中，雇员人数少于50人、年营业额或年资产负债表总额不超过1 000万欧元的企业被定义为小型企业；雇员人数少于10人、年营业额或年资产负债表总额不超过200万欧元的企业被定义为微型企业。

我国对中小企业的界定是一个动态变化的过程。自新中国成立以来，我国对中小企业的界定先后经历了7次调整，界定的因素也多次变化。20世纪50年代对中小企业的界定主要以企业人数为主要的判断标准，职工人数在500人至3 000人之间的企业为中型企业，500人以下的为小企业；1962年，主要判断标准从企业人数变为固定资产价值数量；1978年，国家多部委联合发布《关于基本建设项目和大中型企业划分标准的规定》，把划分企业规模的标准改为年综合生产能力；1988年，对1978年发布的标准进行了修改和补充，重新发布了《中小型工业企业划分标准》，按不同行业的不同特点对企业进行了划分，划分的依据主要有以实物产量反映的生产能力和固定资产原值。将企业规模分为4类6档：特大型、大型（大型一档、大型二档）、中型（中型一档、中型二档）、小型，具体共计150个行业标准。当时中小企业一般指中型二档和小型企业。

1999年，标准再次修改，将销售收入和资产总额作为主要考察指标，企业分为特大型、大型、中型、小型4类。其中，年销售收入和资产总额均在5亿元以下、5 000万元以上的为中型企业；年销售收入和资产总额均在5 000万元以下的为小型企业。2003 年 2 月 19 日，原国家经济贸易委员会、原国家发展计划委员会、财政部、国家统计局共同制定并发布了《中小企业标准暂行规定》（国经贸中小企业〔2003〕143 号），按照企业的资产总额、营业收入、职工人数等新的划分标准，结合行业特点，重新对企业进行了划分。2011年6月18日，工业和信息化部、国家统计局、国家发展改革委、财政部研究制定了《中小企业划型标准规定》，将中小企业划分为中型、小型、微型3种类型，具体标准根据企业从业人员、营业收入、资产总额等指标，结合行业特点制定。中小企业划分标准见表3-1。

表3-1 **中小企业划分标准**

| 行业 | 指标名称 | 中型企业 | 小型企业 | 微型企业 |
|---|---|---|---|---|
| 农林牧渔业 | 营业收入（万元） | 500~20 000 | 50~500 | 50 以下 |
| 工业 | 营业收入（万元） | 2 000~40 000 | 300~2 000 | 300以下 |
| | 从业人员（人） | 300~1 000 | 20~300 | 20以下 |
| 建筑业 | 营业收入（万元） | 6 000~80 000 | 300~6 000 | 300以下 |
| | 资产总额（万元） | 5 000~80 000 | 300~5 000 | 300以下 |
| 批发业 | 营业收入（万元） | 5 000~40 000 | 1 000~5 000 | 1 000以下 |
| | 从业人员（人） | 20~200 | 5~20 | 5以下 |
| 零售业 | 营业收入（万元） | 500~20 000 | 100~500 | 100以下 |
| | 从业人员（人） | 50~300 | 10~50 | 10以下 |
| 交通运输业 | 营业收入（万元） | 3 000~30 000 | 200~3 000 | 200以下 |
| | 从业人员（人） | 300~1 000 | 20~300 | 20以下 |
| 仓储业 | 营业收入（万元） | 1 000~30 000 | 100~1 000 | 100以下 |
| | 从业人员（人） | 100~200 | 20~100 | 20以下 |
| 邮政业 | 营业收入（万元） | 2 000~30 000 | 100~2 000 | 100以下 |
| | 从业人员（人） | 300~1 000 | 20~300 | 20以下 |

续表

| 行业 | 指标名称 | 中型企业 | 小型企业 | 微型企业 |
|---|---|---|---|---|
| 住宿业 | 营业收入（万元） | 2 000~10 000 | 100~2 000 | 100以下 |
| | 从业人员（人） | 100~300 | 10~100 | 10以下 |
| 餐饮业 | 营业收入（万元） | 2 000~10 000 | 100~2 000 | 100以下 |
| | 从业人员（人） | 100~300 | 10~100 | 10以下 |
| 信息传输业 | 营业收入（万元） | 1 000~100 000 | 100~1 000 | 100以下 |
| | 从业人员（人） | 100~2 000 | 10~100 | 10以下 |
| 软件和信息技术服务业 | 营业收入（万元） | 1 000~10 000 | 50~1 000 | 50以下 |
| | 从业人员（人） | 100~300 | 10~100 | 10以下 |
| 房地产开发经营 | 营业收入（万元） | 1 000~200 000 | 100~1 000 | 100以下 |
| | 资产总额（万元） | 5 000~10 000 | 2 000~5 000 | 2 000以下 |
| 物业管理 | 营业收入（万元） | 1 000~5 000 | 500~1 000 | 500以下 |
| | 从业人员（人） | 300~1 000 | 100~300 | 100以下 |
| 租赁和商务服务业 | 资产总额（万元） | 8 000~120 000 | 100~8 000 | 100以下 |
| | 从业人员（人） | 100~300 | 10~100 | 10以下 |
| 其他 | 从业人员（人） | 100~300 | 10~100 | 10以下 |

《中小企业划型标准规定》作为促进中小企业发展政策实施和国民经济统计分类的基础依据，发布后得到了较好地执行，为各级政府部门制定和实施促进中小企业特别是小微企业发展政策提供了基础数据和决策参考。但随着经济发展和产业结构调整，执行中也遇到了一些问题，主要是：一是部分中小企业规模过大。因采用从业人员、营业收入或资产总额双指标并集划型，少数从业人员少而营业收入高或资产规模大的企业也被划入中小企业。二是行业分类复杂烦琐，且未覆盖“教育”门类和“卫生”大类。三是定性标准缺位。四是部分行业划型指标不适合行业大多数企业经营特征。五是定量标准随劳动生产率提高等需要调整。因此，2021 年 04 月 27 日，由工信部牵头推进《中小企业划型标准规定》修订工作，并已形成意见稿，正在征求意见。

### 3.1.3 我国中小企业在国民经济中的地位和作用

中小企业在世界各国经济中都有着举足轻重的地位，我国也不例外，中小企业与大企业一样，都是现代经济运行中不可缺少的重要组成部分，在国民经济中占据着举足轻重的地位，发挥着不可替代的作用。

中小企业是我国数量最大、最具活力的企业群体。据国家统计局等官方数据来源，截至2023年末，我国民营企业超过5 300万户，占企业总量的92%以上，其中绝大多数为中小企业。它们广泛分布于各行各业，为国民经济的多元化发展提供了坚实基础。

随着我国改革开放政策的不断深化与推进，中小企业已经逐步发展成为我国国民经济体系中不可或缺且日益重要的支柱力量。它们在推动经济增长、促进就业、激发创新活力等方面发挥着举足轻重的作用。

（1）中小企业是社会协调发展的稳压器

第一，数量优势与活力优势。中小企业数量庞大，占据市场主体地位。第二，中小企业的投资规模相对较小，起步门槛低，这使得它们能够快速进入市场并开始运营。这种灵活性使得中小企业在面对市场需求时能够迅速作出反应，从而保持竞争力。与大企业相比，在相同资金投入下，中小企业更能有效地解决就业问题。在我国，中小企业以占全国企业近50%的资产，贡献了高达近70%的就业岗位，这主要得益于它们创造单个就业岗位的成本远低于大型企业。据分析，大型企业每增加一个就业岗位需投资22万元，中型企业需12万元，而小型企业仅需8万元。第三，中小企业的主要劳动力需求来自那些对劳动技能要求不高的岗位，这为许多初级劳动者和失业人员提供了就业机会。中小企业的从业人数占全部企业从业人数的比例达到80%，私营个体就业总数在2021年达到4亿人，较10年前的2012年增加了2亿多人。

（2）中小企业是国民经济发展的助推器

中小企业数量众多，覆盖了国民经济的各个领域，是经济体系中的重要组成部分。由于投资较少且对基础设施和市场条件要求相对较低，中小企业能够广泛分布于各地，对地方经济的发展起到主力军的作用。据统计数据，中小企业提供了约75%的城镇就业机会，并为国家提供了50%以上的税收和60%以上的GDP，足以显示出其对经济增长的巨大贡献。

有研究表明，中小企业的活跃地区往往也是经济发达和择业热点地区，中小企业与地区的经济增长的相关系数超过0.8[①]，这表明中小企业的发展与当地经济的繁荣息息相关。中小企业的营业收入和利润持续增长。以工业领域为例，2021年，规模以上的工业中小企业户数达到40万户，营业收入超过75万亿元，利润总额达到4.7万亿元，较2012年分别增长了23.5%、38.7%、37.1%，显示出中小企业在经济发展中的强劲势头[②]。

（3）中小企业是新兴产业与振兴经济的重要力量

新兴产业的崛起，其种子往往播种于中小企业的沃土之中。不少业界翘楚，其在初创阶段仅有寥寥数人，最终却成就了辉煌。观察地区分布格局不难发现，在我国的中西部地区，中小企业也发挥着举足轻重的作用，既是推动地区经济振兴的生力军，也是增加地方财政收入、提升自主积累和发展能力的关键途径。从经济发展的视角审视，中小企业如同经济的晴雨表：在经济繁荣阶段，它们积极助推经济向前发展；而在经济遭遇挑战的时期，中小企业的稳健发展则有助于抑制经济衰退的势头。

（4）中小企业是活跃市场经济的生力军

中小企业相对于大型企业来说，初始投入的资金和资源要求较低，为许多初创企业家提供了创业的机会。从企业家的成长来看，那些在市场经济洗礼中脱颖而出的中小企业经营者，身兼决策、指挥、经营、管理和生产等多重角色，经受了市场竞争的严格锤炼，通过不懈努力在实践和经验中逐渐强大。企业之崛起，不能单纯依赖政府的扶持，而应该是市场机制中优胜劣汰的自然选择。正因如此，真正的企业家往往在市场竞争中诞生。中小企业凭借其小巧灵活的特点，能够快速响应市场变动，捕捉商机。它们更能适应市场瞬息万变的节奏和消费者追求个性、时尚的需求，这使得中小企业成为市场经济中最为活跃的分子。它们为市场注入了多元化的竞争活力，推动了市场的繁荣与进步。

（5）中小企业是技术创新与产业升级的先锋队

中小企业凭借其经营灵活、决策迅速的独特优势，能够迅速捕捉市场变化，精准定

---

① 齐旭. 工业和信息化十年发展磨利剑［N］. 中国电子报，2022-06-17（1）.

② 王君. 这十年 中国工业交出了什么答卷？［J］. 今日制造与升级，2022（7）：9-10.

位创新方向。它们积极投入研发，推动技术革新和产品升级，以持续增强的核心竞争力和市场占有率，在市场竞争中占据一席之地。值得一提的是，中小企业在创新领域的爆发式增长尤为引人注目。它们不仅在传统领域深化创新，更在新兴的跨界融合赛道上积极探索，开辟了新经济的新场景。特别是在大数据、区块链、人工智能等前沿科技领域，中小企业的发展势头尤为迅猛。AI检测、智慧医疗、智能识别、云办公、无接触零售、互联网教育、无人支付、在线直播、智能安防、城市大脑、新零售等，都有中小企业创新实践的生动案例。

### 3.1.4 中小企业组织经营特征分析

有关中小企业的组织经营特征和融资需求的特殊性，罗丹阳和殷兴山（2006）、殷琦（2011）进行了较透彻的分析，本书依托前人研究的基础，对中小企业的组织经营特征进行分析。

（1）信用信息缺失

学术界普遍认为，中小企业信息缺失是造成中小企业信贷融资难的根本原因之一。与大企业相比，中小企业生存时间短，经营不稳定，经营信息不透明，中小企业基本不向外部利益相关者披露企业的经营信息。主要体现在如下几方面：首先，我国中小企业多数为个人企业或家族企业，企业内部管理制度不健全，管理不规范，这就导致企业向外部披露的财务报表真实性有限，中小企业时常会根据自身的需要编制不同的财务报表，致使外部利益相关者与企业经营者信息不对称。其次，部分中小企业确实存在信用观念差的问题，再加上社会上对企业逃废债务的惩罚制度相对不健全，中小企业失信成本较低。时任中国银行行长李礼辉在“如何破解中小企业融资难”国际论坛上用数据说明了中小企业贷款的不良率远高于大中型企业的事实。最后，由于中小企业规模较小，经营灵活，短期行为严重，往往缺乏对市场的准确判断，经常“一哄而上”以博取短期暴利，具有盲从性，容易产生财务风险。因此，由于信用信息缺失，商业银行难以掌握足够的信息来判断信贷风险，进而阻止了部分中小企业与银行发生业务往来。

（2）企业经营不确定性高

中小企业一般规模较小，难以在信息收集、市场分析方面投入较多的成本，因此其战略分析能力通常较弱，易受金融环境、市场环境、经济景气程度的影响。同时，中小企业普遍缺乏自己的品牌和稳定的主营业务，加上资产少、底子薄、抗外部冲击的能力弱，与大企业相比，普遍有着较高的倒闭率或歇业率。根据美国小企业管理局（SBA）的统计，有近23.7%的小企业在开业后的两年内消失，由于经营失败、倒闭或转产，有近52.7%的小企业在四年内退出市场。关于中国民营中小企业的平均寿命，一种说法是2.9岁，另一种说法是3.7岁。中小企业经营的不确定性和较高的倒闭率使银行和投资者面临较大的风险。

（3）企业家作用突出

我国中小企业一般是由中小企业家个人创建或是家族企业，在企业从无到有、从小到大的发展过程中，企业家发挥着重要的作用。从中小企业的治理结构来看，企业的所有者与经营者基本上合二为一，具有决策者、管理者等多种身份，从企业发展战略的制定、外部市场的拓展、技术创新到内部行政管理、财务管理，甚至人员招聘、公共关系维护等诸多方面，都需要企业家亲力亲为。因此，与大企业相比，作为所有者和经营者的企业家作用更为突出，是企业生产、经营、融资等决策的关键人物。企业家不仅运用自己的才能、个人魅力、社会关系等应对各种困难，保证企业能够正常运转，而且凭个人的品质和能力建立起一种分等级的人际关系结构，而这一人际关系结构是企业发展的基础。因此，从很大程度上来说，中小企业与企业家是不可分割的两部分，没有企业家，也就无从谈起中小企业。一般来说，在中小企业中，融资过程离不开企业家的大量活动。

（4）具有明显的家族特性

我国绝大多数中小企业属于家族企业，是以婚姻和血缘关系为纽带而形成的经济组织，融家族的社会职能与企业的经济职能为一体，在企业产权制度结构上，其所有权完全由家族所有或绝对由家族控股，因而企业资本的来源、积累和经营建立在家族的背景之上。一方面，中小企业由于嵌入在特定的区域，必然受到当地文化传统的影响，家族观念使中小企业经营具有明显的家族性，企业的高层管理人员、财务人员等多数是企业创业者的家族成员。另一方面，由于长期以来社会信用制度尚不完善，人们之间的信任度较低，缺乏经济合作的基础，选择以亲缘、血缘、姻缘、地缘为基础的家族成员或泛家族成员作为合作对象成为中小企业应对社会信用制度缺陷的明智之举。中小企业的家族特性表现出较强的抵抗力和凝聚力，可有效地调节内部矛盾，减少企业成员之间的信息不对称。同时，家族特性容易产生对产权的极度控制，即使不发展也不愿意进行股权融资等外部融资，排斥现代的企业治理结构，这就使得企业融资受到很大局限。

（5）中小企业资源匮乏

我国中小企业大多成立时间较短，正处于企业发展的初级阶段。在这一时期，为了迅速站稳脚跟并谋求成长，它们往往将主要的精力和资源集中在市场拓展以及产能扩大上。然而，由于资金规模有限，这些企业在资金分配上面临严峻挑战。客观而言，有限的资金使得中小企业难以有足够的财力投入到人力资源建设、技术创新、市场拓展等多个关键领域。在人力资源建设方面，中小企业多数无法提供与大企业相媲美的薪酬福利和培训发展机会，难以吸引和留住高素质人才，团队的整体专业能力和管理水平受到限制。在技术创新上，资金短缺限制了中小企业在研发方面的投入，这使得它们难以开发出具有核心竞争力的新产品和技术，影响了其产品的创新性和市场竞争力。市场拓展同样面临挑战。由于资金不足，中小企业在市场营销和品牌推广上的投入有限，难以在激烈的市场竞争中脱颖而出，扩大市场份额。此外，品牌资源的匮乏也是中小企业的一大软肋。缺乏足够的品牌知名度和美誉度，使得中小企业在客户心中的信任度和忠诚度不足，进一步制约了其发展。

## 3.2 我国中小企业融资现状分析

### 3.2.1 我国中小企业融资的状况

尽管中小企业的发展潜力巨大，但融资不畅却始终是制约其进一步做大做强、实现跨越式发展的关键瓶颈。特别是在2020年新冠疫情全球蔓延的背景下，实体经济遭受了前所未有的冲击和重创。中小企业作为实体经济的重要组成部分，发展同样面临严峻的考验和挑战。期间，市场需求萎缩、生产停滞、成本上升等多重压力交织，使得中小企业的资金短缺问题变得更加突出和紧迫。在此背景下，融资问题的重要性愈发凸显。中小企业能否顺利获得资金支持，不仅关系到其自身的生存和发展，更关乎整个国民经济的稳定与繁荣。因此，政府、金融机构和社会各界应共同努力，为中小企业提供更加便捷、高效、低成本的融资渠道和服务，助力其攻克难关，实现持续健康发展。

（1）融资渠道单一

我国中小企业的资金来源主要为自有资金、民间借贷、银行信贷。随着中小企业规模的扩张，以亲缘、社群关系为纽带取得的资金已经难以满足发展的需求，民间借贷虽能满足中小企业发展暂时的资金需求，但是它的高利率与其包含的高风险，并不是缓解中小企业资金困难的长久之计。基于风险与利率等因素的考虑，银行信贷融资仍然是中小企业重要的外源性融资形式。

本书选取广西地区中小企业作为调查对象，通过问卷星进行线上调研以及实地现场填写方式回收了187份有效调查表。图3-1展示了2021—2023年187家广西地区中小微企业融资渠道的情况。

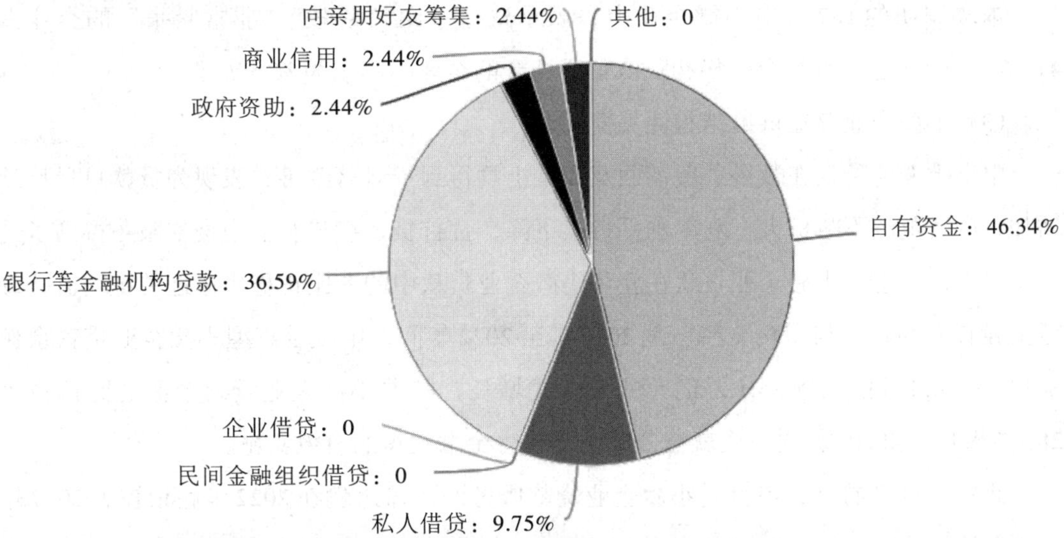


**图3-1　2021—2023年187家广西地区中小微企融资渠道的情况**

从图3-1可见，调查对象的融资渠道主要集中于自有资金和银行等金融机构的贷款，占所有资金来源的82.93%。

（2）存在“麦克米伦缺口”问题的困扰

世界银行于2018年1月发布的一份关于中小微企业融资缺口的权威报告显示，全球众多发展中国家面临着严峻的中小微企业融资挑战。据统计，这些国家中高达46%的中小微企业遭受着完全的融资阻碍或部分融资限制，这一困境导致的总体融资缺口竟达到了惊人的5.2万亿美元之巨。此数据不仅揭示了发展中国家中小微企业在获取发展资金方面的巨大困难，也凸显了全球金融体系在支持这部分经济基石时的不足。

在中国，中小微企业作为经济的重要组成部分，同样深受“麦克米伦缺口”问题的困扰。2018年，中国拥有超过5 600万家中小微企业的经济体，有超过41%的中小微企业在发展过程中遭遇融资瓶颈，这一比例反映出企业在寻求资金支持时面临的普遍性难题。更为具体的是，当前的融资供给仅能覆盖中小微企业潜在融资需求的57%，意味着仍有相当大一部分的资金需求未能得到有效满足。据估算，中国的中小微企业融资缺口已接近1.9万亿美元，这一数字不仅体现了中小微企业在获取资金方面的迫切需求，也指出了中国金融市场在优化资源配置、促进中小微企业健康成长方面存在的巨大空间与挑战。

本次调研的187家中小微企业中，表示资金“比较紧张”“非常紧张”的企业占41.46%，能通过银行等金融机构获取信贷资金的企业的比重为36.59%。

（3）小微企业存在供给结构性失衡问题

中小微企业贷款在数量、覆盖面及成本上均得到了显著改善，表现为贷款总量持续增加、惠及范围不断扩大、利率水平持续下降，且首贷、续贷及信用贷款服务得到了进一步强化，普惠型小微企业贷款在整体小微企业贷款中的占比正稳步逼近关键阈值，彰显出强有力的政策与市场支持。从2017年至2022年间，中国普惠型小微企业贷款余额实现了从8.8万亿元到24.1万亿元的飞跃式增长，其占小微企业贷款余额的比例也由28.1%攀升至40.4%，这一成就充分证明了普惠金融政策的有效实施。

此外，可喜的是，银行对小微企业贷款服务的覆盖比例在2022年底相较于2017年已实现翻倍，政府的普惠金融政策成效显著。然而，值得注意的是，尽管取得了上述进展，当前仍有大约一半的小微企业未能获得必要的贷款支持，这凸显了小微企业金融服务领域存在的供给结构性失衡问题，即在贷款资源分配上尚未达到全面均衡，部分小微企业依然面临融资难、融资贵的困境。

（4）存在小微企业贷款群体覆盖度低的状况

从经济贡献的视角来看，中小微企业扮演着举足轻重的角色，它们所贡献的最终产品和服务价值约占GDP的60%，纳税额占国家税收总额的约50%，还承载了超过70%的技术创新活动和80%以上的城镇劳动就业机会。然而，当我们将这些巨大贡献与小微企业获得的金融支持相对比时，不难发现存在明显的不匹配现象。以金融支持为例，截至2022年末，中国小微企业贷款在企业贷款余额中的占比达到了42.8%，其中单户授信1 000万元以下的普惠型小微企业贷款余额更是占到了小微企业贷款总额的40.4%。尽管这一比例显示出了一定的增长态势，但与中小微企业对经济的实际贡献相比，贷款供给仍然显得不足。进一步调研发现，中国约有70%的小微企业存在贷款需求，但截至2022年末，实际获得授信余额和贷款余额的小微企业比例分别仅为34.1%和23.8%。尽管与2017年末相比，这些数据已经实现了翻倍的增长，体现了中国在推动小微企业贷款普惠性方面取得的显著成果，但我们仍然无法忽视的是，仍有大量的小微企业面临着融资难、融资贵的挑战，小微企业的贷款需求与供给之间仍存在较大的差距。但也必须正视小微企业贷款群体覆盖度还不到一半、仍有大量小微企业未能获得小微信贷支持的现状。

（5）资质“次优”的中小微企业获得普惠贷款率低

中小微企业在国民经济中扮演着至关重要的角色，它们不仅占据了全国各类市场主体的绝大多数份额，截至2022年底，这一比例已高达97%，其中个体工商户的贡献尤为突出，占比达到七成——而且构成了经济增长的重要驱动力。尽管小微企业在数量上占据绝对优势，但其融资需求却呈现出分散、额度较低的特点，这导致了贷款规模与其市场主体占比之间存在显著的“倒三七”格局。

然而，近年来，随着普惠金融政策的深入实施，这一状况正逐步得到改善。截至2022年末，银行针对单户授信1 000万元以下的普惠型小微企业贷款中，已有30.2%发放给了个体工商户，这一比例相较于2018年以前实现了质的飞跃。这一变化不仅体现了金融机构在服务小微企业方面的显著进步，也彰显了普惠金融政策的有效性和成果。尽管如此，仍需注意的是，仍有部分资质“次优”的小微企业尚未被完全覆盖，未来仍需继续努力，以确保更多的小微企业能够获得必要的金融支持。

## 3.2.2　我国中小企业融资的特点

（1）融资难、融资缺口大

据调查，目前我国中小企业贷款要求的满足率只有50%左右，据《中国私营经济年鉴》提供的数据，我国中小企业向国有商业银行贷款，感到困难和很困难的占63.3%，感到容易的仅有14.6%；仅有42.8%的中小企业可以按国家规定利率向银行借到钱。银行和中小企业对“本地金融机构是否能满足本地企业的资金需求”这个问题的答案完全一致。从银行来看，选择“不能满足”选项的占65%；从企业来看，认为自己基本可以从本地金融机构获得所需贷款的仅占28%。在问及往年是否成功地从银行等金融机构获得贷款时，有46%的企业选择了“否”，在调查由金融机构提供的贷款占所需资金的大概比例时，66%的调查对象认为这一比例小于50%，一些产量大、效益好的中小企业也由于资金短缺影响生产。全国工商联发布的《我国中小企业发展调查报告》显示，90%以上的受调查民营中小企业表示，实际上很难从银行获得贷款，全国民营企业和家族企业在过去3年中有62.3%的融资来自民间借贷。

（2）中小企业融资渠道单一，融资渠道狭窄

一般来说，直接融资渠道主要包括股票市场、债券市场及私人资本市场。目前，中小企业无论是通过银行借款、股票上市，还是发行企业债券，都不是一件轻而易举的事情，需要一定的过程和手续。中小企业要通过资本市场进行融资只能到国内主板市场或选择海外上市，但是进入国内主板市场几乎是不可能的，海外上市又谈何容易。虽然一些中小企业将融资转向期限灵活且手续简便的民间借贷等方式，却因资金有限、借贷风险和利息太高而不能满足其长期资金需求。在向银行或其他金融机构贷款、融资租赁、商业信用、票据贴现、典当融资等间接融资渠道中，除了银行贷款外，其他间接融资方式均不是很成熟。主要面向中小企业客户的融资工具及市场，如票据市场、融资租赁等业务发展还不太成熟，使得中小企业可选择的间接融资方式相当有限。由于中小企业缺乏可抵押的资产，因此其无法满足金融机构的“抵押+信用”的信贷形式。部分中小企业即使能够获得贷款，也会遭遇金额小、期限短的尴尬。

内源融资对企业的资本形成而言具有原始性、自主性、低成本和抗风险等特点，是企业生存与发展不可或缺的重要组成部分（主要包括留存盈利、折旧和定额负债）。但长期以来，我国中小企业存在消费与积累的矛盾、缺乏税收优惠、规定的折旧率过低等问题，导致其自有资本相对较少，一般不足30%。因此，虽然在中小企业设立初期由于其资金需求量相对不大，多可通过内源融资解决，但随着企业规模的不断发展和壮大，内源融资已经远不能满足企业进一步发展的资金需要，内源融资与资金需求之间的缺口不断扩大，企业对外源融资的急迫程度也在不断增强。

由此可见，中小企业直接融资渠道狭窄，间接融资渠道尚不成熟，内源融资提供的

资金有限，融资难已成为我国中小企业生存和发展的主要制约因素和瓶颈。

（3）中小企业自有资本金偏少、正规金融获得性差

中小企业依靠当地资源优势，低门槛进入市场，经营规模较小。在发展的初期，所需资金不多，主要靠自身的积累，基本都能自给自足，融资方式也是以内源融资为主。随着企业规模扩大，自有的原始积累已经远远不能满足企业发展的需要，出现了资金周转困难。从整体来看，我国中小企业的资金需求借贷频繁、借期短，具有很强的时效性。据测算，中小企业的贷款频率是大型企业的5倍，而户均贷款数量却仅为大型企业的5%左右。为了降低信贷成本，减少不良资产，防范金融风险，各商业银行（含各类中小金融机构）普遍推行了抵押、担保制度，纯粹的信用贷款已经很少，抵押和担保贷款的比重大多超过90%，而且抵押贷款的比重有进一步上升的趋势。同时，商业银行从经营的风险与收益的角度出发更倾向于为大型企业提供融资服务。从盈利方面考虑，银行更希望能够包揽数额较大的业务，因而对来自中小企业的小额贷款不屑一顾；从规避风险方面考虑，为减少经营中呆账、坏账，考虑到中小企业市场风险相对较大，企业倒闭率高，财务制度不健全，又缺乏足额的财产抵押和担保，银行对中小企业又会惜贷、惧贷。因此，中小企业普遍陷入资金的困境，发展势头良好的企业没有资金继续壮大，发展状况不好的企业要想获得资金来解围就更加困难。这就是目前我国中小企业融资的普遍现象。

（4）融资成本过高，企业负重前行

银企间的信息不对称导致交易费用高昂，是中小企业贷款难的关键因素，银行一般通过搜集并分析企业信息、提高贷款审核条件、设定贷款利率、强制抵押担保条件等来降低贷款风险和可能引起的损失。融资成本是决定企业融资效率的决定性因素，中小企业贷款中常见的费用及收费项目包括贷款利息、手续费、抵押物评估费、第三方担保费、还款违约金、其他费用等。不同的贷款机构和不同的贷款产品，其费用和收费项目可能存在差异。中小企业融资成本高主要表现在以下几个方面：首先，从银行获取贷款的成本较高。中小企业的贷款额往往比较小，周期短，但是手续繁杂，增加了获取贷款的成本，如纳税贷、开票贷、担保贷等。另外，由于银行向中小企业提供贷款时会承受较高的风险，故理所当然地要从中小企业那里获得补偿，从而增加了中小企业的成本，如部分贷款的利息会有浮动部分，浮动幅度一般在20%以上。其次，通过信用担保增

加了融资成本。中小企业获得银行信用贷款的难度较大，为了获得贷款，中小企业现实的做法是通过信用担保机构提供信用担保后，获得银行的信贷支持。在办理信用担保手续的过程中，中小企业还需要支付相关的手续费和担保费。抵押物登记评估费用一般占融资成本的20%，担保费用一般年费率在3%左右，也增加了中小企业的融资成本。最后，通过其他方式融资的成本很高。由于资金严重短缺，中小企业有时候不得不依靠典当业、民间亲朋好友借贷，甚至有时不得不转向成本高昂的高利贷为企业筹集资金，付出较高的资金成本。

（5）融资结构与资本结构存在着“偏差”，更多地依赖内源融资

资本市场可分成不同层级，越是高层级的资本市场，要求企业披露的有关经营方面的信息就越充分，而企业信息的披露蕴藏着很大的风险。因此，中小企业更多地依赖低层级资本市场融资（储小平、王宣喻，2004）。刘平青、陈文科（2003）则将转轨期中国中小企业资金来源与资本结构的特点归纳为3个方面：其一，中小企业的融资次序与现代企业大体相同，即主要依赖于内源融资，再就是从银行或非银行机构负债融资，只有极少数中小企业能公开发行股票通过证券市场融资；其二，无论与现代企业相比还是与“准现代企业”相比，中小企业负债率明显偏低，换言之，中小企业未能充分发挥债务杠杆的作用；其三，股权融资极为有限，企业股权集中为某一家族所拥有。这种融资结构与资本结构理论存在着“偏差”，偏差体现在中小企业股权融资和债权融资的比例过小而过分依赖内源融资，即具有内源融资偏好，其实质是中小企业融资能力和转轨时期非公有制企业融资环境双重选择的结果。受自身规模和信用等级等因素制约，中小企业难以进行外部融资。

（6）资本社会化是中小企业的融资新趋势

不少学者认为，要解决中小企业的资金短缺，应该逐步改善中小企业融资环境，鼓励中小企业走出家族“藩篱”，广泛吸收外部资本。储小平、李怀祖认为，中小企业成长的核心在于企业资本如何与社会资本（包含金融资本和人力资本）融合，企业资本社会化可能遵循如下路径。在企业创办和发展初期，家庭和家族资本集聚效率高，随着企业不断发展壮大产生了融合家族以外资本的需求，在正式制度融资渠道欠缺、不畅或门槛较高的情形下，亲友网融资渠道能使家族企业获得一定的社会金融资本支持，但其融合的效率显著低于家族内部资本集聚的效率。企业的进一步发展将使企业融资突破家族

和亲友网融资的局限性，向融合亲友网以外的金融资本的方向发展，直至突破人格化交易网络的局限性，通过非人格化的资本市场向公众融资。在整个资本社会化的过程中，信息不对称和信任结构是核心问题。

# 3.3　我国中小企业融资困难的症结分析

影响中小企业融资的因素有很多。从根源上看，可以分为企业自身因素、银行信贷行为方面的因素、宏观经济因素和社会环境因素等。这些因素主要通过影响银行资金供给的交易成本、资金成本、信贷契约执行成本而影响到银行的贷款意愿，也影响到中小企业申请银行信贷的信心。

## 3.3.1　中小企业自身的原因

（1）中小企业信用缺失严重、信用管理制度不健全

市场经济是一种信用经济，信用关系是维持市场交易秩序运转的基础，一旦信用关系不牢靠，收益不变而市场交易风险增加，市场交易的范围、规模和频度就会缩小。我国中小企业内部信用管理机构不独立，多数企业内部没有设立专门进行内部信用管理的机构和人员。信用管理的职能由销售部门承担，因授信不当导致合约不能履行的违约现象频繁发生。个别中小企业信用意识严重缺乏，加之失信成本过低，经营出现困难时不去从转变经营思路和改革管理、技术上下功夫，却设法抽逃资金、拖欠账款、恶意逃废银行债务，导致银行贷款逾期收不回来，金融系统风险加剧。中小企业还存在账册不规范、不齐全，内控制度不完善的问题，更有甚者故意做假账虚报、瞒报财务信息。对于我国中小企业来说，信用状况的恶化以及信用管理制度的不健全增加了市场交易的难度和摩擦，干扰了市场上投资、贸易与信贷的部分正常业务。信用缺失导致我国中小企业整体社会形象严重受损，信誉度下降，融资成本增加，贷款难度加大。

（2）中小企业经营风险较大，投资水平较低

我国的中小企业多经营劳动密集型产品，除价格优势外，产品在市场上较缺乏核心竞争力。一旦受到行业不景气、政策限制、原材料供应和产品销售市场的影响，由于底

子薄、积累少，抗风险能力较差，容易一蹶不振甚至破产。中小企业对于投资项目大多缺乏专业的可行性研究，资金管理粗放，使用效率低，内部漏洞大，即使承诺再高的投资回报，也难以受到投资人的青睐。

（3）中小企业的融资特点与银行贷款流程的严密性不匹配

面对我国中小企业的融资需求零星、发生借贷频率高、一次性需要量小、借期周期短、具有很强的时效性，并且要求服务快捷、方便等特点，银行等正规金融机构的信贷规模效应出现失效。而且，中小企业的信贷信息严重封闭，一些人格化的信用信息无法进行标准化生产、交易和传递，现代正规金融体系在很多方面很难满足中小企业的融资需要。为了降低风险，银行须对融资企业进行信用评估和贷款风险评估，因而其业务流程规范、手续严密而复杂。根据汇付天下披露的信息，有36.3%的中小企业家认为“申请过程麻烦”，10.1%的中小企业家认为“不知道如何申请贷款”。因此，在进行小额借款时，中小企业往往倾向于从民间借贷或者从亲戚朋友处借款。

（4）中小企业缺乏充足的抵押品和担保，议价能力弱

提供有效担保或抵押是银行对企业融资风险管理的原则之一。有调查数据显示，有64.2%的中小企业无法提供符合商业银行政策要求的担保方式，其中的原因很多。一方面，我国的中小企业由于规模小，土地、房产大多为租赁，信息不透明，银行为了降低逆向选择与道德风险，引入贷款抵押的甄别机制，而中小企业能够提供的合法、有效且符合银行要求的抵押资产少，因此在很大程度上又被配给出信贷市场之外。另一方面，中小企业关系简单，一般很难找到令银行满意的担保人，又没有上级部门和其他单位为其解决担保问题。即使银行认为其有发展潜力，往往也因担保上的技术性问题受到贷款限制性条款的制约而爱莫能助。当前我国经济增长放缓、信贷规模受限，银行选择放贷对象更加谨慎，此时抵押担保以及更为稳健的信贷信息成为银行给予信任的依据。而我国绝大多数中小企业既没有值得信赖的财务报表，也没有具有足够价值的抵押物，并且中小企业的资金多在银行体外运行，银行也很难看到其真实的现金流。因此，中小企业不仅不能在信贷市场中获取信贷优势，还很难取得银行的信任，造成不仅议价能力弱，而且融资难的症结也无法解开。

（5）银企信息不对称，降低了中小企业的银行贷款获取率

传统经济理论认为，信息不对称是造成中小企业融资供给约束的最主要原因。中小

企业在管理体制、人才配置、发展前景和资本等方面与银行的要求有较大差距，且中小企业应用信息化程度较低，标准化金融产品不能满足中小企业的灵活性、多样化融资需求，更不能产生规模效应，这是中小企业在一般情况下无法或很难从正规的金融机构获得金融支持的最主要症结。

在实际的贷款流程中，大量的中小企业无法提供银行所关注的信用信息，造成银行在客户选择、融资方案的确立、授信审批上面临困难，不能像处理大企业的信贷业务那样凭财务报表和抵押品进行评级授信。在会计报表缺乏信赖、抵押品不足的情况下，银行对中小企业的信任的建立需要以企业维持经营业务正常支出为基础，凭借水表、电表、税表判定企业的经营状况、景气指数，凭借押品、人品、产品判定企业的行业潜力、财务实力和企业家魅力，以“三表”和“三品”作为评判指标对中小企业进行评级授信。因此，在中小企业金融业务尚未形成规模优势的情况下，银行贷款的控制成本和监管成本普遍偏高，银行对中小企业的信贷业务的服务效率偏低。

（6）中小企业借贷意愿与还款信心不足

传统的银行信贷需要贷款企业必须拥有符合贷款条件的抵押品和担保，并对贷款额度有严格的限制和规定，这使得信用等级较低的中小企业的借款要求不能得到满足。长期以来，银行贷款“所有制歧视”使得中小企业深受传统信贷政策、信贷约束的影响，缺乏向正规金融机构申请贷款的底气和勇气。此外，由于中小企业依靠当地资源优势低门槛进入市场，经营规模较小，所在行业竞争激烈，因此产品利润薄。根据汇付天下披露的数据可知，中小企业银行贷款平均利率为9.6%，较基准利率有明显上浮，融资成本较高。因此在有贷款需求的中小企业中，仅有57.8%的中小企业家去银行申请贷款，42%的中小企业家在银行的“高门槛”前望而却步。因此“高门槛”以及服务不到位影响了中小企业向银行贷款的意愿。

国家虽已出台多项扶持小微企业的政策，但在整体经济下行的背景下，小微企业仍面临经营困境。个人消费率的下滑与储蓄率的上升，加之企业经营信心显著削弱，共同抑制了企业的投融资意愿。央行发布的各季度企业贷款需求指数显示，自2022年起，小微企业贷款需求指数急剧下降，且与大型企业的差距明显缩小。

同时，某金融科技平台的业务数据进一步揭示了这一趋势：自2022年以来，该平台初审后用户的自然流失率从约25%攀升至55%左右，授信成功后用户的额度动支率也从95%大幅降至约60%。这一系列数据表明，小微企业在借贷行为上表现得过于审慎，当前行业的痛点已从“融资难”转变为“有需求却不敢融资”。

### 3.3.2 银行方面的原因

（1）银行在认识上存在误区

银行认为非公有企业贷款一旦形成不良资产会导致国有资产流失。对非公有制企业发放的贷款如果逾期不能收回，相关信贷人员承受的压力要比对国有企业出现同样情况放贷大得多，这就从很大程度上阻碍了国有商业银行对非公有制企业信贷市场的开拓。国有商业银行贷款的投放重点始终向大户倾斜，而对众多中小企业的融资需求却不重视。一些带有中小企业信贷歧视色彩的政策的出台更加大了中小企业融资的困难程度。

（2）现行管理体制存在缺陷，权责不对等，基层金融部门“恐贷”心理严重

随着金融机构风险管理责任追究制度的不断强化，基层银行的工作人员面对非国有企业的贷款申请时轻易不敢放贷。客观存在的贷款风险也使得国有商业银行在办理中小企业这些非公企业信贷业务时顾虑重重。同时，银行内部激励机制中的平均分配现象依然存在，在一定程度上影响了基层工作人员对非国有企业放贷的积极性。另外，贷款审批权过分向上集中，不但影响了审批速度，降低了审批效率，也严重影响了基层放贷的灵活性和时效性。

（3）金融部门信贷资产考核机制存在偏差

金融部门对信贷资产存量的考核过分侧重其账面价值的大小，而对每笔具体贷款的真正形态深入分析不够，这就造成只要企业不倒闭，银行账面上的资产数量就不会减少，贷款的现实损失就没有被最后确认的反常情况，而这又正是金融部门向经营前景并不好的国有企业不断发放“依赖性”贷款的主要原因。相关资料显示，我国政府每年拿出近400亿元的资金用于银行不良资产核销，然而核销对象却只限于国有企业。

（4）利率结构不科学

首先，央行准备金利率偏高。金融机构吸收的短期存款在直接存到中央银行后即可获得较高的利息收入，因此冒险放贷给风险较高的中小企业并不是明智的选择。其次，各商业银行的同业存款利率偏高。目前各国有商业银行的同业存款利率普遍高于央行准备金存款利率，无论是主观上还是客观上，都鼓励基层行上存资金，这就使得基层行信

用扩张能力受到较大限制。最后，利率浮动幅度偏小，不利于调动基层行对中小企业信贷投放的积极性。中小企业自身经营状况不稳定，风险相对较高，执行利率应相对灵活。然而，我国现行的存贷款利率管制却比较严格，两次提高对中小企业贷款利率浮动幅度后，实际允许上浮的幅度也仅有1个百分点左右，根本无法弥补较大的贷款风险损失，因而对调动金融部门增加中小企业授信积极性的效果不明显。不止于此，由于受具体指导细则的限制，有的基层行不论企业效益如何、风险大小，一律将利率浮动到最高限，使得部分效益好的中小企业在贷款申请时遇到了利率障碍。

（5）金融机构部分信贷政策不合理

不仅商业银行对中小企业信贷要求“门槛”偏高，中小企业申请贷款获准的可能性较小，而且商业银行信贷业务的期限与分类管理也存在缺陷。部分商业银行的信贷业务是以贷款的种类和期限来划分管理部门，人为分割了各类贷款之间的联系。在贷款期限管理上，部分商业银行没有根据企业资金的流动周期合理确定贷款期限，流动资金贷款短期化趋向明显，对中小企业信贷支持的稳定性不够。另外，银行放贷与企业求贷意向错位。银行更愿意对中小企业提供3～6个月的生产周转性短期贷款或高科技成果转化、城市基础设施等风险性较小的贷款，而中小企业则更愿意将资金投向商品流通等短期获利性强的产业或部门。银企双方供需反差较大，中小企业贷款申请满足率低。

### 3.3.3　政府融资服务方面的原因

（1）缺乏专门为中小企业提供融资服务的机构

目前，统一的能够为中小企业提供融资服务管理的机构不足，而且专门扶植中小企业的中小金融机构发展缓慢。在基层，政策性中小企业担保机构虽已建立，但机制不健全，中小企业担保难的问题依然突出。高水平、权威性强的社会中介机构发展极为缓慢，个人信用评估体系和企业资信评估体系建设也还在起步阶段。

（2）法律法规的支持保障仍不完善

首先，中小企业立法滞后。现有关于中小企业融资的政策法规是按行业和所有制性质分别制定的，各种所有制性质的中小企业在法律地位和权利上不平等。其次，法律执行环境差。一方面，一些地方政府从自身利益出发，默许甚至纵容企业逃废银行债务；另一方面，法律对银行债权的保护能力低，金融机构的“恐贷”心理加剧。

### 3.3.4 中小企业融资需求的特殊性

（1）企业家是融资安排的主体

企业家作为融资活动的核心主体，在中小企业融资进程中扮演着至关重要的角色，他们对融资策略的制定拥有显著的影响力。杨其静（2002）曾强调，在企业的初创阶段，企业家作为融资协议的核心签署人，其主导作用超越了投资者，成为引导企业初期融资安排的关键因素。因此，审视企业融资行为时，需以企业家的视角为出发点。多位学者亦达成共识，认为在中小企业范畴内，所有权与经营权的高度集中导致企业家个人的特质与行为深刻影响着企业融资结构的形成（迈尔斯，1984；巴顿和马修斯，1989；普茨奥里斯，1998）。田晓霞（2004）在综合分析前人研究成果的基础上，进一步突出了企业家个人因素在小微企业融资决策中的决定性作用。具体而言，中小企业家在选择融资方式及确定融资额度时，其个人目标、风险偏好、对企业控制权的重视程度、知识广度与社会关系网络等个体因素均起着决定性作用。这些因素共同作用于企业家的决策过程，指引着企业融资路径的选择与资本规模的确定。

（2）融资的基础是企业家个人及家族的社会资本

基于血缘、亲缘及地缘紧密联系的中小企业，其融资模式鲜明地呈现出家族化特征。在此过程中，企业家的社会资本，特别是其社会关系网络与信任基础，成为了融资决策中的决定性要素。杨其静（2002）指出，企业家的财富不仅被作为信息显示的窗口，还兼具担保功能，这双重角色在融资活动中尤为关键。企业家及其家族通过对企业财产权的集中控制，不仅承担了企业的运营风险与隐性成本，更在企业寻求外部融资以扩大生产或技术升级时，以其个人及家族财富作为抵押与担保，其中，企业家及其家族的信用状况和关系资源成为外部投资者评估的核心要素。伯格和尤德尔（1998）同样强调了企业家个人财产的抵押价值。卡瓦卢佐与沃尔肯（Cavalluzzo & Wolken，2002）、卡瓦卢佐等人（2002）的研究进一步揭示，企业主的个人财富状况显著影响其信贷申请的成功率，财富越多，贷款遭拒的可能性越低。国内学者李路路（1995）也发现，企业家社会资本的丰富程度和社会关系的良好状态，能够显著提升其从正规金融机构获取贷款的机会。

企业作为一个复杂的社会系统，其存续与发展离不开与社会环境的资源交互。企业家，作为连接企业与外部环境的桥梁，其核心职责之一便是有效获取企业运营所需的各类资源。石秀印（1998）指出，企业家的社会网络对于企业经营的成功与否具有举足轻重的作用。在中国，传统的亲缘纽带与现代经济逻辑相互交织，共同构成了企业融资的基石。特别是在乡村社会，社会结构深植于血缘与地缘之中：血缘关系构建了以家族为核心的亲缘网络，而地缘关系则塑造了以村庄为单元的社会共同体。

对于中小企业而言，依托村社、家族等形成的特殊关系网络，作为一种非正式组织及其伴随的非正式制度，对家族企业的发展产生了深远的影响（余呈先，2006）。企业家不仅利用这些关系网络作为信息传递的渠道，更借此为企业的创立与成长筹集必要的资金。在这一过程中，企业家的社会网络不仅是信息的流通站，更是资源的汇聚点，为企业的发展注入了不可或缺的动力。

王宣喻与储小平（2002）通过实证研究，深入探讨了企业家关系在民间借贷与正规金融机构借贷中的重要性。在民间借贷领域，传统的财产抵押与正式计划书的影响微乎其微，取而代之的是借贷双方间的人情往来、面子观念以及对借款人个体的深入了解，这些因素成为了构建信贷关系的核心支柱。民间借贷以借款人的个人信誉与承诺作为还款的隐形担保，并依据关系的亲疏远近来调整利率水平。转向正规借贷市场，企业家的诚信品质、经营才干以及与银行建立的私人联系等个人信息，则构成了银行贷款审批的重要考量维度。这些关于社会资本与信贷可得性之间关联的研究成果综合表明，企业家所拥有的社会资本对于中小企业融资具有不可替代的关键作用。

（3）融资所需的信息私有化

在融资活动中，信息的私有化特征显著，尤其是私营企业的融资双方面临的信息不对称问题，主要涉及个人信息与企业运营信息两大方面。个人信息涵盖借款人的道德品质、个人才能、风险承受意愿等内在特质；而企业运营信息则广泛包括会计数据、资本运作、技术创新、产品开发、管理架构、产权配置、投资决策、市场营销策略、生产状况、利润分配、组织架构调整、人事更迭及税务履行等多个维度。个人信息属于高度人格化的范畴，其传播范围有限，通常仅限于家庭成员、亲朋好友、同学同事及邻近社区等熟人间。相反，企业运营信息则是一种可以具象化为数据和书面资料的信息形式，一旦公开，其他利益相关方即可根据各自需求进行利用和分析（王宣喻、储小平，2002）。这种信息的私有化特性，进一步加剧了私营企业在融资过程中的信息不对称问题。

在社会信用体系薄弱且法制框架尚不完善的环境下，中小企业主为减小经营风险，倾向于将企业管理信息内部化，形成信息封闭状态。这种信息私有化的做法，不仅提升了外部投资者评估贷款风险的复杂性，还促使企业在寻求最优融资方案时，更倾向于依赖内部资金或基于私人关系的民间借贷渠道。因此，中小企业在信贷融资需求上展现出独特性，有别于大型企业。一方面，中小企业往往难以提供正规金融机构所要求的充足抵押与担保，其融资能力在很大程度上依赖于企业主的个人社交网络、信誉及其家族资产。另一方面，信息不对称问题进一步加剧了中小企业从外部获取资金的难度。

通常情况下，资本市场的层级越低，对企业经营信息的披露要求就越少且越不严格，相应地，企业融资的风险成本也就越低；反之，在层级较高的资本市场中，信息披露的要求更加严格且详尽，企业融资的风险成本显著增加（王宣喻、储小平，2002）。中小企业家为减小融资风险，倾向于将经营信息内部化，更多地依赖于企业家个人信誉等“软信息”，这些信息通常仅在特定的社会网络内流通。这种信息特性的矛盾，增加了中小企业从正规金融机构获取贷款的难度。只有当这些“软信息”易于获取并被有效处理时，其对应的金融交易主体才能有效克服中小企业融资中的信息不对称问题（林毅夫、孙希芳，2005）。因此，信息不对称导致外部投资者与企业家及其家族对企业的价值评估存在显著差异，即便企业家提供高额回报，也可能难以吸引外部投资者参与。在此情境下，企业家往往转向利用血缘、地缘及亲缘等紧密关系网，向熟悉且关系密切的亲友、邻里乡亲寻求资金支持。这种融资方式植根于特殊的社会关系网络，依托的是企业家长期积累的传统社会资本。诚然，在理论上，银企间的信息不对称可以通过提供抵押担保来减轻，然而，初创期的企业往往需要将大部分资源投入运营与再生产，其固定资产多体现为机器设备、原材料及产成品，而土地与厂房则常以租赁形式存在（罗丹阳、宋建江，2004），从而面临抵押担保物不足的困境。然而，一旦企业与银行建立起长期且互动频繁的合作关系，双方的理解与信任增进，就可以有效减轻信息不对称的问题。因此，这种基于现代意义的社会资本，即银企间的长期信任与合作，成为中小企业成功获取正规信贷的关键所在。

（4）抵押、担保资产不足

首先，商业银行在向信息透明度较低的中小企业提供信贷服务时，为了有效防控信贷风险，往往会通过评估企业提供的抵押品或通过第三方担保来获取其偿债能力的相关信息，并据此做出贷款决策。银行在选择抵押品时，尤为看重其保值性和变现能力，通常将土地、厂房以及流动性强的有价证券等视为有效的抵押品，因为这些资产能够在企业违约时提供较为可靠的还款保障。通过要求担保和抵押，商业银行增加了中小企业违约的机会成本，这在一定程度上缓解了逆向选择问题，即降低了银行因选择高风险借款人而遭受损失的风险。然而，中小企业通常投资规模较小、经营规模有限，且多为劳动密集型，这些特点使得它们的资产流转速度较快，而固定资产占比较低。许多中小企业的土地和厂房是租赁而来的，缺乏自有产权，即便部分企业拥有自有房产和地产，也往往因缺少有效的权属证明文件或市场流动性不足而难以满足银行的抵押要求。其次，中小企业在财务管理方面可能存在不规范、不透明的问题，这也增加了银行评估其偿债能力的难度。因此，尽管中小企业有着强烈的融资需求，但由于缺乏足够的抵押资产和规范的财务信息，它们在获得银行贷款方面面临着较大的困难。最后，抵押贷款流程烦琐且成本高昂，涉及中介机构对抵押品的价值评估、法律公证、产权登记等多个环节。这些程序不仅耗时较长，而且产生的费用也相当可观，这无疑加重了中小企业的财务负担，使得它们难以通过抵押或担保的方式顺利获得银行贷款。

（5）企业间互担保问题较多

企业间互担保模式虽源于彼此间频繁的经济合作与相互了解，作为一种融资策略被众多企业采纳，以期获得银行贷款，但此模式隐藏着诸多风险。在这种互担保体系中，担保关系往往错综复杂，可能牵涉两家、三家乃至更多家企业，它们相互交织，形成一个紧密的小范围担保网络。然而，此体系的脆弱性在于，一旦网络中的某家企业因经营不善陷入财务困境，无法按期偿还贷款，将触发一系列连锁反应。由于责任与义务在多个企业间分散，当债务危机爆发时，很容易出现相互推诿、责任不清的情况，进而造成多家企业均无法履行还贷义务。这种局面不仅加大了银行的信贷风险，更可能严重损害涉事企业的信誉，对其未来的融资能力和业务合作产生长远的负面影响。因此，虽然企业间互担保在一定程度上能缓解融资难题，但其潜在的风险不容忽视，需要企业、银行及监管机构共同审慎对待。

（6）自然人贷款成为中小企业贷款的新方式

自然人贷款正逐渐成为中小企业获取融资的一种新兴且有效的途径。这一趋势的兴起，在很大程度上源于金融机构对中小企业直接放贷所面临的风险控制难题。由于中小企业经营状况多变，且往往缺乏透明度和稳定的财务数据，金融机构难以准确评估其信用状况和偿债能力，从而增加了贷款违约的风险。为了规避这一风险，越来越多的金融企业开始倾向于对中小企业的股东或实际控制人（即自然人）进行放贷。与法人企业相比，自然人在承担债务责任方面具有显著的不同。法人企业虽然可以因经营不善而申请破产，但在清算过程中，可用于偿债的财产往往有限，且可能因各种法律程序而变得复杂且不确定。相比之下，自然人的财产，尤其是房产等不动产，通常无法轻易转移，且具有较高的保值性和变现能力。金融机构通过对自然人提供的家庭财产进行详尽的评估和合理的抵押设置，可以更有效地控制放贷风险。一旦贷款出现违约，金融机构可以依法对抵押的财产进行处置，从而在一定程度上保障其贷款资金的安全。此外，自然人作为企业的实际控制人，其个人的信用状况和偿债能力往往与企业的命运紧密相连。因此，对自然人放贷也在一定程度上反映了金融机构对中小企业整体信用状况的一种间接评估。

（7）在信贷领域中存在大量的人情交易

根据何广文（1999）对浙江、江苏、河北、河南、陕西五省21个县365个家庭的调查数据显示，民间借贷在农村地区展现出高度的熟人社会特征：高达93.95%的农村居民借贷行为发生在亲戚、邻里和朋友之间，反映出紧密的社交网络在资金融通中的核心作用。在这些借贷行为中，仅有15.3%采用了正式的合同形式来明确借贷关系，而剩余的84.7%则依赖于口头协议，这进一步体现了民间借贷的非正式性和对人际信任的依赖。类似地，在私营企业的外部融资过程中，人情贷款也占据了不可忽视的比例。研究表明，私营企业家的社会资本，即其在社会网络中的关系资源，对企业的成功至关重要（李路路，1997）。这种基于人际关系的融资方式，虽然在一定程度上缓解了中小企业的资金压力，但也暗含了较高的道德风险和不确定性。

## 3.4 我国中小企业融资分类

融资是指企业法人或其他组织通过有偿方式向社会筹集资金的行为，涵盖股票、债券等有价证券的发行、转让及多种集资活动。在这一过程中，资金需求方（如企业或其他组织）通过贷款、发行股票、债券等渠道获取所需资金，以满足经营或发展的需要。

资金供给方则是指通过融资活动运用其资金的金融机构，包括银行、证券公司、信托公司、风险投资公司等，它们为资金需求方提供必要的资金支持。通过融资活动，资金需求方（筹资者）和资金供给方（投资者）实现了资金的融通与调剂，促进了经济的发展。在中小企业融资领域，融资方式更加多样化，以满足不同规模和类型企业的特定需求。这些融资方式包括但不限于银行贷款、股权融资、债券融资、风险投资、政府补助等。了解并掌握这些融资方式，对于解决中小企业融资难题，推动其健康持续发展具有重要意义。

### 3.4.1　企业融资类型

（1）内源融资和外源融资

根据资金来源，企业融资包括内源融资和外源融资。

内源融资，指的是企业不依赖于外部金融机构或投资者，而是依靠自身内部资源筹集资金的过程。它主要通过将企业以往经营活动中产生的利润留存下来，进行资本的自我积累，包括折旧摊销、留存收益等形式，这些资金被视为企业在日常运营中自然累积的“内部资本”。企业的初始投资、后续的业务扩张所需资金、日常运营中的部分借款，往往首先来源于内源融资。

内源融资的优势显著：首先，它能有效降低企业的融资成本，因为避免了外部融资可能产生的利息支付、手续费等交易费用；其次，内源融资有助于企业保持对经营决策的控制权，避免了外部股东或债权人对企业经营活动的过度干预，这对于初创期的企业尤为重要，因为在这一阶段，保持决策的灵活性和独立性对于企业的快速成长至关重要。然而，内源融资的能力及其增长潜力受到多种因素的制约，主要包括企业的盈利能力、现有的净资产规模、未来的收益预期等。盈利能力强的企业能够积累更多的内部资金，而净资产规模较大的企业则拥有更多的资本基础进行内源融资。同时，市场对企业的未来收益预期会影响其内源融资的能力，因为良好的市场前景通常能增强企业保留利润进行再投资的意愿。随着企业的不断成长和扩张，其对资金的需求也会日益增加。尽管内源融资在企业的初创和成长期扮演着关键角色，但仅凭内源融资往往难以满足企业长期发展所需的全部资金。因此，适时引入外部融资，如银行贷款、股权融资等，成为企业持续发展的重要策略。

中小企业因规模相对较小，常常在激烈的市场竞争中面临更大的挑战，其盈利空间相对狭窄，利润增长速度也较为缓慢。在这种背景下，如果企业过度依赖内部利润的积累作为主要的甚至唯一的资金来源，那么当面临较大规模的资金需求时，就会显得力不从心。企业为了筹集足够的资金，往往需要花费大量的时间和精力进行资本的原始积累，这不仅效率低下，而且在当前这个竞争激烈、瞬息万变的商业环境中，还可能因为资金积累速度的滞后，使企业错失诸多宝贵的发展机遇。

具体而言，中小企业的内源融资能力往往有限，其可调配的内部资源不足以支撑快速的资本扩张或应对突发性的资金需求。一方面，受限于规模和市场份额，中小企业的盈利能力相对较弱，难以快速积累足够的内部资金；另一方面，企业的净资产规模有限，也限制了其通过内源融资方式筹集大量资金的能力。因此，这些因素共同推动了中小企业对外源融资的强烈需求。

外源融资是指企业从资本市场、银行、非银行金融机构以及民间等外部经济主体筹集资金的行为。基于财产权性质、资金期限以及使用方式的不同，外源融资可细分为股权融资、债务融资和表外融资三大类。股权融资是指投资者通过购买企业的股份，成为企业的股东，从而有权参与企业的经营决策，并享有企业的剩余控制权和剩余索取权。这种融资方式意味着企业出售了部分所有权，以换取长期发展所需的资金。债务融资则是一种基于契约的资本使用权转让，企业需要按照约定的期限和条件向债权人还本付息。这种方式不涉及企业所有权的变更，但增加了企业的财务负担。表外融资则是指那些不会引起企业资产负债表中负债和所有者权益项目发生变动的融资方式。这类融资通常通过一些创新性的金融工具或合同安排实现，旨在优化企业的资本结构，同时避免增加企业的显性负债。

进一步地，外源融资还可以根据筹资者与投资者之间的关系分为直接融资和间接融资。直接融资是指企业直接向投资者发行股票、债券等金融工具以筹集资金，而投资者则直接持有这些金融工具，成为企业的债权人或股东。然而，由于证券市场的高门槛和资本市场的不完全发育，中小企业往往难以通过直接融资的方式在资本市场公开募集资金。间接融资则是通过银行等金融机构作为中介进行资金筹集和投放。中小企业在间接融资方面也面临诸多挑战，如经营效益差、信用度低、风险高等问题，这些都会导致中小企业在间接融资渠道上受阻。因此，中小企业在寻求外源融资时，需要综合考虑各种融资方式的特点，并结合自身的实际情况选择最适合的融资路径。

（2）直接融资与间接融资

直接融资与间接融资是企业筹集资金时采取的两种主要方式，它们在资金流转路径及中介机构所扮演的角色上存在着显著的区别。

直接融资，顾名思义，是指资金需求方（企业）与资金供给方之间直接进行资金融通的方式。在这种融资模式下，企业作为资金需求者，直接向资金提供者（如投资者或债权人）发出融资请求，双方通过协商达成融资协议，资金直接从供给方流向需求方，无须通过金融中介机构进行中转。虽然直接融资过程中也可能涉及诸如律师、会计师等中介机构的服务，但这些机构主要起到协助沟通、提供咨询和审核等辅助作用，并不直接参与资金的转移，也不发行金融凭证。一般来说，企业的直接融资主要包括直接从投资者获取投资、发行有价证券融资等。

相比之下，间接融资是指在资金的最终需求者和最终投资者之间存在金融中介的资金融通，即企业的资金来自银行、非银行金融机构的贷款等债权融资活动，因此也被称为债务融资或信贷融资。间接融资是通过金融中介机构作为桥梁，实现资金需求方与资金供给方之间的资金融通。在间接融资中，金融机构（如银行、保险公司、信托公司等）不仅是资金流通的中介，更是资金的实际供给者或需求者。这些机构通过发行金融凭证（如存款单、保险单、信托合同等）从资金供给者手中筹集资金，然后将这些资金以贷款、投资等形式提供给资金需求方。因此，在间接融资过程中，金融机构起到了资金转换和配置的核心作用，不仅决定了资金的流向和规模，还通过其风险管理能力保障了资金的安全性和流动性。

对于企业而言，由于不必直接介入金融市场，不直接与投资者打交道，因而不必雇佣专业的金融人员（专业金融人员的工资较高），减少工资负担。同时，由于有银行作为金融市场和企业的缓冲环节，在复杂多变的市场经济环境下，企业得以避免受到金融市场的直接冲击。另外，由于银行借贷属于债务融资，因此可以起到财务杠杆效应，企业需要支付的贷款利率可低于支付给股东的股利率。同时，间接融资的利息从企业的税前支付，减少了企业应缴纳的所得税税额，间接融资的资金成本低于权益资本的资金成本。此外，通过间接融资，企业可以利用银行的专业知识和金融网络关系，使得其以前无法直接实现的业务通过银行得以完成。对投资者而言，通过间接融资，可以省去金融市场方面的麻烦，同时更安全，因为投资者的风险对象已不再是充满经营风险的企业，而是风险相对较小的银行。但是，由于间接融资的责任链和追索期较长，存在信息不对称、只凭少数决策者对项目的判断而支配大量的资金、把风险累积推到将来等风险，因此，为了避免风险，银行的基本做法是“嫌贫爱富”，以风险控制为原则，不愿冒太大的风险。银行借款只收取相应的贷款利息，对借贷企业的利润没有要求权，更看重的是企业的实力是否雄厚、收益高低或现金流稳定与否，而对风险大的企业，哪怕有着良好的发展前景、很高的预期利润，也不愿借款。

（3）权益性资本融资和债券融资

按照资金性质划分，企业融资可分为权益性资本融资和债券融资。

权益性资本融资是指企业通过首次上市筹集资金（IPO）、配股和增发股等股权融资活动筹集所需资金。发行股票是一种资本融资，投资者对企业的利润有要求权，看重的是企业的投资回报率和长期经营能力，但是由于投资者所投的资金不能收回，面临的风险较大，因此，权益性资本融资所要求的预期收益比银行要高，从这个角度来讲，权益性资本融资的资金成本要高于银行借款等间接融资方式。

债券融资是指企业或组织通过发行债券的形式筹集所需的资金。其包括国债、金融债券和企业债券市场，企业债券市场又包括企业债券、公司债券及可转让债券。对企业而言，债券融资是一种重要的融资手段，它的优缺点介于股权融资和银行借款。债券融资要求企业选择好发债时机，时机的选择必须充分考虑到未来利率的走势预期。在我国的企业债券市场中，企业债券的要求较低，而公司债券的要求较高，只有国有独资公司、上市公司、两个国有投资主体设立的有限责任公司等才有权发行公司债券，同时，对发行公司债券企业的资产负债率和资本金都有严格的限制。可转换债券只有重点国有企业和上市公司才能发行，它是一种含期权的衍生金融工具。

采用发行债券的方式进行融资，其好处是还款期较长。一般债券的还款期为中长期，有利于企业的长期经营活动，同时，债券融资的市场利率较低，附加的限制条件也比较少，企业可以通过较小的融资成本筹集所需的资金。但是，债券融资的手续比较复杂，对企业的要求十分严格，只有少数国有大型企业才能获得债券融资的“殊荣”。在我国，相对银行借款和股权融资，债券市场相对冷清，所占份额较低，投资交易不活跃，发行的风险较大，特别是长期债券，面临的利润风险较大，还款约束较强，同时又缺乏风险管理的工具，这些都制约了债券融资的发展。

权益性融资和债券融资均支付融资成本，表现形式分别为股息或利息，并且权益性融资成本一般高于债券融资成本。债券融资始终伴随着到期偿还本息的压力，而权益性融资无固定偿还日期，因此前者具有更大的融资风险。

### 3.4.2　中小企业融资方式选择分析

在进行融资过程中，中小企业必须选择适合自己的资本结构。为了便于对中小企业融资进行分析，我们假定有3种融资方式可供中小企业选择，这3种融资方式分别是发行股票、发行企业债券、向银行借款。企业在选择融资方式时，主要考虑两个方面的因素，即融资的成本高低和公司治理机制情况。按照新优序融资理论，内源融资的成本最低，债权融资的成本次之，股票融资的成本最高，因此中小企业融资的选择顺序一般是内源融资、债权融资、股权融资。这一结果在发达国家得到了验证。比如，在1981年至1991年间，美国企业新投资中74.7%的资金来源于内部融资，来自外部融资的比重比较小，在外部融资来源中，债权融资又占了大部分比重，股票融资所占的比重很小。但在中国，这种融资顺序并未在实践中得到验证，许多企业都是争先恐后地挤入股票市场，将股票融资作为融资顺序的首位。这说明在中国，企业融资的成本和西方发达国家的情况有所不同，并且与企业治理机制的差异有关。下面我们从3个不同角度来分析中国中小企业融资的选择问题。

(1）企业治理模式对中小企业融资选择的影响

从企业的角度来分析融资方式选择问题，实际上就是把企业作为一个整体来研究，并不涉及企业内部的各种关系，如股东与经理的关系等，企业选择何种融资方式取决于融资成本的大小。

从企业角度来选择融资的结构，实际上就是要寻找使企业市场价值最大化的资本结构，中小企业市场价值最大化的另一含义是股东（包括内部股东和外部股东）利益的最大化。实现中小企业市场价值最大化就要使企业实现的利润（当然这种利润要和所承担的风险相对应）最大化。这样，在其经营收入不变的情况下，一个融资成本最低的资本结构就是最好的资本结构。中小企业在进行融资方式选择决策时，主要考虑不同融资渠道的成本问题。

第一，中国中小企业股权融资与债权融资的直接成本比较。

沈艺峰与田静在1999年运用莫迪尼亚尼和米勒（Modigliani & Miller）的理论框架，对中国中小板上市公司的资本成本进行了深入的量化分析。鉴于中国独特的股权结构特征，即市场中存在可流通的社会公众股与不可流通的国有股及社会法人股，这两类股权在价值评估上存在着显著差异。具体而言，可流通的社会公众股的价值可通过其在二级市场上的交易价格直接反映；而国有股及社会法人股，因其具有非流通性质，市场价值则难以直接通过市场机制来衡量。

针对这一特殊情况，沈艺峰和田静创造性地提出了一种计算中国中小企业市场价值的方法：将流通股的市场价值（依据市场价格确定）与未流通股的市场价值（基于每股净资产进行估算）相加，以此为基础来计算中小上市公司的整体市场价值。这种方法有效地解决了因股权结构特殊性带来的估值难题，使得对中国中小板上市公司资本成本的计算更加贴近实际。

通过对数据的精心处理与分析，他们得出了一个重要结论：在中国中小板市场上，企业的股权资本成本普遍高于债权资本成本。这一发现不仅揭示了当时中国资本市场的特定状况，也为中小企业在进行融资决策时提供了重要的参考依据，强调了在不同融资方式间选择时需要考虑的成本差异。

第二，财务困境成本对中国中小企业融资方式选择的影响。

除了融资的直接成本，企业还需要面对融资的间接成本，这一成本通常体现为财务困境成本。财务困境成本主要由以下几个方面构成：①中小企业一旦陷入破产境地，其破产清偿过程往往旷日持久，可能长达数年。在此期间，企业的存货因市场变化而贬值，建筑物的价值亦随时间推移而减少，即便在停止使用期间，建筑物的折旧仍需继续计提，导致其账面价值不断下降。②破产程序本身伴随着高昂的法律与财务成本。企业需向律师、会计师、资产评估师及拍卖商等支付大量费用，这些开支进一步加重了企业的财务负担。③当中小企业面临破产或其他严重的财务困境时，常需紧急应对大量到期债务。为了迅速获取现金流，企业管理者可能不得不采取一系列短期应急措施，如低价抛售优质资产、推迟设备更新、削减设备维护预算以及降低产品质量以节省成本。然而，这些举措虽能解一时之急，却严重损害了企业的长期市场价值增长潜力，对企业未来的发展构成了严峻挑战。④当中小企业陷入财务困境时，其客户和供应商出于自身利益考虑，往往会调整原有合作政策，给企业带来不利影响。具体而言，供应商可能会取消赊销政策，转而要求现金交易（即钱到货到），而客户则可能更倾向于采用预付货款后收货的方式，这无疑增加了中小企业的资金压力，迫使其承担额外的资金成本。若企业无法有效应对这一困境，破产的风险将显著上升。⑤在财务困境期间，中小企业从银行获取新资金的能力也会大打折扣。银行出于风险控制考虑，可能会拒绝提供贷款，或者即便同意贷款，也会大幅提高利率水平，导致企业资金成本急剧上升。这一系列连锁反应进一步加剧了中小企业的财务困境，增加了其摆脱困境的难度。

若中小企业完全依赖股票融资，则理论上可以避免包括破产在内的各类财务困境，因此，股票融资的间接成本可视为零。然而，债权融资则不然，其可能引发财务困境，包括破产成本及虽未破产但因财务问题而产生的其他成本。债权融资的比重与企业破产的风险成正比，即债权融资占比越高，企业破产的可能性越大。从这个角度看，选择融资方式实际上就是在选择企业可能面临的破产概率。存在两种极端情况：一种是中小企业完全采用股票融资，此时企业破产的风险为零；另一种是中小企业完全依赖债权融资，此时企业将时刻处于破产的边缘。但值得注意的是，从本质层面分析，百分之百的债权融资在某种条件下等同于百分之百的股票融资，因为在极端情况下，债权人可能会转变为企业的实际控制者和剩余权益的索取者。

当中小企业的资产负债率维持在较低水平时，其陷入财务困境的风险相对较小，因此债权融资的间接成本极低，几乎可以忽略不计。然而，随着资产负债率的攀升，企业面临财务困境的可能性显著增加，间接成本也随之大幅上扬。这一变化在债权融资中体现为利率要求的提升，进而使得资本成本开始攀升。当这一成本增至某一临界点后，便会超过股权融资的资本成本。

奥登森和贝特克（Odenson & Betke，1995）的研究揭示，中小企业的资产负债率与其清偿成本紧密相关：资产负债率升高，清偿成本也随之增加。这一趋势导致高清偿成本的企业更倾向于股票融资，而非高成本的债权融资。普遍而言，中小企业若资产负债率过高，其整体企业价值（即全体股东的价值）可能会不升反降。

尽管债权融资的资本成本相对较低，但中小企业必须权衡由此可能引发的财务困境风险及相应的间接成本。因此，债权融资的比例并非越高越有利。在资产负债率较低时，股权资本占据主导地位，为债权人提供了坚实的保障，此时企业适度增加负债比例，可以提升企业价值。然而，随着资产负债率上升到一定水平，中小企业面临财务困境的风险加剧，此时虽然增加负债能带来节税等收益，但这些收益往往被增加的间接成本部分抵销，导致企业价值增长速度放缓。

虽然在理论上存在一个理想的负债比例，但在实际操作中，确定中小企业最佳资本结构的资产负债比例却并非易事，因为每个企业的具体情况各不相同。不同行业、同一行业的不同企业，乃至同一企业在不同的发展阶段，其最优负债比例均有所差异。对于风险较高的中小企业，由于其经营收益波动较大，陷入财务困境的风险更高，因此应维持较低的负债比例。相比之下，资产中有形资产占比较高的中小企业，由于有形资产更能作为偿债的保障，因此能够承受更高比例的负债。此外，当中小企业处于快速发展阶段且销售稳定时，由于其具有良好的发展前景，因此有能力承担更大比例的负债。

不过从经验上考虑，中小企业资产负债率还是有一个最佳范围的。一般认为，中小企业的权益资本和债权资本的比率应保持在1∶1左右，即资产负债率在50%左右，否则就说明企业债权资本多于权益资本，这将使中小企业潜在投资者对其投资的安全性产生怀疑，也使实际的债权人产生债权难以保证的危机感。具体来说，如果一个中小企业的资产负债率高到其债权融资资本成本（包括直接成本和间接成本）高于股权融资资本成本时，股权融资反而是最优先的融资方式选择。

在中国，当前众多未上市且依赖股本融资的中小企业普遍面临较高的负债率，这给它们的经营带来了巨大压力。随着中国金融体制改革的持续推进，中小企业所面临的融资约束日益增强，商业银行对贷款发放的管控也愈发严格。从企业债券发行的角度来看，高资产负债率往往导致企业难以获得信用评级机构给予的投资级（BBB级及以上）评级，从而极大地限制了这些企业通过发行企业债券来筹集资金的可能性。

若参考美国的做法，允许发行低于投资级（即投机级别，BBB级以下）的企业债券，虽然理论上可以拓宽融资渠道，但伴随而来的将是极高的利率水平。因此，在资产负债率居高不下的背景下，中小企业在进行融资决策时，往往会将股权融资作为首选，债权融资则退居其次。

然而，对于已经上市的中小企业（其中主要为国有企业）而言，情况则有所不同。这些企业在完成首次公开发行后，资产负债率普遍下降至一个相对安全的水平，从而降低了因负债而产生财务困境成本的可能性。正如沈艺峰等人对中国股票市场进行实证分析所得出的结论，债权融资的资本成本相较于股权融资更低。在此背景下，通过增加负债来提升企业价值，进而增加所有股东的价值，成为了一个可行的策略。因此，对于这些已上市企业而言，融资选择的优先级应首先是债权融资（包括银行借款或发行企业债券），其次才是股权融资。

（2）内部人控制对中小企业融资选择的影响

我国的中小企业偏好股权融资手段，其原因何在？这就涉及企业治理结构中的内部人控制。企业内部人控制是指企业内部人员掌握了企业的剩余控制权或同时掌握了企业的剩余索取权。内部人控制有两种类型：一种是法律上的内部人控制，指内部人员通过持有企业的股权而获得了对企业的控制权；另一种是事实上的内部人控制，指企业内部人员不持有本企业股权，不是企业法律上的所有者，却通过其他途径掌握了企业的控制权。按照现代企业理论，只要企业存在所有权和经营权的分离，就不可避免地会出现内部人控制现象，在两权分离的前提下，不掌握企业经营权的分散的股东成为企业的外部人员，而不拥有股权或只拥有很小份额的股权但拥有企业经营权的经理层在一定程度上控制了企业，或多或少地拥有了剩余控制权和剩余索取权。这主要是因为经营者和所有者之间所订的合同并不是完备的，二者之间信息并不对称，经营者所接受的监督是有限的或对其进行的监督是低效率的，在这种情况下，经营者总能利用所有者授予的经营权来获取剩余控制权或同时拥有剩余索取权。

第一，企业控股大股东的融资偏好。

作为中小企业的控股大股东，其融资选择时所要考虑的并非其属下企业价值的最大化，而是其自身利益的最大化。企业价值最大化意味着每个股东的收益均达到最优水平，但对大股东而言，他只想达到自身利益的最大化，尽管这可能会牺牲外部小股东的利益。因此，前面我们所提到的融资方式选择顺序并不一定为控股大股东所接受。

对中小企业控股大股东而言，通过发行股票等股权融资手段所付出的资本成本是比较低的。按照信号传递模型，一家中小企业如果通过发行债券来融资，则是向投资者传递了好的信息，股价就会上涨；而如果通过发行股票来融资，则是向投资者传递了不好的信息，股价就会下跌。但这种信息不对称成本的产生必须具备两个条件：一是股票市场必须是规范的，能够正确反映企业的价值大小；二是间接融资也必须是规范的，但这两个条件目前在我国并不满足，这也就意味着资本市场不能通过企业发行股票这一信息而作出低估中小企业价值的判断。

相比之下，中小企业债权融资的成本就显得较高了，其成本是：

$K_b = i_b(1 - T)/(1 - F_b)$

其中：$K_b$为债权融资的资本成本，$i_b$为每年支付的利息率，$T$为所得税税率，$F_b$为债权筹资费用率。

与股权融资相比，债权融资的资本成本是必须支付的，不管中小企业经营得是好还是坏，对大股东来说没有回旋的余地，因而对大股东而言，股权融资是一种优于债权融资的融资手段。此外，相当一部分中小企业的大股东还以不同的名目将中小企业的资金借过来，用于自己企业的投资。

除了直接占用中小企业资金外，大股东还有一种间接占用中小企业资金的方式，即担保。就担保本身来说，其是一种正常的市场行为，中小企业通过互相签订担保协议来提高融资的信誉度是必要的，但这种担保必须建立在正确的市场判断上，即以被担保中小企业的质量、信用评级情况来确定是否予以担保。控股大股东利用其控股权，要求中小企业为其有利益关系的企业贷款进行担保，而不管被担保企业是否具备被担保的资格与条件，这实际上是以牺牲中小企业的正当利益为代价来为自己谋取私利。另外，许多控股大股东往往和当地政府有千丝万缕的联系，这也使得中小企业的担保部分承担起救助地方政府之责，有些担保合同从订立之日起就注定成为代为还款的协议。

控股大股东以不同形式占用中小企业资金的例子绝不在少数，对大股东而言，如果占用的是中小企业的债权性资金，则大股东就要在一定时间内归还，而且高负债比例会影响其担保的规模，但如果占用的是中小企业的股权性资金，则偿还期限可以一直推迟下去。从总体上讲，大股东融资偏好选择顺序首先是股权融资，其次才是债权融资。

第二，中小企业经理层的融资选择偏好。

中小企业经理层和股东之间是一种委托代理关系，股东是委托人，经理层是代理人。当大股东直接担任经理层职务时，委托代理关系依然存在，表现为外部其他股东与经理层的委托代理关系，这种情况在中小企业表现得较为明显，许多民营企业往往是家族企业，其主要经理人是家族成员，在企业发展壮大或上市之后，尽管主要经理人的股份比重有所下降，但仍是第一大股东，其家族成员依然担任中小企业的经理，对中小企业进行经营管理。在这种情况下，企业经理层的融资选择偏好和前面的大股东的融资选择偏好是一致的，即偏好股权融资，而非债权融资。

但对于大多数中小企业而言，经理层持有的股份是很少的，相对于企业庞大的股本规模而言，其持有的少量股份基本上可以忽略不计。经理层不持有股份或持有很少的股份意味着经理层不能通过企业价值上涨来获得利益。

按照委托代理理论，代理人和委托人之间的代理关系是通过契约来进行的。在信息不完全的情况下，任何一种契约都是一种不完备的契约，哈特（1990）等利用这种契约的不完备创立不完全合同理论，用以解释合同双方之间的关系。按照经济人的假设，不论是委托方还是代理方都希望实现自己效用的最大化，但是，双方之间的效用函数是不同的。对股东而言，其效用就是股东价值的最大化，即企业价值的最大化；对作为代理人的经理层而言，其自身的效用最大化会与作为委托方的股东的目标有一定的冲突。由于经理层不是或不完全是中小企业的所有者，在努力工作的前提下，努力成本完全由自己承担，但因努力工作而提高的企业产出却被其他股东分享，故经理层没有足够的动力去努力工作。经理层追求各种在职的消费，但这些好处必须以经理层在位为前提，于是，经理层在进行融资选择时首先要考虑其地位的稳固与否。在我国中小上市企业主要是以国有股权占控股地位且社会流通股与国有股市场分割的情况下，发行股票或增发股票一般不会影响到第一大股东的地位。在国有股、社会法人股不能流通的情况下，单纯通过收购流通股从而控制中小上市企业的成功率是很低的，除了目前几个“三无概念”中小上市企业外，几乎所有的控股权转移成功的案例都是通过国有股或社会法人股的转让进行的。只要控股股东不出售股权，则因股权收购而导致经理层下岗的可能性就比较小。如果经理层在选择融资时选择债权融资方案，则需要考虑融资后如何进行偿债，与股权融资相比，债权融资是一种硬预算约束，一旦投资项目失败，债务不能如期偿还，就很有可能陷入债务困境，而陷入债务困境的企业很容易被其他竞争者收购，从而导致控股权转移，经理层的地位就难以保证。

从理论上讲，由于债权融资可以进行税收抵免，其成本相对于股权融资而言较低，因此通过增加债权融资可以增加企业的利润，从而提升经理层的地位及业界声望。但由于我国目前还不存在真正意义上的经理市场，因此经理的选择不是通过经理市场，不是以市场标准来判断经理能力，而是通过控股股东来任命经理。在中小企业为国有性质的情况下，经理层的任命是由官员进行的。官员有权力选择经理却不必为选择后果承担责任。这意味着不仅那些想做企业家的人存在逆向选择问题，官员自身也存在这一问题。他们没有充分的激励去发现好的经理，即使他们知道哪些人有能力，他们也没有足够的动力去任命这些有能力的人。观察表明，官员做出选择主要基于个人关系而非能力，任命与自己关系不错的经理是最有效的寻租方式（张维迎，1999）。在这种背景下，经理层选择融资时，不会将不同融资方式取得的经济效益作为主要衡量因素。

从以上分析可知，对经理层而言，融资选择的顺序应是股权融资处于第一位，债权融资处于第二位。

（3）我国中小企业债权融资结构选择分析

在我国中小企业融资方式选择过程中，一方面要考虑股权融资与债权融资，另一方面也要考虑债权融资结构问题。我们主要分析在中小企业债权融资的情况下，如何应对具有私人债务性质的银行借款和具有公开债务性质的企业债券之间的选择顺序问题。

第一，银行借款与企业债券直接成本的比较。

银行借款和企业债券的直接成本包含的内容有所不同。银行借款主要包括利息费用和筹资费用；企业债券的直接成本包括三项内容：一是利息费用；二是筹资费用，包括发行前发生的各项费用以及支付给承销商的各项费用；三是债券上市费用，主要包括上交给证券交易所的费用（目前已转给中央证券登记结算公司）。由于银行借款和企业债券均属债务融资，故可享受税收抵扣的优惠。

银行借款的直接成本可用下式表示：

$$K_1 = i_1(1 - T)/(1 - F_1)$$

其中：$K_1$为银行借款的直接成本，$i_1$为每年支付的利息率，$T$为所得税税率，$F_1$为筹资费用率。

企业债券的直接成本可用下式表示：

$$K_b = \frac{i_b(1 - T)}{1 - F_b} + d$$

其中：$K_b$为企业债券的直接成本，$i_b$为每年支付的利息率，$T$为所得税税率，$F_b$为筹资费用率，$d$为上市费用。

从利息水平来看，企业债券的利息支付水平受《企业债券发行办法》所限，其利率不得超过同期银行存款利率的40%，从许多企业债券的发行来看，其利率设计一般也是在这一高限附近，这种利率与银行借款的利率差距并不大。实际上，发达国家的企业债券在发行过程中，其利率是比较低的，与银行借款相比有很大的利息优势，从而使企业在选择债权融资时对企业债券情有独钟，这主要是因为企业债券是直接向投资者销售的，而银行借款是吸收投资者的资金后再转借给企业，中间多了一道环节，因而其利率水平要比企业债券利率高。但在我国，有两个因素限制了企业债券利率的下调。

一是国债利率过高。在完善的金融市场上，金融资产的定价是与风险联系在一起的，风险越大，其利率就越高；风险越小，其利率就越低。国债作为一国金融市场中的风险最小的金融资产，理所当然，其利率水平也应是最低的，故在发达国家，其国债利率要比银行同期存款利率低（单个银行破产的概率要比一个国家破产的可能性大得多）。但在我国，国债出现之初就是和银行竞争社会居民储蓄资金的角色，在国有银行的风险与国家联系在一起时，投资者不会考虑其中的风险是否不同，而是考虑何种投资的收益率更高，结果，为了吸引投资者，国债的利率自然就必须高于银行存款利率，这种利率倒置使企业债券的利率也居高不下，企业债券对银行借款的利率优势不复存在。

二是企业债券发行主体的信用程度不足以降低利率水平。从企业债券的信用评级来看，每一家企业发行企业债券的信用都达到A级以上，显示良好的信用状况，体现出优良的偿债能力。但实际上由于目前信用评级制度存在局限，投资者对信用评级结果的使用并不是十分重视的。一些有政府背景的中小企业信用比较高，由于有政府作为担保，其风险基本上和国债是一致的。但除了这些有政府背景的中小企业债券外，大多数发行企业债券的企业规模不是很大，在社会上的声誉并不是很高。相比之下，国外发行企业债券的往往是一些声誉卓著的国际大公司，其良好的信誉使其利率水平大大低于银行借款。

由于信用水平不高，中小企业发行长期债券的可能性大为减小。企业债券的期限越长，针对企业的可能信用风险就越大，企业通过长久的声誉来维持信用水准的难度就越大。在这种情况下，我国企业债券发行的期限普遍较短，一般在3年至5年之间，从而使企业债券在筹集长期资金方面的优势无法体现出来。

此外，中小企业债券发行的规模都比较小，这就导致筹资费用率和上市费用率较高。到目前为止，我国中小企业债券发行量大多在1亿元~10亿元。由于有些筹资费用属于固定支出，在筹资额小的情况下，其单位资金的费用就比较高。相比之下，银行借款一方面不需要支付上市费用，另一方面除了初次借款需要较大的筹资费用外，再次筹资的费用比较小，而且银行借款的筹资费用与筹资额大小的关系并没有企业债券与筹资额大小的关系那样紧密。

从以上分析可知，从目前的情况来看，中小企业债券筹资的成本优势并没有体现出来。

第二，银行借款与企业债券间接成本的比较。

作为债权融资，银行借款和企业债券的间接成本要比股权融资的间接成本大，但银行借款与企业债券的间接成本之间也存在差别。

当中小企业经营不善导致企业出现财务困境时，债权人对企业的控制方式有两种：一种是清算，即把企业的资产拆开来卖，收益按债权人的优先序列分配；第二种是对出现财务困境的企业进行重组，由股东、债权人和经营者进行商量，提出方案，如果重组的价值大于清算的价值，破产企业就有可能被重组，企业重组一般涉及债权人同意免除一部分债务和利息，或进行“债转股”，延长偿还期，注入新的资金等。对企业债券融资而言，由于是公开发行，持有企业债券的投资者分布非常广泛，每个持有者所拥有的债权比较小，这样就会导致重组的成本较高，从而使清算的可能性更大，英国和美国的情况就是如此。

如果是通过银行借款进行融资，由于其债权人分散在若干家银行，若债权人比较少，每个债权人持有的债权较大，重组的可能性就会更大些，而清算的可能性更小些，因为大的债权人如果进行清算其损失很大，相对而言重组的损失更小。另外，债权人较为集中时更容易达成重组协议。

对企业而言，当企业陷入财务困境时，更愿意选择的是重组而不是清算。因为按照《中华人民共和国企业破产法》的规定，在破产财产的分配顺序中，股东位于债权人之后，当企业破产清算时，股东往往一个子儿也得不到，而当企业进行重组时，也就意味着企业还会继续经营下去，股东还有机会得到一部分利益。因此，在银行借款和企业债券比较中，企业债券融资导致的破产清算可能性更大，而银行借款的可能性较小，这就使得企业债券融资在间接成本方面要大于银行借款。

在我国，银行借款还有一种特殊性，即在国有银行作为借款提供主体的情况下，由于许多中小企业都是由政府所有或占有实际控股权，这些中小企业在进行债权融资时会优先选择银行借款。其原因在于，中小企业特别是国有中小企业和国有银行之间的债务从其起源上看并不是法律意义上的真正债务（张维迎，1990）。在20世纪80年代至90年代初，当中小企业从国有银行借钱时：一方面中小企业经理只是将其作为从政府手中获取资金的一种新方式，很少意识到借钱是要还的；另一方面，银行认为自己不过是代表政府将信贷资金分配给中小企业，很少意识到可能存在违约风险。事实上，大部分银行贷款都是由政府通过行政程序决定的，而非企业和银行协商的结果。

在国有银行商业化改革进程中，一方面政府成立了四大资产管理公司来消除银行坏账，另一方面银行在独立经营、自担风险的情况下对贷款审查也开始严格起来，前几年还出现了“惜贷”现象。从总体上讲，中小企业对银行贷款还是更有兴趣，主要在于一旦中小企业不能如期归还贷款，银行很难通过破产等方式来对中小企业进行约束，相反，银行还很担心中小企业通过破产来逃避债务，特别是对与地方政府有密切关系的中小企业而言，通过破产等方式来逃避债务，得益的是地方中小企业和地方政府，损失的是国有银行。

相比之下，中小企业通过企业债券来筹集资金，一旦出现违约现象，很难通过延期来处理。因为企业债券的购买者是各种各样的个人和机构，而且有相当部分就是发债企业所属地的个人和机构。如果这些投资者不能按合同规定获得利息及本金，则会给社会造成不利影响，还有可能造成社会的不稳定，无论是地方政府还是中央政府都不愿意看到这种情况的发生，因而中央政府会通过发行债券计划来限制中小企业的债券发行；地方政府则从其他渠道来要求中小企业以银行借款方式来取代企业债券的发行，特别是在企业效益不能保证按期还债时更是如此。

因此，从银行借款与企业债券融资的比较来看，银行借款的预算约束较软，企业债券的预算约束较硬。预算约束较软意味着中小企业在向银行借款之后，一旦出现财务方面的问题，银行不会迫使企业进行破产清算，以偿还其借款，它们往往会采取债务谈判的方式来解决双方的债权债务关系，通过债务重整等手段解决企业的财务问题。企业债券则由于其持有者非常分散，很难形成一个能代表整体债权人的债务重组方案，因而更容易导致企业进入破产程序。也就是说，对中小企业而言，企业债券融资的间接成本要比银行借款来得高。

总体上而言，由于目前我国中小企业在发行企业债券时的直接成本优势并没有体现出来，而在间接成本方面特别是在财务困境方面的成本要比银行借款高，从而使得中小企业在进行债务融资时，会首先考虑银行借款，其次才是企业债券。

通过前面的分析我们知道，在我国中小企业融资方式选择中，通常以股票融资为第一选择，以银行借款作为第二选择，以企业债券作为第三选择。一般而言，每一种融资方式都有其各自的优点，也有其各自的缺陷，中小企业对融资顺序的选择是根据各方面的权衡考虑作出的，是一种理性的行为。但我们关注的是，中小企业在进行融资顺序的选择时，其依据是市场规则还是其他非市场化的因素？如果是非市场化的因素在决定融资顺序中起到了关键性的作用，那么我们有理由相信，这种选择必须改变，原因在于中小企业作为市场经济的主体，其行为的准则是市场标准，其融资的选择必须是市场化的过程。

事实上，前面的分析恰恰说明我国中小企业在融资方式选择时所依赖的因素主要是非市场化的因素，从而也说明企业在融资选择上可能出现某种偏差。这表现在许多方面，比如，许多中小上市公司都存在一股独大，从而导致大股东利益与企业利益不一致的行为时有发生；又如，经理市场的不完善导致中小企业在选择经理层时无法通过市场化方式进行，从而导致经理行为与企业目标相背离的现象也有发生。

# 第四章　我国中小企业社会信任状况及信任机制的形成

社会信任在解释经济发展的地区差异时扮演了重要角色。“信任”被普遍认为是除物质资本和人力资本之外决定一个国家经济增长和社会进步的主要社会资本（张维迎，2002）。一般认为，社会信任度高的地方往往是社会经济发展较好的地方，一个地区社会信任度高，往往能使这个地区的企业给人以良好的印象，银行信任企业能还款而愿意贷款，同时企业也会基于信任，守信还款。由于受经济发展水平、交易发达与便利程度、人们的受教育程度或者官员的数量等因素的影响，信任度在各地区存在着不同。经济发展水平往往与社会信任度成正比。基于社会信任，企业守信还款程度高，贷款违约率低，银行收回贷款的可能性也会低。有关研究表明，在宏观层面，一个国家的信任度高低对其社会长期稳定和经济持续增长乃至经济效率的提高都具有重要作用（普特南，1993；福山，1997；克奈克和基弗，1997）；在微观层面，企业内部成员及企业之间较高的信任度可以提高企业竞争力，改进企业绩效（巴尼和汉森，1994；萨科和黑尔珀，1998）。

## 4.1　中国社会信任的状况分析

### 4.1.1　企业社会信任研究的逻辑起点——企业家

本书以企业家作为研究中小企业社会信任的逻辑起点，以企业家的个人社会信任替代中小企业的社会信任，是基于以下考虑：

一是在中小企业中，企业家进行企业管理的人格化现象突出。以企业家为中心，企业内部、企业间以及企业的其他利益相关主体之间形成了非契约型长期合作博弈关系。企业家个人及其控股的家族承担着企业兴衰的主要责任。也就是说，微型企业融资的基础是企业家个人及其家族的信用。中小企业与所有者个人的紧密联系，也使企业家个人和家族承担了企业风险和隐性成本。当中小企业因扩大生产规模或追求技术进步而需要进行外源融资时，企业家个人及其家族的个体因素就成为资金提供者最看重的因素。

二是中小企业的企业所有权与经营权高度统一。中小企业多数为家族企业，企业家及其最亲密的合伙人（和家庭）一直掌握大量股权。由于在中小企业中，企业家既是家族核心成员和关键人物，又是企业的领导人物，因此其拥有高层管理的主要决策权，特别是在有关财务政策、资源分配和高层人员的选拔方面。杨其静（2002）通过对企业家创业融资的考察认为，在企业发生的逻辑顺序上企业家优先于外部投资者，企业首先以企业家发现市场机会并提出相应创意为前提，企业家是企业发生的逻辑起点，不仅是最初的“融资中心”签约人，也是整个生产经营的核心人物。由于中小企业内部组织结构简单，在企业的管理过程中人格化现象特别突出，企业家的人格魅力对企业的稳定发展起着关键性作用。而且，由于企业所有权与经营权高度统一，企业家的作用更为突出，企业家的品质、能力、网络关系等社会信任要素成为企业获得资源和企业内部管理稳定性的关键，企业家的社会信任在很大程度上代表了企业的社会信任。

三是企业家网络直接影响中小企业融资。在中小企业中，企业家对企业的影响力往往是控制性的，企业家的能力水平及其社会资本网络存量对中小企业的发展以及融资有着至关重要的影响。奈特（Knight）等学者，基于不确定性和市场不均衡对企业家进行研究，认为企业家是识别市场中蕴藏的获利机会并通过资源整合来利用这种机会获利的过程的关键因素（陈乃醒，2003）。

中小企业活动更多地依靠的是某种社会机制，如社会公认的伦理、道德、宗族规制等非正式制度的制约和规范。从外部来看，由于地理接近性和产业专业化的特性，人们以各种各样的联系来传递商业信息和市场信息，各个中小企业之间往往有共同的熟人、共同的交易网络和错综复杂的利益关系，互利、双赢，共同做强做大是主要的思维理念。通过彼此的长期博弈，大家就会对彼此的交往有一种稳定的预期，一个互利的“合作解”成为人们的合理选择，在这里，重复博弈中惩罚的可信度是维持合作博弈的关键（罗丹阳，殷兴山，2006）。一旦行为主体背信弃义，将会受到社会排斥、声誉丧失等严厉的非正式制裁。在企业内部，非正式制度表现为企业家及其核心层之间、管理层与员工之间、员工与员工之间互相帮助和平等的关系。

四是企业家的目标具有多元化特征。中小企业企业家不仅是理性的经济人，而且是理性的社会人。在“经济理性”和“社会理性”的双重驱动下，企业家的目标不是简单地追求企业价值最大化或利润最大化，而是考虑企业家及其家族的社会效应、企业整体利益最大化等（李强，2005）。由于企业家个人与企业高度融合，企业家为了实现企业目标，必然精心编织一张社会关系网，在这张网络中，包含有亲戚网、朋友网、同事网，以及企业家与政府部门、金融机构等之间的网络，显然，企业家在这里发挥了核心作用。企业家不仅是企业的所有者和经营者，而且也是培育和利用企业社会信任的中心人，因而，以企业家社会信任替代中小企业社会资本是合乎逻辑的。

五是企业与企业家为同一个债务体。中小企业企业家个人在企业中的核心地位，使得中小企业具有不同于大型企业的内在融资特征。首先，由于企业家的才能对于企业发展至关重要，因此企业家在企业内部拥有绝对的权威。企业家个人对企业所有权和风险的态度决定了企业融资结构和融资次序。其次，金融机构对企业进行信用评级及作出贷款决策时，先要考察企业家个人因素，包括品德、财务能力等，再考察企业的竞争实力与发展能力。再次，企业家个人的社会网络、心理、行为等对企业融资活动有着重要的影响，因此，中小企业与企业家实为同一个债务体。可见，以企业家作为企业社会资本书的逻辑起点不仅具有合理性，而且与分析企业的融资问题具有一致性。

六是数据的可获取性。直接测量企业社会信任的难度很大，虽然有些指标可以用来反映中小企业社会信任，但考虑到数据获取性、可信度等问题，在测量时往往无法选取全部指标。虽然国内有少数学者尝试直接测量企业社会信任，如边燕杰、丘海雄（2000）用3个指标测量企业社会信任，然而，3个指标都是涉及企业家的社会资本。陈晓红、吴小瑾（2007）用11个指标来测量中小企业社会信任，但在指标的选取上，更多地考虑了企业家的社会资本与社会信任。当然，一方面由于企业家是经营的核心人物，同时也是发展和利用社会信任的核心人物，另一方面也是考虑到数据的可获取性。鉴于此，本书选择企业家作为企业社会信任研究的逻辑起点。

### 4.1.2 企业家的社会信任描述性分析

在中国社会，家族关系即血缘、亲缘和地缘关系是至为重要的，继而逐渐产生了家族企业。家族作为企业家社会关系网络的基本组成部分，在企业生产所必需的资源方面发挥着重要作用。随着企业家阅历的增加和社会交往的扩展，其原有的以血缘、亲缘为基础的社会关系网络会逐渐发生变化，通过认识新的朋友、熟人和同事等，新的社会关系网络得以拓展。

为全面了解企业家的社会信任情况，有必要对与企业家有交往的人群进行分类调研。本书选取广西地区中小企业作为调查对象，采取人员实地调研、通过现场填写以及问卷星线上方式向广西区内多座城市的多个中小企业发放问卷调查表。问卷的设计借鉴了国外相关研究成果，综合考虑我国中小企业所处的外部环境和内部经营管理情况，根据在国外已得到验证的成熟量表进行适当调整而成。为了更好地反映出企业家的社会信任情况，调查表将与企业家有交往的人群设计为4类：亲属、朋友、业务往来企业人员以及陌生人。

一般而言，企业家的亲属、朋友、业务往来企业人员以及潜在利益攸关者是反映企业家社会信任的重要衡量因子。其中，亲属分为父母和有密切往来的直系或旁系亲属；朋友分为亲密朋友和普通朋友。通过选取与企业家有交往的人群所持的信任程度、企业家社会关系网络的规模大小、交往群体的紧密程度等22个指标，本书对企业家社会信任程度进行了系统性测量。在问卷调研中，企业家的社会信任通过企业家对交往人群的信任程度进行打分确定，评价采用六级评分制，用1～6进行赋值。

依据社会特性和中小企业家的个人特征，本书将从联系密切的亲友数量、父母亲职位、联系密切亲友的最高行政级别及其从事与企业相关领域的工作或业务、与网络成员的交往频率四个角度分析中小企业家的社会信任网络。

调研结果显示（见表4-1），与中小企业的企业家有密切交往的亲戚数量，6～10人占比34.15%，11～20人占比12.2%，21～30人占比4.88%，总计6～30人的亲戚占比达到51.23%。而在企业家的朋友数量调查中，6～10人占比19.51%，11～20人同样占比

19.51%，21～30人占比9.76%，总计6～30人的朋友占比48.78%。这些数据表明，企业家密切交往的朋友圈和亲属圈正在逐渐扩大。这种扩大的人际网络，是以血缘、亲缘、地缘、业缘、学缘为基础构建的新社会关系网络。正如费孝通（1948）在《乡土中国》中所提出的“差序格局”概念，中国人的社会关系是以“自我”为中心，由内向外逐渐扩散的。这种关系网络从“自家人”开始，逐步扩展到“熟人”“生人”，直至“陌生人”，形成一个内外有别、生熟分明的同心波纹状人际关系网（赵泉民、李怡，2007）。这一网络结构呈现出由亲至疏、由近及远的特点。

表4-1　中小企业的企业家密切交往的亲戚、朋友数量分布（%）

| 企业家密切交往的亲戚、朋友数量 | 5人及以下 | 6～10人 | 11～20人 | 21～30人 | 30人以上 |
|---|---|---|---|---|---|
| 亲戚数量所占比例 | 39.02 | 34.15 | 12.2 | 4.88 | 9.76 |
| 朋友数量所占比例 | 21.95 | 19.51 | 19.51 | 9.76 | 29.27 |

企业家社会关系网络的丰富程度，深受其家庭成员尤其是父母职位，以及与其关系密切的亲属和朋友的行政级别、财富状况的影响。具体而言，当考察企业家父母的职业背景时，我们发现，父亲为农民和一般工人的比例分别为30.53%和26.32%，而母亲为农民和一般工人的比例则分别为32.63%和20%。如表4-2所详细展示的数据，大多数中小企业企业家都来自普通家庭。这些数据不仅揭示了企业家成长的社会背景，也进一步说明，即便生活在普普通通的家庭环境中，企业家仍能通过个人努力和才能，构建出广泛且有影响力的社会关系网络。

表4-2　中小企业的企业家父母职务分布（%）

| 企业家的父母职务 | 无业 | 农民 | 一般工人 | 技术人员 | 企业中层管理者 | 企业高管 | 行政事业单位负责人 | 公务员 | 其他 |
|---|---|---|---|---|---|---|---|---|---|
| 父亲的职务占比 | 0 | 30.53 | 26.32 | 8.42 | 17.89 | 0 | 5.26 | 6.32 | 5.26 |
| 母亲的职务占比 | 0 | 32.63 | 20.00 | 11.58 | 12.63 | 0 | 4.21 | 12.63 | 6.32 |

如图4-1所示，中小企业企业家亲属的行政级别中，处级及以上行政级别的占比为60.98%，在朋友的行政级别中，处级及以上的占比为68.95%。

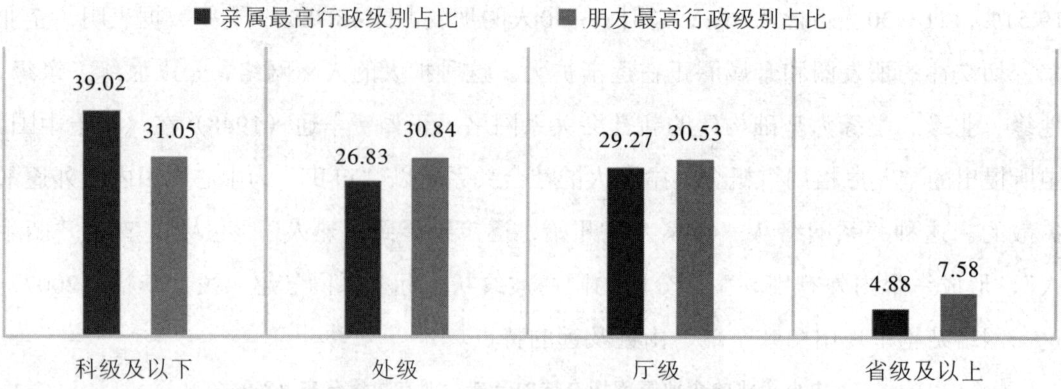


**图4-1 中小企业企业家亲属和朋友行政级别分布图（%）**

值得注意的是，有58.54%的企业家亲缘群体成员从事着与企业相关的工作或业务，这一比例远高于朋友群体，由此显示出企业家的先天关系资源相较于后天关系资源具有明显优势。

在借贷关系中，亲属的作用尤为显著，父母相较于兄弟姐妹扮演了更为重要的角色。资金的支持往往深深嵌入亲属网络中，形成了紧密的财务联结。在小额帮助的情境中，网络成员间的互惠行为表现得尤为突出，互惠指数较高。然而，在涉及大宗借款支持时，尽管互惠性相对较低，但一种普遍性的互惠原则依然广泛存在。这一系列发现，不仅深化了我们对企业家社会关系网络运作机制的理解，也在一定程度上对费孝通所提出的“差序格局”理论进行了社会网络意义上的量化验证，为该理论提供了新的实证支撑。

韦格纳（Wegener，1991）在德国职业流动的研究中发现了一个有趣的现象：地位较低的蓝领工人更倾向于依赖强关系来获取社会资源，而地位较高的白领和经理则更擅长通过弱关系来拓宽他们的资源渠道。韦格纳认为，这一现象可归因于社会网络的异质性特征，即社会网络通常由不同社会地位的人构成。对于社会地位较低的人来说，他们往往需要通过紧密的强关系才能接触到地位较高的个体以寻求帮助；相反，地位较高的人则难以在其内部的强关系网络中找到新的社会资源，因为这些人的社会经济地位往往都不及自己。

边燕杰和张文宏在1999年对天津劳动力流动的研究进一步验证了关于“强关系力量”的观点。他们的研究发现，在资源提供方面，强关系所提供的人情随着市场化进程的推进呈现出不断上升的趋势，而所提供的信息则略有下降。与此同时，弱关系所提供的人情有大幅提升，但所提供的信息保持相对稳定。这一发现表明，在中国社会中，社会网络的主要功能是提供人情支持，而信息则更多地被视为人情的副产品。这一结论不仅深化了我们对社会网络运作机制的理解，也为我们理解中国社会的人际交往模式提供了新的视角。

社会学家林南在深入研究后，对格拉诺维特（Granovetter）的弱关系理论进行了修正与发展，并提出了社会资源理论。他强调，嵌入个人社会网络中的社会资源（如权力、财富和声望）并非个人直接占有，而是通过个人直接或间接的社会关系来获取的。在一个存在社会分层的环境中，当行动者采取工具性行动时，如果弱关系的网络成员拥有比行动者更高的社会地位，那么弱关系相较于强关系能为行动者带来更多的社会资源。林南在2001年详细阐述了社会资源理论的三大核心假设，并进行了实证检验。首先，地位强度假设指出，个人的初始社会地位会影响其获取社会资源的机会，即初始社会地位越高，摄取社会资源的机会就越多。其次，弱关系强度假设认为，弱关系相较于强关系更能有效地帮助个体摄取社会资源。具体来说，一个人所拥有的社会网络规模越大，网络成员的异质性越高，那么通过弱关系摄取社会资源的概率也就越高。最后，社会资源效应假设表明，嵌入在社会网络中的社会资源越丰富，个体在进行工具性行动时所能取得的结果也就越理想。这三大假设不仅丰富了我们对社会网络与社会资源关系的理解，也为后续的社会学研究提供了重要的理论支撑。

从企业家与关系密切的朋友、亲属一年走动的频率来看（见表4-3），与关系密切的朋友、关系密切的亲属、有业务往来的企业家较经常走动的频率相当接近，每月1次以上分别占87.37%、75.79%和72.63%，与普通朋友走动的频率较低，每月1次以上仅为48.42%。可见，企业家不仅重视亲戚关系网络的建构，还重视朋友关系、业务关系的培养，增加了对密切朋友的联系。

表4-3　企业家与社会网络成员的交往频率（%）

| 一年走动的频率 | 关系密切的朋友 | 关系密切的亲属 | 有业务往来的企业家 | 普通朋友 |
|---|---|---|---|---|
| 很少走动 | 0 | 2.10 | 10.53 | 2.10 |
| 每年1次 | 3.16 | 3.16 | 8.42 | 14.74 |
| 每季度1次 | 9.47 | 18.95 | 8.42 | 34.74 |
| 每月1次 | 40.00 | 25.26 | 42.11 | 30.53 |
| 每周1次 | 30.53 | 40.00 | 28.42 | 17.89 |
| 每2～3天1次 | 16.84 | 10.53 | 2.10 | 0 |

### 4.1.3 企业家的信任网络状况分析

21世纪之前有关中国传统文化和社会的众多研究（费孝通，1985、1947；金耀基，1992；杨国枢，1993、1989；黄光国，1988；梁漱溟，1963）都表明，中国社会是“关系本位”的社会。关系建构是以血缘家族关系为核心，围绕此核心建立起与血缘家族关系之外的其他人的社会联系（李伟民、梁玉成，2002）。因此，中国这种“特殊主义”关系结构在相当程度上影响着人们日常交往行为中的信任（赵泉民、李怡，2007）。“关系本位”取向的信任的实质不是关系自身，而是关系中所包含的双方心理和情感上亲密认同（卜长莉，2005）。

李伟民、梁玉成（2002）将信任对象的信任程度区分为完全可以信任、可以信任、说不准、不可信任和完全不可信任五种类型，此处采用的企业家对交往对象的信任程度也将企业家的交往对象按照五级进行打分，清晰区分企业家对交往对象的信任度差异。如表4-4所示，企业家对亲属、最亲近朋友、普通朋友、生人（不认识的人）的信任程度打81～90分的分别占25.26%、34.74%、30.53%、13.68%；对亲属、最亲近朋友、普通朋友、生人的信任程度打91～100分的分别占52.63%、31.58%、4.21%、5.26%。也就是说，有52.63%的企业家认为亲属的信任度最高，有31.58%的企业家认为最亲近朋友的信任度最高，多数企业家认为生人不可信。由于业务往来需要，企业家之间的信任度差异较大，有15.79%的企业家认为有业务往来的企业家信任度很低，而6.32%的企业家认为有业务往来的企业家信任度高。绝大多数企业家认为有业务往来的企业家还是可信任的。

表4-4 企业家信任程度分布（%）

| 根据信任程度打分（100分制） | 60分以下 | 61～70分 | 71～80分 | 81～90分 | 91～100分 |
|---|---|---|---|---|---|
| 亲属 | 4.21 | 4.21 | 13.69 | 25.26 | 52.63 |
| 最亲近的朋友 | 4.21 | 5.26 | 24.21 | 34.74 | 31.58 |
| 普通朋友 | 31.58 | 15.79 | 17.89 | 30.53 | 4.21 |
| 不认识的人 | 40.05 | 22.06 | 18.95 | 13.68 | 5.26 |
| 有业务往来的企业家 | 15.79 | 27.37 | 29.47 | 21.05 | 6.32 |

进一步分析可以发现（如图4-2所示），企业家对亲属和最亲近朋友的平均信任水平最高；其次是对普通朋友。显然，中小企业的企业家社会关系结构在相当程度上影响着企业家的信任程度和信任边界，企业家与其他人之间的熟悉程度及心理或情感上的亲密程度是企业家的信任函数。企业家信任程度最高的自然是与企业家有着血亲关系或亲密关系的“自己人”，而后信任度随着亲密度逐级减弱、“层层外推”，企业家对普通朋友的信任度明显下降，对自己不认识的人信任度最低。调查实证研究表明，中国人不仅信任与自己具有血缘关系和家族关系的人，而且也信任与自己交往密切的其他人。

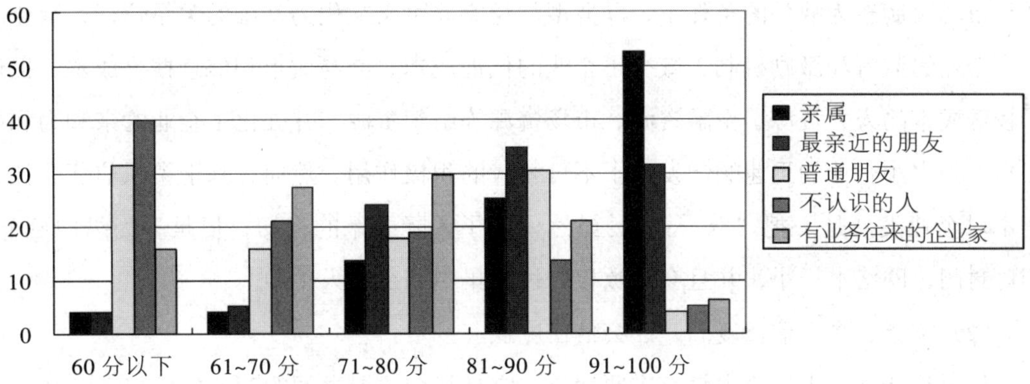


**图4-2　中小企业家平均信任水平**

## 4.2　我国中小企业的社会信任特点

有关中国社会的信任问题，一些社会学家从理论上给予了阐释。韦伯和福山均认为中国人的信任更多地存在于血缘、宗族之间，不是人与人之间的普遍信任，是建立在亲戚关系或亲戚式的纯粹个人关系上面的（韦伯，1995），是一种凭借血缘共同体的家族优势和宗族纽带而得以形成和维续的特殊信任，因此对于那些置身于这种血缘家族关系之外的其他人即“外人”来说，中国人是普遍地不信任（李伟民、梁玉成，2002）。过度依赖以泛家族信任为代表的关系信任是我国中小企业社会资本的主要信任问题所在（张杰、刘东，2005；何显明、何建华，2006；陈立旭，2007）。因此，我国中小企业的社会信任具有以下特点：

（1）基于家族的“特殊主义”信任模式

中国在文化上是一个低信任度社会（福山，2001），社会资本以重视家族传统为核心，家族内人们彼此间的信任程度很高，但对家族之外的人，人们的信任程度则低。中国社会资本的主要载体是家族、乡邻、学校和工作单位等，其中家族和家乡所体现的血缘、地缘关系是个人最主要的社会资本。在我国中小企业中，家族企业占据了相当大的比例，其组织、管理方式也多具有家族管理特点。改革开放以来，中小企业的成长轨迹，明显带有家族文化的烙印。在中小企业创业和成长阶段，在我国社会总体信任度偏低和市场机制较为缺失的条件下，以典型的泛家族主义文化为基础的关系信任，简化了中小企业的监督和激励机制，减少了企业的代理成本、交易成本和信息搜寻成本，提供了较低成本的人力资源、金融资源、市场资源等组织资源，并强化了企业的亲和力和凝聚力，为中小企业的迅速崛起发挥了不可替代的积极作用。然而，基于关系信任的社会资本对企业发展是一把“双刃剑”。虽然体现了人际关系的密切，但是多为纵向延伸，相对封闭，网络半径小，并且会导致权力过分集中到少数人手中。

（2）家族、乡土信任度高，社会信任度低

信任在社会资本理论中具有重要地位，它是社会成员之间的普遍信任与来自社会成员的社会资本之间的互动，而这些互动的基础均建立在社会共享的规范、价值观之上，因而信任在不同社会环境中会表现出不同的形式，具有不同社会经历的人群会遵从不同的信任方式。按照有关学者的研究，中国的信任是建立在亚社会群体如家庭、宗族、村庄等基础上的特殊信任（福山，1995），生长于具有特定价值观以及具有特定情感的特定人群中（诺特博姆，2002）。这种具有地域性的特殊信任是以“家族血亲关系”为本位的，其运行首先发生在家族内部，并沿着血缘关系向外延伸扩展。同时，受当地信任文化的影响，它形成并运行于中国的乡土社会，因而又具有浓厚的地缘性。由于乡土社会的人口相对固定，聚村镇而居，因此村镇就成为分析中国农村区域社会信任的基本单位。一些学者通过文献和实证研究，将现代中国人的信任扩展到地缘之内，即所谓的“老乡信任”“熟人信任”。人与人之间的互助与合作难以扩大到家族以外。著名学者费孝通曾评价，“乡土社会的信用并不是对契约的重视，而是发生于对一种行为的规矩熟悉到不假思索时的可靠性。”这种传统的“人格化信任”基本上是由“礼”和“俗”所统治的，是嵌入乡村社会结构和制度之中的一种功能化的社会机制，费孝通也把中国社会的这种传统形态称为礼俗社会。因此，中国的社会信任是基于“血亲关系”和“情感关系”的，家族、乡土信任度较高，而社会信任度较低。

（3）现代社会资本不足

我国现代意义的建立在公民权利和义务基础上的“社会资本”严重不足。一是信任资本的缺失。首先，社会诚信体系不完善，导致在重视经济发展的过程中对社会诚信道德建设重视程度不够，出现了人际关系的商品化、实用主义化和机会主义化，严重破坏了社会信任基础；其次，企业信任亦有危机，出现了一些企业存在欺诈、违约等行为，不仅损害了消费者权益，也破坏了企业间的信任关系，导致商业合作困难加大。二是法治与规范资本的缺失。首先，尽管我国已经初步形成了以宪法为核心的法律体系，但离法治国家的标准还有一定的距离，法律执行不力、司法不公等问题仍然存在，影响了法治的权威性和公信力；其次，市场规范不完善，导致市场竞争无序、不公平现象时有发生。三是金融资本的不足。首先，由于金融体系不够完善、信用担保体系不健全等，中小企业在融资过程中面临诸多困难；其次，国内金融市场的竞争程度较低，少数大型金融机构垄断了市场资源和客户资源，导致市场竞争不充分，消费者选择权受限。四是其他社会资本的不足。首先，在一些地区和行业，社会公共资源的分配存在不均衡现象，导致地区之间、行业之间的发展差距拉大，加剧了社会矛盾；其次，由于社会信任、公民参与、法治与规范等社会资本的缺失，社会凝聚力和向心力受到了一定程度的影响；最后，在利益诱惑下，交易中的“道德风险”增高，信任度降低，不利于社会资本的培育，对以家族企业为主体的中小企业融资产生了不利影响。

（4）信任资源双重残缺，陷入家族化管理的困境

中国社会在一个相对较短的时间内完成了由传统社会经济结构向现代社会经济结构的转型，这个时期的信任结构呈现出传统信任减弱与现代信任相对欠缺的状态。一是在家族企业中，传统的信任主要基于血缘和地缘关系，然而，随着企业规模的扩大和市场环境的变化，这种传统信任的基础逐渐受到挑战和破坏。家族成员之间的信任可能因利益冲突、管理不善或沟通不畅而减弱，导致企业内部出现信任危机。二是制度性信任尚未建立。与传统信任相对应的是建立在法制基础上的社会信任或制度性信任。在家族企业中，这种信任往往尚未充分建立。由于缺乏完善的法律法规、监管机制和透明的信息披露制度，企业内外部难以形成稳定的信任关系。这导致企业在与外部合作伙伴、投资

者或金融机构打交道时面临信任障碍，极大地影响了企业的壮大，也阻碍了中小企业家的成长，难以实现从家族制管理向现代专业化管理的转变。

## 4.3 中小企业社会信任网络的体系结构状况分析

### 4.3.1 中小企业社会信任网络体系

拉波特（La Porta）、洛佩斯-德-西拉内斯（Lopez-de-Silanes）、施莱弗和维什尼（Shleifer & Vishny）（1997）在甘贝塔（Gambetta）和普特南（1993）以及福山（1995）等人研究的基础上，提出社会资本是指“一个社会中人们的合作倾向”，也就是说，在社会资本比较高的社会里，人们倾向于通过信任与合作来获得社会效率的最大化，而不是互相猜疑、互相算计导致“囚徒困境式”的结果。在经济学领域，信任的重要作用在于能提供稳定的心理预期，从而降低交易双方由于彼此间信息不对称所产生的交易成本（威廉姆森，1975）。当某种不可预见的事件（如契约中不能明确指定的事项）发生时，较高程度的信任，促使交易各方对如何解决该事件以及交易的可能性达成共同的理解，从而更快地达成协议，交换资源。这就是社会资本在经济领域的信任机制。

波茨（Portes，1998）认为社会资本是现实或潜在资源的集合体，这些资源与拥有或多或少制度化的共同熟识和认可的关系网络有关。企业不是孤立的行动个体，而是与经济领域的各个方面发生种种联系的社会网络上的节点，社会权力、财富、声望等社会资源是嵌于社会网络中的，对这些资源有需求的个体和组织可以通过社会网络而摄取（借用）。我们可以将此看成社会资本的网络机制，企业通过这种网络机制来获取他人（网络的另一端）传递的资源和信息。社会资本的信任机制和网络机制作为其在经济领域的两大作用机制，二者不可分离。信任机制处于基础性地位，网络机制更多的是建立在信任机制的基础之上，网络机制是信任机制的条件，人与人之间的信任感是经过社会网络而建立、巩固和发展的（格拉诺维特，1985）。

企业社会信任网络作为企业社会资本的关键展现形式，是一个围绕企业核心、依托社会信任模式构建的多层级网络架构。构建这一基于社会信任的企业信任网络，对于中小企业而言，是实现从个人信任（即关系信任）向更广泛的社会信任型企业社会资本转变的核心战略途径。

美国威斯康星大学社会学教授布朗（Brown，1997）在《社会资本理论综述》一文中，对社会资本概念进行了系统主义的诠释，并将要素、结构、环境分别归为微观、中观、宏观三个层面。他认为微观层面的社会资本是个体自我的社会网络；中观层面的社会资本是网络中不同个体的自我间联系；宏观层面的社会资本是特定社会资本网络，如地区和国家等包含在政治经济体系中的社会网络。李敏（2005）在分析企业社会资本的有机构成时，提出了企业内外部个人及组织间的三层次信任网络概念，并认为微观信任网络是企业生存发展的基础；中观信任网络是企业组织边界上的生产能力、创造能力之源；宏观信任网络是企业利润及发展的社会根基。因此，本书借鉴前人研究成果并结合中小企业实际情况，构建了一个由微观、中观和宏观三个层次构成的中小企业社会信任网络体系（如图4-3所示），它们分别处于中小企业内部、企业边界和企业环境中，涵盖了人际、组织间、个人组织间三种信任关系，以及横向和纵向两种信任路径，并在功能上有所侧重。三层次信任网络相互联结、共同作用，对中小企业绩效和融资能力发挥了积极的影响。

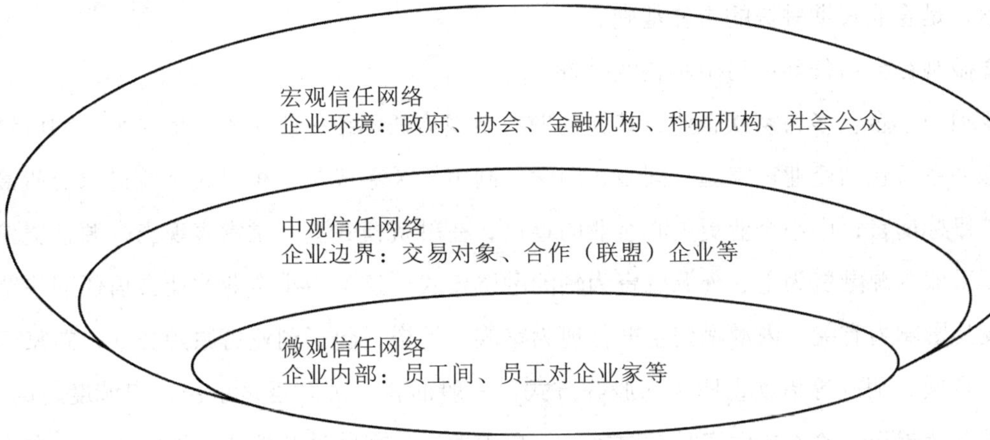


**图4-3　中小企业社会信任网络体系**

社会关系实际上是一种隐含契约的信任关系，这种关系将有助于克服网络中融资的借贷信息不对称，减少事前的逆向选择，并促使借贷之间建立起强调人缘、地缘和亲缘的追求双赢的超契约合作信贷机制。分析中小企业社会信任网络体系是因为企业社会网络的扩张有利于信任的传递，能够使贷款方更容易地了解借款方的人格化特征（如借款人的能力、经验、人品等）、行为准则（如道德、声誉、价值观、惯例等）等非标准化的软信息。

### 4.3.2 影响中小企业融资的社会信任网络体系

社会信任对中小企业融资的影响，主要体现在微观、中观和宏观三个层次上，三方面相互作用，构成中小企业社会信任网络体系。不同层次的社会信任具有不同特点，对中小企业融资的影响各有侧重。

（1）中小企业的微观社会信任环境与融资

①中小企业的微观社会信任环境。

中小企业微观社会信任是存在于企业内部、以管理层为核心的、紧密联系其他成员和部门的社会网络，包括企业内部员工之间、员工对企业家以及员工对中小企业的信任。其中，员工间的信任关系属于组织内部的人际信任范畴，包括同事之间的横向信任以及员工对企业家、管理者之间的纵向信任。该层次信任是以员工对企业的发展前景和企业家本人的充分信任为前提的，是企业凝聚力的主要来源，是企业内部社会资本的关键要素，是企业长期融资的重要基础。

②微观社会信任环境与中小企业融资。

我国中小企业多为家族企业，其初创期的微观信任网络一般起源于地缘关系和血缘等亲缘关系，包括企业家家庭、同乡、同学、同事等关系成员。相对大企业追求价值最大化的目标而言，中小企业更关心企业的存亡，在融资模式上，常常表现出内源融资偏好，即采取内源融资为主、外源融资为辅的融资模式，这与中小企业的社会信任网络覆盖面及其影响力有关。内源融资主要体现为家族式筹资，包括创业者原始资本，向家庭成员、亲戚、朋友等借款，职工入股等方式。一般而言，关系越是亲密、忠诚度越高，代理成本就越低。家族式融资具有原始性、自主性、抗风险性和低成本性的特点。中小企业获得这部分资金的额度大小主要取决于企业创业者个人的能力及信用状况，同时也与投资者对企业发展前景所持观点密切相关。调查资料显示，有90%以上的中小企业通过家族式融资来解决创业资金不足的问题。

(2) 中小企业的中观社会信任环境与融资

①中小企业的中观社会信任环境。

中小企业的中观社会信任是企业外部社会资本的重要内容，是企业家由个体信任向社会信任的重大转型，是组织边界上的生产能力、创利能力之源，包括企业间的直接借贷、投资、联营、担保与抵押、融资租赁、补偿性贸易、票据融资、自然人替身模式、存单质押担保贷款、债权转让以及买卖赊欠等形式。中小企业的中观社会信任是一种位于企业组织边界的、与企业有业务关联的交易对象、合作伙伴等网络成员对中小企业及其边际人员的组织信任或人际信任。中观层次的信任往往通过与特定企业首次交易或协作为基础而建立，它对结成长期关系的企业之间的重复交易尤其重要。中观社会信任作为一种社会化的保护和协调机制，是对正式约束的有效补充或替代。

根据中小企业在交易过程和合作（联盟）中所处的不同地位，其中观社会信任环境包括横向信任和纵向信任两方面内容。

②中观社会信任环境的横向信任与企业融资。

横向信任往往通过交易对象、合作（联盟）企业建立，其成员间不一定存在明确的经济关系，但往往充斥着大量的人际接触，且相互间的权利与义务较为均衡。横向信任能使有着共同兴趣或是行业相同的中小企业联合起来，组成各种各样的协会，他们之间广泛存在赊销、赊购行为，因此企业间的周转性资金需求下降。由于网络内部相互交易往来使得企业对资金的需求大幅度减少，在一定程度上降低了融资需求，因此有利于解决融资难问题。而长期的业务往来使得集群成员之间形成了稳定的关系，并通过协会、聚会等社会活动，增加了对彼此的了解，交流了经营信息，形成了企业家之间、企业与企业之间良好的协作网络。横向信任网络强化了中小企业间的关系承诺，维系了企业间长期良好的合作关系，并通过资源共享和联合行动提升了组织柔性和企业应变能力，从而使得企业能够更好地应对日趋激烈和急剧变化的市场竞争。

③中观社会信任环境的纵向信任与企业融资。

在中小企业通过供应链合作关系所形成的纵向信任网络中，其成员间往往有直接或间接的交易关系，且有一个或多个权力较大的核心企业对网络进行管理。该网络中的信任关系能够使企业之间互通有无、取长补短、优化资源配置，从而降低整个供应链成本，实现普遍的规模经济效益。通过供应链融资，单个企业或上下游多个企业能够获得银行提供的金融产品和服务，让供应链核心企业及其上下游配套企业实现“产-供-销”链条的稳固和流转顺畅，并通过金融资本与实业经济的协作，构筑银行、企业和商品供应链的互利互存、持续发展和良性互动的产业生态。

研究表明，纵向信任中的信任强度普遍高于横向信任，并可以通过信任关系的传递，以及信任合作网络的良好声誉，使得企业获取更多的稀缺资源，提高网络中的社会资本。

总之，中小企业的中观社会信任网络存在传导效应，即信任关系通过在网络内外成员间的传递和蔓延，实现网络的发展与扩张。中观社会信任网络能缓解中小企业与交易对象之间的信息不对称问题，降低交易成本，并通过风险分担和利益共享机制，实现交易对象的价值增值，增强中小企业长期盈利能力。

（3）中小企业的宏观社会信任环境与融资

①中小企业的宏观社会信任环境。

企业宏观社会信任网络是企业外部社会资本的重要组成，是社会信任资本的基础。其包括与企业没有直接生产交换关系但属于企业外部环境范畴的政府机关、社会组织、行业协会等公共组织，以及广大消费者和社区。与微观和中观社会信任网络相比，中小企业宏观社会信任网络具有社会化特征，其信任主体也最为广泛，涉及社会的各个阶层和组织，其构建和维护难度最大。

②宏观社会信任环境与中小企业融资。

政府机关、社会组织以及行业协会等公共组织和社会团体可以通过政策制定、舆论导向等途径，对中小企业融资与经营决策产生重大影响。消费者和社会公众则是中小企业产品（服务）现实或潜在的购买者和影响者。金融机构、中介机构、科研机构则对中小企业获取财务资源、提升技术创新能力和经营管理能力有积极意义。它们对中小企业的信任，是中小企业社会地位合理合法性的现实基础，是中小企业不断提升品牌形象、提高社会声誉、培育潜在消费者，并且获得来自消费者、政府及社会各界的广泛认同和支持的根本保证。

企业外源融资主要通过资本市场、金融机构、民间组织等广泛吸纳社会资本。因此，企业宏观社会信任网络提供的融资是中小企业外源融资的主要来源。企业出现困境，往往不是因为企业缺乏足够的经济资本或人力资本，而是缺少相应的社会资本及与社会金融资本融合的渠道。由于资本市场不发达，以及存在企业资信评估不充分、融资高利率等问题，中小企业很难融入正式的金融资本市场，包括取得银行信贷支持，在资本市场公开发行股票或债券等。同时，由于不同层级的资本市场对企业信息披露的要求是不同的，中小企业考虑到信息披露的风险性，更多地依赖低层级资本市场融资。内源融资不足和外源融资渠道狭窄成为中小企业经济发展的“瓶颈”。

## 4.3.3　基于中小企业融资的社会信任网络构建的途径

（1）建构新型中小企业社会信任关系网络体系

随着企业业务范畴的拓展和经营实力的提升，企业需依托过往的业务合作、信贷往来及相互协作等经历，构建一个开放、普遍且以信用和法制为基石的现代新型社会信任网络。这一网络不仅涵盖了传统的个人信任网络，还广泛纳入了以学业背景、职业关联为基础的客户网络、朋友网络、信贷网络等多元化网络，共同构成了企业微观、中观乃至宏观层面的社会信任网络体系。该体系的建立有助于企业扩大社会资本存量，进而争取到更多的融资机遇。

首先，在中小企业内部构建高维度的信任关系网络。通过确立企业内部关系网络的信任准则，可以显著提升企业的合作效率，并有效降低因不信任而增加的监督成本。共同价值观对企业内部社会信任的累积具有积极作用，它能激发团队的凝聚力，推动企业组建一个以企业家为核心的高效团队。在这一过程中，企业家的现代社会资本能够逐步转化为整个企业团队的社会资本，从而使企业能够获取更加稳定和广泛的信贷融资支持。

其次，中小企业应当充分利用广泛的社会活动作为桥梁，积极传递信息并建立信任。这意味着企业需要勇于跨越社区或乡土社会中传统的熟人圈子，主动迈向更为广阔且多元化的“陌生人”社交领域，以构建更多样化的人际关系信任。通过这样的拓展，企业能够极大地丰富其社会关系网络的异质性，即网络中包含的不同类型节点（如行业、地域、文化背景等）的多样性。这种异质性的增强不仅能够拓宽企业的视野和资源获取渠道，还能促进创新思维和策略的产生，从而全面提升社会关系网络的质量和效能，有助于企业在激烈的市场竞争中占据更有利的地位，实现更加稳健和可持续的发展。

再次，中小企业必须致力于构建更为稳定且可靠的社会关系网络。这要求企业不仅要强化自身的外部感知能力和应变能力，还要拥有稳固且专业的客户协作网络。具体而言，企业应努力建立畅通的融资渠道，确保在关键时刻能够获得及时且充足的资金支持。同时，与长久有效的合作伙伴保持紧密的合作关系也至关重要，这些伙伴可能是供应商、分销商、服务提供商等，他们能够在企业的运营过程中提供持续且高质量的支持，保证中小企业将能够在复杂多变的市场环境中保持稳健发展，有效抵御各种风险和挑战，为企业的长期繁荣奠定坚实的基础。

最后，要进一步提高中小企业家的社会层级和信任地位。中小企业家社会层级和信任地位的提升，主要源于其在经济发展中的重要作用和贡献。他们不仅是经济活动的主体，更是创新、就业和社会稳定的重要推动者。通过提升个人素质与能力、积极履行社会责任、加强品牌建设与市场推广、拓展人脉资源与合作网络以及提升企业信用与信誉等多方面的努力，中小企业家可以进一步提高社会层级和信任地位。

（2）构建中小企业社会信任文化，完善信任关系网络体系

目前，地方民间金融组织发展迅速，这与中小企业社会信任文化的发展紧密相关。信任文化与非正规金融环境紧密相关。如果没有信任文化，不论是何种非正规金融制度与组织，都是不可能存在的。胡必亮通过对浙江省温州市苍南县项东村“村庄共同体理论和信任理论与村的非正规金融发展现实”进行调研，推导出“村庄信任”的信用模型及理论框架。邱建新则从信任文化的视角，通过江苏省黄海县崇川镇民间互助会的“倒会风波”得出结论，即信任文化是互助会得以正常运行的基础，倒会的主要原因在于信任文化的断裂。

中小企业融资与信用文化紧密相关，完善的企业社会信任网络机制既是改善中小企业融资环境、提高中小企业融资效率、建立新型企业融资机制的前提和条件，也是构建中小企业社会信任文化、完善信任关系网络体系的重要内容。

在微观社会信任网络层面，构建中小企业社会信任文化的关键在于积极营造正面的企业文化氛围。这包括确立并弘扬企业核心价值观，将信用要素置于核心地位，以及通过规范企业行为来形成内在的企业信用约束机制。在企业的日常经营管理中，应积极倡导崇高的道德规范，大力弘扬“诚信守义”的优良传统，确保信用道德成为企业全体员工共同坚守的公共意识和社会道德准则。这样的企业文化不仅有利于社会资本的积累，

更能让“诚实守信”的理念深深植根于每一位员工的心中，成为推动企业持续健康发展的强大动力。

在中观社会信任网络层面，中小企业应注重构建与其交易合作的渠道成员之间的信任网络。中小企业应确立信誉经济理念，始终恪守职业道德，讲求信用，维护信誉，弘扬良好的社会信用文化。企业通过良好的社会形象将合作伙伴、顾客联系起来，增加企业凝聚力，促进企业间的相互信任，实现与合作伙伴的长期合作，并获得更多的融资机会。中小企业还可以通过供应链企业、集群企业的社会信任文化建设，构建目标趋同、沟通有效和经营默契的信用合作模式。

在宏观社会信任网络层面，中小企业应重点关注社区文化、银企合作文化以及企业的社会公共意识、社会义务和责任，及时公开企业家个人的信誉建设情况，接受全社会的监督，提高企业品牌形象和社会声誉，以赢得社会各界的广泛认同和普遍信任。中小企业还可以通过加入行业协会等社会公益性组织，培养企业以信用和信誉为基础、相互承担责任、共同分享权利的社会信任与社会合作精神。

## 4.4　中小企业社会信任产生及社会信任的形成机制

国内李新春教授（2003）指出，企业在成长的不同阶段有不同的信任表现形式，在成长初期或规模较小时，血缘关系是产生信任的基础；在发展时期或者规模较大时，企业信任表现为一种在对家族或家长权威忠诚的基础上建立的家族信任，是一种扩大化的家庭信任。马可一、王重鸣（2004）认为，在创业背景下的信任包含三个主要成分：第一是不确定性，即围绕未来事件的更大的不确定性和合作者对这些未来事件反应的不确定性，这种不确定性越强，获取信任的价值也越大；第二是脆弱性，即合作的潜在损失越大，获取信任的价值也越大，创业背景中的信任降低了机会主义预期的可能性；第三是控制，即信任关系中的一方对另一方的控制程度越低，获取的信任也越大。

### 4.4.1　中小企业社会信任产生

许多学者从信任的产生对信任进行研究，得出了不同的结论。有的学者通过博弈分析，认为人们在无限次重复博弈的过程中，以长期利益最大化为目标，而出现了合作行为，信任就此产生（弗登伯格，1992；克瑞普斯，1986）。而社会学家将普遍信任看成是由人们自愿参加的社会团体中成员之间的交往产生的（科尔南，1995；弗顿，1998；帕特南，1995）。康芒斯（Commons，1994）认为人们在平等互换的过程中形成了自愿互利的信任关系。除此之外，社会学家怀特利（Whiteley，1999）认为交易双方的个人特征及相互关系对信任的形成有一定影响。努得海文和克劳奈维根（Nurudehaven & Groenewegen，2002）将人性分开来看，指出人是天生可信的，但有机会主义倾向。他在对信任产生的条件进行分析的过程中，将机会主义、情景信任和品质信任放入交易成本模型中，得出交往时间的长短、交往的强度和交往中面临的风险是信任产生的条件。

信任不仅是一个循序渐进和不断强化的过程，而且是一个与企业社会资本基本同步的动态演化过程。

社会信任的形成随着企业社会资本的积累，有一个从低到高、循序渐进的发展过程。具体而言，主要体现在以下两方面：一是信任关系是从企业内部向企业边界，再向企业外部环境溢出、传导和扩散的过程，这一过程伴随着企业社会网络的扩张；二是在初始信任形成之后，网络成员对企业的信任程度有一个从低到高、循序渐进的发展过程，这一过程伴随着企业社会资本的积累。企业社会信任网络的形成，建立在网络成员对企业及其行为的长期认知基础之上。因此，企业与各网络成员之间的持续交往、沟通和互动，是企业社会信任网络得到维持、发展和扩散的根本保证。还应注意的是，企业社会信任网络的形成虽然需要一个较长的过程，但摧毁它却只在瞬间，企业的一个失信行为，就足以对信任网络造成严重损害。

此外，有学者认为被信任者的品质行为信息、制度系统、环境信息共同引发了信任的产生。信任者期望被信任者自觉执行特定行动，或者是被信任者在制度系统约束下执行特定行动。因此，产生信任有内在与外在两个因素。内在（个性）因素是被信任者的能力和自我执行承诺的品质，是一个同被信任者有关的个性因素。例如，被信任者的能力和道德素质的高低决定了被信任者“自动”执行特定行动的可能性。外在因素即为社会信任制度系统。制度系统作为人们应对环境信息不确定性的工具，约束了被信任者的行为，影响了信任行为的产生。

大多数学者将中小企业社会信任的形成一般归因于地缘关系、亲缘关系、文化背景等社会性原因。虽然作为一种社会现象的社会信任，其社会原因可以就此获得解释，但是，中小企业中的社会信任更重要的是一种经济现象，是企业在长期分工过程中反复博弈形成的，在其形成的逻辑中，经济因素发挥着重要作用。

从微观上讲，信任是个人与个人之间的相互信赖，这样的信任是通过沟通交流接触而逐渐产生的。国内外学者对中小企业信任的形成机制有不同的观点。有的认为，信任从传统文化、习俗、宗教中产生，有的认为信任可以通过理性的算计来获得，这是最主要两派的观点。也有学者从个人和社会的角度来研究，有的认为信任与个人因素的关系多，有的认为信任与社会因素、经济因素的关系多一些。以往研究在解释信任的形成过程时有三种观点：社会认知观点、社会交换观点、经济交换观点。是否给予对方信任，给予多大程度的信任，都是信任者的决策。

（1）信任形成的社会认知观点

刘易斯等人的研究为我们理解信任的本质提供了深刻的见解，他们指出信任并非凭空产生，而是在人际互动的过程中，个体对他人及所属群体进行深度认知评价的结果。这一观点强调了信任构建的动态性和社会性，将信任视为一种复杂的心理现象，既包含理性的评估，也融合了情感的联结。在这一框架下，信任被进一步细分为基于知识的信任和基于情感的信任两大类，这种分类方法有助于我们更细致地剖析信任的不同维度。基于知识的信任侧重于对他人能力、可靠性和专业水平的理性判断。这种信任建立在对他人过去行为、成就以及专业技能的了解之上，个体通过分析这些信息来评估对方是否值得信赖。例如，在职业环境中，员工可能会基于同事过去的项目表现或专业资格认证来判断其是否能胜任某项任务，从而决定是否对其产生信任。相比之下，基于情感的信任则更多依赖于人与人之间的情感联系和相互关怀。这种信任往往源于长期的交往经验，通过共享经历、情感支持和相互理解而逐渐建立。情感信任不仅关乎对方的行为可靠性，还涉及彼此间的情感共鸣和相互依赖感。在亲密关系中，如朋友或家庭成员之间，这种情感信任尤为显著，它超越了单纯的能力评估，成为维持关系稳固的重要纽带。

在此基础上，梅耶（Mayer）等人提出了一个更为全面的信任模型，该模型深刻揭示了信任形成的多层次结构。梅耶等人的模型强调，个体在判断他人是否可信任时，会综合考虑三个核心要素：能力（Competence）、善意（Benevolence）和诚信（Integrity）。

能力指的是个体认为他人具备完成任务或角色的技能和专业知识；善意则是指个体相信他人对自己抱有正面意图，愿意以对他人有益的方式行事；诚信则关乎个体对他人在遵守承诺、诚实无欺方面的理念。尤为重要的是，梅耶等人的模型还引入了个体自身的信任倾向（Propensity to Trust）作为影响信任判断的一个关键因素。信任倾向是指个体在一般情况下倾向于信任他人还是怀疑他人的稳定心理特质。高信任倾向的个体更容易在不确定或信息有限的情况下给予他人信任，而低信任倾向的个体则更为谨慎，需要更多证据来确认他人的可信度。这一因素的加入，使得信任模型更加贴近现实，反映了不同个体在信任行为上的差异性。

（2）信任形成的社会交换观点

信任形成的社会交换观点为我们提供了一个理解信任如何在人际关系中逐步建立和发展的独特视角。这一理论根基深厚，早在1964年，布劳（Blau）就敏锐地洞察到，众多信任理论的核心都在于社会交换理论，它揭示了信任如何在个体间重复的、互利的利益交换过程中生根发芽。社会交换理论不仅是一个解释信任行为动机机制的有力工具，还为我们揭示了信任背后复杂的社会动态和心理机制。

社会交换理论认为，信任并非一蹴而就，而是在长期的、相互的、有益的互动中逐渐累积起来的。在这个过程中，个体不仅交换物质利益，还交换情感、态度、价值观和行为，这些非物质的交换同样对信任的建立至关重要。因此，许多研究者，如琼斯和乔治（Jones & George），纷纷采用社会交换理论来探究信任的本质。他们发现，频繁的社会交往能够增进个体间的相互了解和好感，这种正面情感的累积有助于信任的形成。这一发现与罗特尔（Rotter）的观点不谋而合，即那些倾向于信任他人的人，往往也相信自己同样值得他人信任，这种相互信任的氛围在频繁的社会交换中得以培养和强化。

社会交换理论还特别强调了交换过程的重要性，以及这一过程如何影响个体的风险知觉和信任决策。成功的交换经历能够降低个体对潜在风险的感知，增强对另一方的信任感，从而在面临风险时更愿意选择信任对方，而非保持控制或采取防御态度。这一过程揭示了信任如何在社会互动中动态地变化和发展，以及个体如何在权衡风险和利益后做出信任决策。

基于社会交换观点，信任被进一步细分为多种类型，包括谋算型信任、知识型信任、认同型信任等。谋算型信任侧重于对交换过程中成本和收益的理性计算，个体在评估对方的行为是否有利于自己后决定是否信任。知识型信任则建立在对对方能力、可靠性和意图的深入了解之上，这种信任依赖于个体对对方信息的掌握程度。而认同型信任则更多地涉及情感和价值观的共鸣，个体因为与对方共享相似的身份认同、价值观或目标而建立起深厚的信任关系。

（3）信任形成的经济交换观点

经济交换视角下的信任形成理论，为我们深入理解组织与管理环境中信任的构建提供了另一重要维度。经济交换理论，尤其是委托代理理论，为我们揭示了信任是如何作为一种减少交易成本、提高组织效率的关键机制的。这些理论不仅有助于解释管理中的监督和控制行为，还深入探讨了这些行为如何影响员工的信任感知，从而为我们理解信任在组织内部的产生机制提供了有力工具。

达斯古普塔提出的信任经济学模型，将信任视为一种描述个体诚信行为结果的标志，即个体承诺不会欺骗对方。这种信任行为不仅体现了道德层面的诚信，还与构建回报和惩罚契约的能力紧密相关。在这个模型中，信任成为一种有效的市场机制，能够降低交易成本，促进合作，因为信任的存在使得个体更愿意进行长期的、互利的经济交换。

委托代理理论则具体描述了委托人和代理人之间的经济交换关系。在这种关系中，信任的形成涉及对风险的预期和自我利益的权衡。委托人（如企业所有者）希望最大化自身的利益，同时降低与代理人（如职业经理人）之间的信息不对称和风险。为了实现这一目标，委托人通常会加强对代理人行为的监控，但这一行为又伴随着高昂的监控成本。因此，委托人需要在监控成本和代理风险之间进行权衡。

然而，如果委托人和代理人之间能够建立起信任机制，这种机制就可以作为一种有效的风险缓解策略，降低代理风险，提高组织的整体效率。一方面，基于制度的信任强调了正式制度（如合同、法律等）在建立和维护信任关系中的作用，这些制度为个体提供了可预测的、公平的交换环境，降低了不确定性，从而促进了信任的形成。

另一方面，基于威慑的信任则侧重于通过惩罚机制来维护信任。在这种机制下，个体相信一旦违约行为被发现，将受到严厉的惩罚，这种预期使得个体更倾向于遵守承诺，维护信任关系。张维迎关于企业家和职业经理人之间的信任研究，就体现了这种基于威慑的信任在实际应用中的重要性。他发现，通过建立有效的激励机制和惩罚机制，企业家可以激发职业经理人的工作积极性，同时降低代理风险，从而在企业内部建立起一种稳定的信任关系。

综上所述，经济交换理论为我们在组织与管理环境中探讨信任的建立提供了独特的见解。它不仅揭示了信任被作为一种减少交易成本、提高组织效率的关键机制，还深入探讨了基于制度和威慑的信任如何在不同的组织情境下发挥作用。这些理论不仅有助于我们更好地理解信任的本质和产生机制，还为我们在实践中如何建立和维护信任关系提供了宝贵的指导。

本书认为，上述信任形成的各种观点虽各有其独到之处，但也存在相应的局限性。具体而言，社会认知观点在阐述信任与不信任间的动态转化以及信任形成与维持的具体条件时显得力不从心。同样，经济交换观点倾向于将信任视为一种投资策略或工具性行为，这在一定程度上忽略了信任中蕴含的情感、态度和价值观等非物质成分。此外，该观点在面对那些与经济利益无直接关联的信任现象，如家庭成员或朋友间的信任时，显得解释力不足。社会交换观点则侧重于群体互动中的信任建立，却未能充分探讨个体在面对收益与损失时的决策权衡过程。更为关键的是，这三种理论框架均未从个体决策的角度出发来审视信任问题，因此在揭示信任形成的决策过程方面存在不足。它们未能明确阐述信任者是在何种情境下、基于何种事实依据做出给予对方信任的决策，以及这一决策的具体形成过程。

事实上，是否给予他人信任以及信任的程度，均是个体在特定情境下做出的重要决策。因此，要全面理解信任形成的过程，就必须深入探究信任决策的产生机制。唯有如此，我们才能更为准确地把握信任的本质及其动态变化，从而为信任关系的建立和维护提供更为科学的理论指导。

## 4.4.2 中小企业社会信任形成机制

祖克尔（1986）在其对信任产生机制的深入研究中，提出了三种主要的信任模式，这些模式为我们理解信任如何在不同情境下形成提供了宝贵的理论框架。

首先，过程信任模式强调的是个体基于过去的交易经验来形成对他人或组织的信任。这种模式认为，信任是在一系列成功的、互惠的交互过程中逐渐累积起来的。当个体在过去与对方进行的交易中获得了积极的经验，如对方守信、合作愉快等，这些正面经验就会成为未来信任决策的重要依据。因此，过程信任模式体现了信任的动态性和经验性，它强调信任是在实际互动中逐步建立和巩固的。

其次，人际信任模式则侧重于个体间的相似性，特别是家庭背景、种族、价值观等方面的相似性，在信任形成中的关键作用。这种模式认为，当个体发现自己在某些重要特征上与对方相似时，更容易产生亲近感和认同感，从而更愿意给予对方信任。人际信任模式体现了信任中的情感联结和归属感，它强调了信任与个体间社会关系的紧密联系。

最后，制度信任模式则强调社会规章制度在信任形成中的重要作用。这种模式认为，当社会存在着一套完善、公正且被广泛接受的规章制度时，个体更容易相信这些制度能够保障自己的权益，从而更愿意在制度框架内与他人进行信任交换。制度信任模式体现了信任中的理性和制度保障，它强调了信任与社会结构和制度环境的相互关联。

值得注意的是，这三种信任模式并不是孤立的，它们在实际生活中往往相互交织、共同作用。例如，在职业环境中，个体可能会同时考虑过去的交易经验（过程信任）、与同事的相似性（人际信任）以及公司规章制度的完善程度（制度信任）来做出信任决策。因此，要全面理解信任的形成机制，就需要综合考虑这三种信任模式在不同情境下的具体作用和相互关系。

此外，祖克尔的信任产生机制理论还为我们提供了深入理解信任动态变化的视角。它提醒我们，信任并不是一成不变的，而是随着个体经验、社会关系和社会环境的变化而不断发展和演变的。因此，要有效建立和维护信任关系，就需要关注这些动态因素，并根据实际情况灵活调整信任策略。

我国社会的根本特点，正如费孝通先生所深刻洞察的，是一个典型的“关系型”社会。在这个社会中，人际关系如同一张错综复杂的网络，人们依据关系的亲疏远近来决定对待他人的方式。这种社会结构深刻地影响着个体的行为模式和社会的运作逻辑。基于这种独特的社会现实，企业，尤其是民营企业，在发展过程中尤为注重构建和维护自身的社会关系网络，以此作为获取稀缺资源、提升企业竞争力的重要途径。在我国，企业不仅通过市场手段来获取资源，更依赖于社会关系网络中的非正式渠道，如个人关系、人脉网络等，来获取企业发展所需的关键资源，如政策优惠、资金支持、市场准入等。这种对社会关系的依赖，实际上是企业在特定社会环境中生存和发展的一种策略选择。尤为重要的是，政府在我国社会关系网络中占据绝对的强势地位，掌握着大量的公共资源和发展机会。这种权力分布的不均衡，使得企业在寻求发展过程中，不得不高度依赖政府，尤其是地方政府官员的支持和合作。根据资源依赖理论，企业对政府资源的强烈依赖，不仅影响了企业的战略决策和经营模式，还促使企业积极发展与政府官员的特殊关系，以获取更多的政策优惠和资源配置。

张建君和张志学（2005）的研究进一步指出，在企业发展与政府（官员）的特殊关系中，企业往往通过建立政治关联、参与政府项目、响应政策号召等方式，来增强与政府的互动和合作，从而获取更多的发展机会和资源支持。这种特殊关系的存在，既反映了我国社会的“关系型”特征，也揭示了企业在特定社会环境下生存和发展的独特策略。然而，这种特殊关系也带来了一系列问题，如权力寻租、腐败现象、市场不公平竞争等，这些问题不仅损害了市场的公平性和效率，也影响了企业的长期发展和社会的稳定和谐。因此，如何在保持企业与社会关系网络积极互动的同时，有效防范和治理这些问题，成为我国企业在发展过程中必须面对的重要挑战。

就当前社会现象而言，企业家积极参与政治已成为一种趋势，众多企业家不仅活跃于商业领域，还涉足政治舞台，其中有不少人当选为各级人大代表或政协委员。这一趋势不仅体现了企业家对社会责任的积极承担，也反映了他们通过政治参与来为企业谋求更多发展机遇和资源的策略考量。与此同时，许多企业，尤其是民营企业，为了增强自身的政治影响力和资源获取能力，纷纷聘请现任或前任的政府官员或政协委员担任企业的董事、顾问等。这种做法不仅有助于企业更深入地理解政策走向和市场趋势，还能借助这些政界人士的影响力和资源网络，为企业开辟更多的发展道路和合作机会。

企业通过政治参与与政府之间建立的关系，确实为企业了解和获取部分资源带来了便利。这些资源包括但不限于政策优惠、项目审批、资金支持、市场准入等。通过与政府建立紧密的联系，企业能够在市场竞争中占据更有利的地位，进而实现市场绩效和财务绩效的显著提升。

现有的文献研究对此进行了深入的探讨和分析，发现与政府之间建立关系对企业的发展具有显著的正向影响。这种政治关系不仅为企业提供了实质性的资源支持，还成为企业重要的社会信任来源。在促成某项交易事项的达成和有效实施过程中，政治关系往往发挥着关键性的作用。它能够帮助企业降低交易成本，提高合作效率，确保交易事项的顺利进行和成功落地。然而，值得注意的是，虽然政治关系为企业带来了诸多好处，但过度依赖政治关系也可能导致企业忽视自身的核心竞争力和对市场规则的遵循。因此，企业在利用政治关系的同时，更应注重提升自身的创新能力和市场竞争力，以实现可持续发展。

在社会信任程度较高的地区，经济活动中的交易各方普遍能够感受到一种强烈的社会责任感和道德约束，这种氛围有效地抑制了机会主义行为的发生。由于人们普遍遵循诚信原则，对契约的实施结果持有更为确定的预期，这极大地降低了交易成本，促进了商业环境的健康与繁荣。在这样的环境中，企业更倾向于通过公平竞争和长期合作来寻求发展，而非短期的投机行为。然而，尽管社会信任在维护市场秩序方面发挥着重要作用，拉波塔、洛佩斯-德-西拉内斯、施莱弗和维什尼（1997）的研究却指出了其应用的局限性。他们强调，社会信任主要是在维系与陌生人之间的合作时显得尤为关键。当交易发生在熟悉的人之间，如亲戚、朋友或长期合作伙伴之间时，社会信任资本所发挥的作用就相对有限。这是因为，在熟人社会中，一旦某人对熟悉的人采取机会主义行为，其行为不仅容易被揭露，而且会迅速在熟人圈子内传播，导致行为人名誉受损，甚至可能在未来的合作中被排斥，从而丧失大量的潜在合作机会。拉波塔、洛佩斯-德-西拉内斯、施莱弗和维什尼（1997）的解释揭示了社会信任在不同社会关系背景下的差异作用。在熟人社会中，由于个体间的相互了解和紧密的社会联系，行为人的违约成本相对较高，因为一旦失去信任，其未来在熟人圈子内的生存和发展将受到严重威胁。因此，在这种情境下，即使没有明确的制度保障，交易双方也倾向于遵守承诺，维持合作关系的稳定。相比之下，在与陌生人的交易中，由于缺乏足够的了解和信任基础，社会信任的作用就显得尤为重要，它能够提供一种隐性的保障机制，降低交易风险，促进合作的顺利进行。

拉波塔、洛佩斯-德-西拉内斯、施莱弗和维什尼（1997）在其研究中提到的“关系”，是一个涵盖了血缘、人缘以及各类人际情感联系在内的广泛概念。这些关系网络在中国社会也比较普遍，它们不仅是人们日常生活和交往中的重要组成部分，而且在经济活动中扮演着不可或缺的角色。其中，政治关系作为一种特殊的“关系”资源，在中国的社会现实中尤为引人注目（潘越等，2009）。政治关系不仅代表着企业与政府（部门）之间的紧密联系，更是一种能够为企业带来实质性利益的重要资源。企业若具备政治关系，往往能够更容易地获得政府的支持和帮助，特别是在企业融资方面。在我国当前的金融制度环境下，银行信贷资源的分配在很大程度上会受到政府意愿的影响。这种影响不仅体现在政府对信贷政策的制定和调控上，更体现在商业银行对贷款发放的实际操作中。由于政府干预或担保的存在，商业银行在贷款审批过程中不仅看重贷款企业的经营状况和诚信品质，而且会考虑企业与政府之间的关系以及政府的政策导向。

政治关系为企业带来的融资便利，主要体现在以下几个方面：首先，政治关系可以作为企业信誉的一种补充，增强银行对企业的信心，从而降低企业的融资门槛；其次，政治关系可以帮助企业更容易地获得政府的贷款担保或贴息政策，降低企业的融资成本；最后，政治关系还可以帮助企业争取到更多的贷款额度，满足企业扩张和发展的资金需求。然而，政治关系在为企业带来融资便利的同时，也可能引发一系列问题。例如，过度的政治关联可能导致银行信贷资源的错配，使得一些不具备还款能力或经营不善的企业获得贷款，从而增加了银行的风险。此外，不良政治关系还可能滋生腐败和权力寻租等不法行为，破坏市场的公平竞争环境。因此，在利用政治关系促进企业发展的同时，我们也应警惕其可能带来的负面影响，企业也应注重提升自身的经营能力和诚信品质，以实现对政治关系的合法、有效利用和可持续发展。

## 4.5 基于信任的银企博弈分析

### 4.5.1 博弈理论

行为博弈是基于一种典型的“理性人”假设，所谓“理性”是指具有正常的智商和理智，是能够进行正常的是非判断和正误取舍，能够权衡利弊、趋利避害、趋乐避苦的一种心智状态。理性人追求以最少的付出得到最大的收获。社会交换理论也是以理性人作为其假设前提的，交换双方同样追求以最少的付出获取最大的利益。博弈中，每个人的收益除了取决于他自己的策略之外，还取决于与之博弈的另一方的策略，即双方的“得益依存性假设”。它假定所有参与博弈的人均为理性和算计的，他们试图以最少的付出获得最大的收获。

理性人在博弈中总是遵循着理性和算计的原则，择优汰劣，趋利避害，斤斤计较，“唯利是图”，这正是社会交换尤其是霍曼斯（Homans）的经典社会交换理论中所表现出来的特性。行为博弈的理性人假设与社会交换的理性人假设异曲同工，不谋而合，正如布劳所言，人类依据过去经验或对未来的期望，在可能的关系或潜在的行为中进行选择，最终选择一个最好的。二者理性人假设的思想渊源均为西方近代功利主义哲学和古典经济学，而博弈的“得益依存性假设”更是社会交换机制的翻版。行为博弈与社会交换如出一辙，诞生于同一块土壤。正是因为二者同出一源，才表现出了相同的运作机制。

理性人假设是一种在大多数社会文化中约定俗成的社会公理性认识，即每个人都认为他人是有头脑的、聪明的、理性的、择优汰劣的。社会生活的运作正是基于这种理性人假设才得以正常运转，因此，可以断言，社会交换机制是人类交往活动和社会生活正常运作的基础之一。

行为博弈和社会交换的理性人假设总是与经济人假设分不开的，也就是说，理性行为总是为获取经济利益的行为，或者可以说，理性人是经济理性人或经济人是理性经济人。正如霍曼斯指出的：社会交换的目的就是功利主义的，就是获得某种利益。

在行为博弈中，还有一种被称为“信任博弈”的类型。它具有两层含义：一是指博弈双方在投入之前是以某种信任为前提的，先投入方相信他的投入会得到对方相应的或他所期望的回报；二是指信任作为一种交换资源可以进入博弈交易。这样，信任博弈就演变成了信任交换。马克思早在一百多年前就对信任交换进行过描述：“我们现在假定人就是人，而人与世界的关系是一种合乎人的本性的关系，那么，你就只能用爱来交换爱，只能用信任来交换信任。”

信任博弈是一种基于某种交换道德的泛化交换。所谓泛化交换是指其交换主体不是具体的个体，而是群体或群体的代表。这种信任博弈是基于信任或以信任为前提的，博弈双方都相信对方是值得信赖的，能够回报他们所负欠的报酬。这种信任在某些情况下具有法律保证如签有合同，但在多数情况下却只有信任。显然，这种博弈交换是有风险的。在双方的初始合作中，相互的信任十分重要，真正的相互信任是合作的良好开端。信任既是社会交换的保障，也是社会交换的投入资源，唯有互动双方相互信任才能够互相遵守交换准则，交换行为才能够顺利地进行下去。这里，信任博弈与社会交换又相遇了。

在博弈和社会交换行为中，信任是指一方相信对方，在对方身上付出并确定对方会予以回报的一种心态。信任包括对对方的直接信任和对与对方有关的他人的间接信任，但不管是直接信任还是间接信任，它都是表明自己的付出会得到某种回报的期望。在经济领域，信任博弈或交换的一种典型情况为，当投资人对一个组织投资时，它相信该组织会“善待”他的资产并给予他可观的投资回报。但是不幸的是，有关的研究表明，投资者的信任并非总是得到相应的回报。

## 4.5.2 信任与博弈理论

（1）银企之间的长期合作关系为双方之间信任的建立提供了坚实的基础

科尔曼（1990）和斯帕诺罗（Spagnolo，1999）等学者的研究揭示了信任作为社会内生均衡结果的重要性质：非正式规则，如社会习俗、道德规范等，深刻地影响着人们的行为选择，促使他们在多数情况下倾向于合作而非背叛。他们认为，社会资本的水平能够反映出一个社会网络的发展程度，而这个网络正是用来增强社会制裁效果、巩固和加深信任关系的重要工具。换句话说，信任并非凭空产生，而是社会活动的自然结果，它作为一种隐性的社会契约，促进了人们的相互合作与共同发展。在银企长期合作的框架下，这种信任关系的建立具体体现在三个方面：

首先，对未来利益的预期是建立信任的重要动力。在长期的合作过程中，银企双方都会基于对未来持续合作所带来的长期利益进行考量，这种预期使得双方在短期内即使面临诱惑也倾向于保持诚信，以免损害长期合作的基础。

其次，当前的背信行为在未来受到惩罚的可能性也是信任得以建立的重要因素。在一个长期合作的网络中，一旦某一方采取了背信行为，其行为不仅会损害对方的利益，更会在整个网络中传播开来，影响其未来的合作机会和声誉。这种潜在的惩罚机制作为一种隐性的约束，促使双方在合作中保持诚信。

最后，也是最重要的一点，在长期交往中，银企双方可以逐渐发展出完善的激励和约束机制来维持信任关系，并使之组织化和制度化。这种机制包括但不限于定期的沟通机制、共同的价值观塑造、合同条款的完善以及第三方监管的引入等。这些措施不仅有助于提升合作的效率和质量，更能在长期合作中不断巩固和深化双方的信任关系。

综上所述，银企长期合作不仅为双方带来了实际的经济利益，更为信任关系的建立提供了坚实的保证。通过完善激励和约束机制、增强对未来利益的预期以及建立有效的惩罚机制，银企双方可以在长期合作中逐渐建立起深厚的信任关系，这种信任关系反过来又会进一步促进双方的合作与发展，形成良性循环。

（2）声誉的累积是信任形成的重要基石

张维迎（2001）在其深入研究中，运用博弈论的分析框架，揭示了重复博弈过程中参与者行为一致性与声誉之间的紧密联系。他发现，当参与者在多次博弈中持续展现出稳定且可预期的行为模式时，这种一致性会为其赢得良好的声誉。声誉，作为一种社会评价，不仅是对个体过去行为的认可，更是对未来行为的预期保障。正是这种基于过去行为累积而成的声誉，成为了信任形成的重要基石。在经济社会中，良好的声誉往往意味着更低的交易成本、更多的合作机会以及更高的社会地位。进一步地，张维迎在2002年的研究中，再次借助博弈分析，深入探讨了个体在追求物质财富最大化过程中的信任形成机制。他指出，人们在追求自身利益最大化的同时，并非孤立无援地行动，而是处于复杂的社会网络中，与他人进行着频繁的互动与合作。在这个过程中，为了获得长期的最大利益，个体有动力去建立和维护信任关系。通过诚实守信、履行承诺等行为，个体能够在社会中树立起值得信赖的形象，从而吸引更多的合作伙伴和资源，最终实现物质财富的增长。

此外，张维迎还强调了影响博弈分析的各种因素对于信任生成的重要性。这些因素包括但不限于信息不对称、制度环境、文化背景以及个体特征等。信息不对称可能导致机会主义行为的产生，影响信任的建立；而良好的制度环境则能提供有效的激励和约束机制，促进信任的形成；文化背景则通过塑造社会价值观和道德规范，间接影响个体的信任倾向和行为选择；个体特征，如性格、教育程度等，也会影响其在博弈中的策略选择和信任表现。

（3）长期收益是信任生成的内在动力

在我们的日常生活中，信任关系的建立与维护往往并非依赖于法律诉讼的严厉威慑，而是更多地植根于双方对未来持续交往中所能获得的潜在好处的积极预期。这种预期成为信任生成的内在动力，驱动着人们在互动中保持诚信与合作的姿态。只有当这种对未来好处的预期因某种原因而破灭时，人们才可能诉诸外部的权威机构来寻求解决之道。

从经济学的角度来看，失信行为虽然在短期内可能为行为人带来即时的利益，但这种利益往往是有限的，且伴随着巨大的潜在风险。一旦失信，个体将失去他人的信任，这不仅意味着当前合作关系的破裂，更可能在未来被排除在更多的合作机会之外。因此，相对未来可能获得的巨大潜在收益而言，短期的既得利益就显得微不足道，不足以成为破坏信任关系的诱因。这种对未来收益的权衡，使得个体在面临选择时，更倾向于采取诚信行为，以维持和拓展现有的信任关系。

此外，个体的耐心程度也是影响信任稳定性的重要因素。当每个人都拥有足够的耐心时，即便是短期的机会主义行为所能带来的收益，在长远来看也显得微不足道。在这种情况下，个体有更强的动力去建立和维护一个乐于合作的声誉，因为这将为他们带来更多的长期利益。同时，个体也有动机去惩罚对方的机会主义行为，以维护整个社会的信任环境。随着重复博弈的进行，参与者的心理预期和满足感也在不断地发生变化。每一次成功的合作都会增强他们对未来合作结果的信心，而这种信心的累积又会进一步促进信任的深化。反之，如果合作中出现了失信行为，那么这种负面体验也会影响到参与者对未来合作的心理预期，甚至可能导致信任关系的破裂。

因此，只要所有未来收益的贴现值大于失信行为的当前所得，信任关系就是稳定的。这种稳定性不仅来源于对未来好处的预期，更源于个体在长期博弈中对诚信行为的坚持和对失信行为的警惕。在这个过程中，每个参与者都在不断地学习、适应和调整自己的策略，以最大化自己的长期利益。而这种基于学习和适应的信任机制，正是社会得以持续发展和繁荣的重要基石。

此外，信任建立和终止的条件存在极端不对称性，信任的建立是一个困难重重的过程且随时会面临挑战而瓦解，而终止信任则只需为数不多的几次失信行为就足够了，因此失信的机会成本很大。另外，只要相互作用持续得足够长，守信者就可以用增加潜在的机会成本来惩罚失信者，如终止合作或选择特定的博弈战略以减少对方所得。与此同时，失信方的不良声誉会在一定范围内传播，导致有利可图的机会减少。不过，惩罚能够奏效的关键在于失信的个体不会消失。因此，只要理性的当事人对自己的利益足够关心，就必然使得惩罚能抵销失信所得到的暂时好处，从而使双方建立稳定的长期信任关系成为现实。最终，稳定的信任关系可以内化于组织、制度、道德、惯例、习俗和文化中，形成一种社会普遍的信用价值观和信用文化而影响个人的行为。此时，信任成为一种默契。

在博弈论的理论文献中，与信任有关的研究主要包括导致博弈合作均衡的无名氏定理的证明和扩展、声誉机制的形成、合作机制的演进等几个方面。列维奇和邦克（Lewicki & Bunker）提出了一个信任关系形成与演化的三阶段模型：在第一阶段，交易各方基于约束条件对惩罚和回报进行计算；第二阶段则以第一阶段获得的知识（经验）为依据而采取相应的信任或不信任策略；第三阶段便形成了稳定的合作与信任关系。这种信任是如此的默契，以至于即使脱离强制约束条件也可以存续。巴尼和汉森（Barney & Hanson，1994）进一步指出，在长期的演化中，这种稳定的信任关系在一定的条件下可以内化在组织、制度和文化之中，最终通过影响个人的行为而形成一种社会普遍的信用价值观和信用文化。

在不同的社会环境和约束条件下，不同的个体会选择不同的行为策略。在现实的交易过程中，由于交易双方所拥有的信息往往是不对称的，拥有信息优势的一方就有可能采取机会主义行为，从而获得额外的收益；而处于信息劣势的一方则可能因此而遭受损失，至少是增加监督对方的交易成本。但是，在交易过程中，如果存在声誉受损、道德约束、制度性的约束机制，交易双方的成本与收益就有可能被改变，这使得当事人诚实地履行事前承诺比食言更加有利可图。因此，信任是经济人在面临一系列约束条件的前提下，经过理性谋算之后的一种行为选择。在重复博弈模型中，经济学家得出人们追求长期利益会产生信任的结论（克瑞普斯，1986；弗登伯格，1992；张维迎，2002）。在长期博弈过程中，如果当失信的行为发生时，借贷双方可以用一定的双边惩罚机制惩罚失信者，如果这种惩罚真实可信，那么就可以在借贷双方之间建立起一种长期的双边信任关系。进一步而言，信任不仅仅是一个单次交互的结果，它更可能是在多次交互过程中逐渐建立起来的。因此，要理解信任是如何形成的，就需要考虑那些能够促进或阻碍重复交互发生的因素，以及在这些交互过程中，人们基于何种考量做出合作或背叛等策略选择。这些因素共同作用于信任的形成过程。

影响重复博弈中人们选择的因素主要可以归纳为三个：第一个是支付函数的确定，通常它跟交易规则如法律和制度有关；第二个是当事人的偏好，如人们对将来的重视程度、耐心等；第三个也是更重要的是信息结构，即双方所知道的有关对方的行动的信息。在经济学的理论文献中，这三个因素对重复博弈结果的影响已经有比较充分的讨论；在有关信任的实证研究中，人们已经注意到减少信息不对称对于信任建立的作用，如费什曼和卡纳（Fishman & Khanna，1999）。

## 4.5.3 非对称信息条件下银企博弈的特点

博弈是一种具有竞争或对抗性质的行为，中小企业信贷融资的银企博弈是指双方就信贷融资而采取的行动方案。根据博弈理论，银行和企业双方均会选择自身利益最大化和风险最小化的决策。实现中小企业信贷融资，在很大程度上取决于银行与企业之间围绕信贷融资而形成的博弈关系，博弈均衡化是实现银企双赢的重要前提。从银行与企业信贷关系的建立和发展看，银企博弈关系不仅取决于一次性博弈的结果，更取决于双方多次的博弈行为和选择。

银行与企业的初始行为取决于一次性博弈结果。一次性博弈前，银企双方从未达成交易，也没有“信用记忆”，双方无法检验和甄别对方披露信息的真伪，银行也很难对企业的融资行为进行有效甄别。因此，在银企之间信息不对称的情况下，中小企业为最大程度保护和增加自身利益，只对银行披露对信贷融资有用且有利于企业的信息，导致机会主义行为的可能性大增。而银行在非对称信息背景下，只能对中小企业或其企业家的素质、偿还能力和还款意愿等情况进行有限的判断，以最大限度消除中小企业信贷融资过程中普遍存在的“逆向选择”和“道德风险”，并根据融资企业传递的信息判断融资企业是“优质企业”还是“问题企业”。这致使银行难以将风险高或风险低、收益好或收益差的贷款机会进行有效区分，有可能做出“发放高利息贷款”或“不发放贷款”的逆向选择，其结果是扭曲了市场均衡，融资难以实现资源的最优配置。

信息不对称可能致使信贷交易较少甚至消失、信用不足、市场瓦解、机会成本增加、资源配置扭曲、金融市场效率降低等。因此，中小企业信用不足、企业融资行为失当、博弈失衡、银行惜贷等成为影响中小企业信贷融资发展的重要因素。

## 4.5.4 未加入惩罚机制的银企博弈

参照银行与企业的博弈模型，银行和中小企业的博弈模型如图4-4所示，假设融资企业投资项目的收益率为$r$，信贷融资的项目资金为$K$，银行贷款利率为$i$，节点①代表中小企业融资决策，节点②代表银行信贷决策。在中小企业信贷融资的首轮博弈中，不管是资信好的还是资信差的中小企业均有申请或不申请贷款两种选择。如果两类企业均不选择贷款，则博弈结束，银行无利息收入，企业无融资收益。如果这两类企业均申请质押贷款，则进入第二轮博弈，进入节点②，银行将面临两种选择：发放或拒绝贷款。如果同意贷款，贷款的对象可能有两种：一种是选择了资信好的中小企业。此时，企业通过融资，项目获利$K_r$（$K \times r$），向银行交纳利息$K_i$（$K \times i$），企业获净利（$K \times r - K \times i$）。另一种是选择了资信差的企业。彼时，融资企业未能归还贷款，由于一次性博弈条件下对企业没有惩罚约束机制，银行损失本金$K$，企业获得的收益为本金$K$和项目获利收益$K_r$（$K \times r$），即$K + K \times r$。如果银行选择拒绝贷款，则银行与企业均得不到收益，并导致银行由于错失“优质企业”而增加$(-K \times i)$的机会成本。

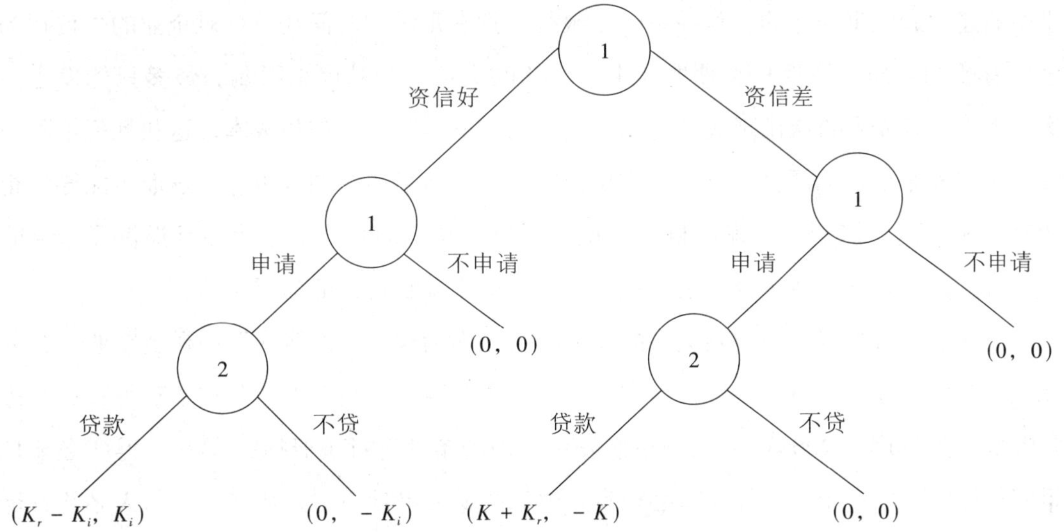


**图4-4　银行和中小企业博弈模型图**

如果用条件概率$p$表示资信好的中小企业申请贷款的概率，则资信差的中小企业申请贷款的概率为$(1-p)$。根据银企博弈模型，银行融资的净收益为$R_1$（$p \times K \times i + (1-p) \times (-K)$），而拒绝融资的净收益为$R_2$（$p \times (-K \times i) + (1-p) \times 0$）。如果$R_1 > R_2$，银行会选择信贷融资申请；如果$R_1 < R_2$，银行则会选择放弃。企业方面，如果银行选择不融资，企业失信、守信均无差异，收益为零。如果银行选择融资行为，企业选择守信，可获

得收益为$R_3$（$K \times r - K \times i$），企业选择失信，则可获得收益为$R_4$（$K + K \times r$）。因此，在不考虑成本因素的前提下，企业能否获得信贷融资完全取决于银行对企业经营的好坏概率($p$)的判断。$p$值越高，接受银行贷款的概率也越高。$p$值水平主要取决于银行对融资企业信用能力的认定、应收账款的质量等因素。

一次性博弈往往导致融资企业在短期利益的驱使下选择机会主义行为，而银行会预期到企业的机会主义行为而放弃融资决策，博弈结果致使交易双方陷入“囚徒困境”，合作终止，银企双方均无法实现自身利益的最大化。

### 4.5.5 加入惩罚机制的银企博弈

由于一次性博弈难以满足银企双方利益最大化的目标，银企双方往往采取多次博弈方式，并根据多次博弈调整自身行为及策略，谋求各自利益的最大化。只有当银行与中小企业建立起长期稳定的合作关系时，银行才拥有足够的时间和机会对企业的失信行为进行有效的惩罚。在这种长期博弈中，企业的失信行为被严格限制，最多只能发生一次。因为一旦企业首次出现失信行为，它将面临极其高昂的信用成本，这包括但不限于银行对其未来融资的严格限制、合作伙伴的流失、市场声誉的损害等，进而可能导致企业丧失未来的经济利益和发展机会。换句话说，长期的合作关系为银行提供了足够的“惩罚窗口”，使得企业不敢轻易失信，从而有助于维护良好的信用环境。

为获取持续的经济利益及更多的发展机会，作为理性“经济人”的融资企业，会选择诚信合作、提升自身信用等级等方式消除融资障碍，以较低的边际成本获得较高的边际收益。张维迎（2003）对信誉机制发生作用的条件进行了概括：第一，博弈必须是重复进行的，或者说，交易关系必须有足够高的概率持续下去；第二，参与人必须有足够的耐心；第三，参与人的不坦白行为能够被及时察觉；第四，参与人必须有足够的积极性和可能性对交易对手的坦白行为进行惩罚。

但由于信息不对称或信息不完全等问题存在，银行无法精确计算每次交易的风险与收益，只能通过“信用记忆”来判断融资企业的承贷能力和测算银行的经济收益，依据事先对合作收益与风险的预期做出决策。同时，企业会根据银行做出的决策修正及调整自身行为，以达到企业利润最大化目标。银企双方在博弈中认识到“合作是有利于自身的好策略”，从而增加了合作的机会。麦克劳德（Macleod，1988）的多次博弈模型表明，只要交易关系是无限重复的，即使不存在外在监督，也会形成一个有效率的均衡。因此，多次博弈有利于抑制机会主义行为，解决由于信息不对称而造成的逆向选择和道德风险问题，促进银企合作，实现中小企业正规金融的可获得性。

银企多次博弈之所以被视为引入惩罚机制的银企博弈，主要基于以下几个方面的原因：

第一，长期合作中的声誉机制。在银企多次博弈的过程中，企业为了维护自身的声誉和未来的融资机会，通常会倾向于保持诚信行为。因为一旦企业在某次博弈中选择失信（如违约、欺诈等），其声誉将受到严重损害，进而影响未来与银行的合作机会。这种声誉机制实际上构成了一种隐性的惩罚，使得企业在面对短期利益诱惑时，更可能选择维持长期的信任关系。

第二，银行的风险管理与惩罚措施。银行在与企业进行多次博弈时，会逐步建立起一套完善的风险管理机制。这包括对企业的信用评估、贷款审批、贷后管理等环节。一旦发现企业存在失信行为，银行会采取相应的惩罚措施，如提高贷款利率、缩短贷款期限、减少贷款额度，甚至完全中断合作关系。这种惩罚机制不仅是对失信行为的直接回应，也是对潜在失信行为的一种威慑。

第三，重复博弈中的策略调整。在多次博弈中，银企双方都会根据对方的行为和自身的利益进行策略调整。如果企业在某次博弈中选择失信，银行在未来的博弈中可能会采取更为谨慎的合作态度，甚至选择完全避免与该企业的合作。这种策略调整实际上是一种动态的惩罚机制，它使得企业在可能面对失信行为的后果时，更可能选择诚信行为以维持与银行的长期合作关系。

第四，信息不对称与惩罚的必要性。银企之间存在一定的信息不对称，即银行可能无法完全了解企业的真实经营状况和信用状况。为了避免这种信息不对称带来的风险，银行需要建立一种有效的惩罚机制来约束企业的行为。通过多次博弈，银行可以逐步积累关于企业的信用信息，并根据这些信息来调整合作策略和惩罚措施。这种惩罚机制不仅有助于降低银行的风险，也有助于维护整个金融市场的稳定和健康发展。

综上所述，银企多次博弈之所以被视为引入惩罚机制的银企博弈，是在长期合作中形成的声誉机制、银行的风险管理与惩罚措施、重复博弈中的策略调整以及信息不对称与惩罚的必要性共同作用的结果。这种惩罚机制不仅有助于维护银企之间的信任关系，也有助于降低银行的风险和维护金融市场的稳定。

在无限多次博弈过程中，假定在每一次博弈结束前，银企双方都预期有$w$概率进行下一次的交易机会，且每次博弈的结构相同。如果选择失信，企业只有一次性获得$R_4$（$K + K \times r$）收益的机会，以后就失去了与银行合作的机会，即以后每期无收益。如果选择守信，企业每一阶段可获得1个单位的收益$R_3$（$K \times r - K \times i$）；有$w$的概率获取下一期收益，有$w^2$的概率获取再下一期的收益，依此类推。因此，银企多次博弈是引入惩罚机制的银企博弈。

假设企业守信的概率为$p$，不守信的概率为$(1 - p)$，那么银行在每一阶段选择贷款的必要条件是：$p \times K \times i \geqslant (1 - p) \times K$，即$p \geqslant 1/(1 + i)$。当企业还款的概率$p$满足$p \geqslant 1/(1 + i)$时，银行收益大于零，银行会选择融资贷款；反之银行则选择拒绝贷款。假设企业每一阶段的收益均为$R$，企业收益的贴现率即声誉价值为$\delta$，则企业总收益为：

$$R + Rw(1 + \delta)^{-1} + Rw^2(1 + \delta)^{-2} + \cdots = R/\left[1 - w(1 + \delta)^{-1}\right]$$

只要满足

$$(K \times r - K \times i)/\left[1 - w(1 + \delta)^{-1}\right] \geqslant (K + K \times r)$$

即在$w \geqslant (1 + i)(1 + \delta)/(1 + r)$时，企业守信获得的收益将大于失信的收益。

在多次博弈条件下，银行的期望收益取决于贷款利率和借款人还款概率，而企业的期望收益则取决于企业的项目投资收益率、银行利率以及贴现率。在企业项目资金、投资收益率和银行利率不变的情况下，银企合作取决于贴现率$\delta$，贴现率$\delta$越大，$w$越大，企业获取下期收益的概率越大，中小企业对正规金融的可获得性越大。因此，银企间的长期合作是通过长期重复博弈形成的“信誉机制”实现的。信誉机制发生作用的条件是：第一，博弈是重复的。第二，$\delta$足够大，即当事人对未来收益的期望足够高。因为$\delta$是借款人收入的贴现率，只有在$\delta$比当期收益率高的情况下，长期收益大于短期机会主义收益，长期合作才能实现。第三，信息充分。只有信息充分，当事人的欺诈行为才能够被及时发现。第四，惩罚的可信性。当事人有足够的积极性和可能性对合作方的欺诈行为进行惩罚。可见，中小企业守信行为是维系银企合作关系的基石，是实现银企双方利益最大化的前提保障。

# 4.6　融资中信任的演化

在这一部分内容中，我们将借鉴有限理性思想、博弈论以及演化经济理论，对信任的演化给出一个初步的讨论。在信任已经存在的情况下，每个交易主体都处在他们共同创生的信任中，并对交易中的信任做出反应和进行适应。当个体做出反应，信任会发生变化；当信任作为一个整体发生变化时，个体重新做出反应。个体之间的互动以及个体与整体之间的互动决定了经济交易中的信任不可能像现代经济理论所描述的经济变量一样有种趋于稳定均衡的趋势或者达到静态均衡。

## 4.6.1　经济交易中的信任演化的理论基础

（1）信任演化的选择单位及其多样性

选择单位及其多样性是任何演化理论的基础。达尔文的方法有时被简化为选择机制，但只有存在着可供选择的多样性的时候，选择才成为可能。借鉴纳尔逊和温特（Nelson & Winter）的理论，我们将经济交易中的信任作为演化的单位。我们将交易主体看作显性的选择机制发挥作用的客体，将经济交易中的信任对应于生物进化理论中的基因。信任作为一种宏观意义上的非正式制度或规则不断演化，具体经济交易中的信任将是信任演化的选择单位，而直接承受选择压力的则是经济交易中的交易者。

多样性是指经济交易中的交易主体之间的差异性。演化经济理论中对多样性的分析包括两个联系非常紧密的问题：解释多样性是如何形成的，解释多样性如何继续存在从而不会导致演化的停滞。但是，演化经济学显然更多地受到了熊彼特（Schumpeter）的影响，将创新看作选择单位多样性的主要途径。这种思想更多地将目光集中在基因载体在纵向上的差异性，认为选择单位的多样性依靠有机体在时间不可逆的演变过程中的变异和创新，更多地考虑了个体的能动性而忽略了社会对微观现象的影响。相对于生物学中的遗传，信任的记忆包括扩展和遗传两种机制。交易主体具有选择、获取、解释信息并进行思考和学习的能力，而这种后天获得的变异也能够通过复制机制来获得记忆。相对于生物进化中的复制机制，信任的复制机制包含了学习与创新机制。

（2）信任演化中的复制机制

①复制机制中的学习。

信任的复制机制与生物进化不同，在信任的演化过程中，个体有意识地进行选择，其复制机制带有主观性。本书把社会化看作信任演化最主要的复制机制。正是依靠社会化，社会的文化、传统以及习俗等才能够获得记忆进而能够在纵向和横向上承接、扩展。在社会化过程中，被社会化的个体并不是一味被动地接受外在的影响，而是在耳濡目染的同时，有选择地进行学习和模仿。社会化的不完全是信任演化选择单位多样性的原因之一。

社会化过程是一个持续的但不是完全被动的过程。交易者选择的差异性带来交易主体的多样性。在社会化过程中，存在彼此冲突的社会化影响。当面对特性不同的社会化影响时，社会个体会加以选择，而不单纯是多方影响的一种比例混合。选择性学习的偏好是由以前的社会化影响以及交易者本身的“质的个人主义”所决定的。在社会化过程中加入选择性学习机制，信任演化的复制机制不再由已经存在的交易以及交易中的信任单一决定。交易主体的主动性越强，信任的复制机制越不精确，最初社会化的影响和质的个人主义所产生的作用就越会得到强化。社会化越是进行，个体之间的差异性越大。因此，信任演化的复制机制本身就是选择单位多样性的来源，复制机制所产生的多样性不仅仅来源于复制过程中的“差错”，而且来源于交易主体的主动性选择。

②信任演化中的创新。

创新带来的多样性一直是演化经济理论所强调的。变异或者新奇事物事先是不可预测的，事态的进程因新奇事物揭示出来的特定含义而异，社会经济动态系统不可能存在一个已知的、唯一的确定的解。纳尔逊和温特把创新视为生物学中变异的等价物，而创新被视为被引导的和有意识搜寻的结果。他们认为，这种搜寻是由失败所引致的信念。温特认为有两个因素起着重要作用：一个是经历新奇的快乐和刺激，这既与个人的偏好结构有很大关系，也与社会制度是否鼓励创新有关；另一个是现实中经受的挫败推动了对新奇或变异的搜寻。

经济交易中存在利益的相互依存与相互冲突，在交易带来的利益既定的情况下，交易剩余决定于交易成本。如果现存的交易形式导致的交易成本过大，或者维持交易秩序的制度运行成本过高，都可能导致交易主体做出创新。在经济交易中交易主体的创新表现在三个方面：一是交易主体本身的偏好、知识的改变；二是交易者创生出新的交易形式；三是交易主体之间互动演化出新的维持交易秩序的制度。随着交易主体、交易形式和制度环境的不断创新和发展，信任也在不断地被补充和丰富，形成了一个更加多样化和复杂化的信任体系，信任形成是一个动态、多元和不断演进的过程。正像生物学中的变异一样，交易主体的创新并不一定都会产生正的效益。新奇事物的特征便是结果的不可预测性，不可预测性的存在使得交易主体在进行创新时，只是一种试错过程。

（3）信任演化中的选择机制

选择机制是在多样化的基础上的筛选机制。演化经济学家采用生物学中“个体群”的观点来解释选择机制。“从群体的水平来看，任何个体的决策，无论是创新的、模仿的或保守的，都影响到群体中全部行为的相对频率”。温特认为，一个个体对创新者是模仿还是反对取决于群体中有多少成员已作了这种选择。不管创新者的主观偏好如何，市场过程将对其加以检验并进行选择。

竞争可以被看作经济交易中的信任演化的最重要的选择机制。竞争促使交易者耗费成本寻找和试验新知识，并对信任演化中的变异和创新进行选择。经济竞争是一种人类交往的动态演化过程（柯武刚、史漫飞，2000）。这一过程激励着经济主体去追求自己的私利，因为竞争能使财产运用中的成本和收益内部化。交易主体在竞争的过程中不断改变自己的偏好、知识以及交易行为，在这种交往和交易的过程中发现并试验新的知识。竞争促使交易者做出反应，搜寻他们能用来改善地位的新知识。在竞争中取胜的交易者会招来模仿者，信息会迅速地传遍各个相互关联的市场。但是，当交易者在竞争中犯错误时，交易剩余的减少以及其他交易者对自己的打击会使交易者很快地从错误中认清错误。因此，交易主体的行为不仅取决于自身收益与成本的权衡，而且取决于交易者所处的交易环境。对自身利益的追求促使交易主体在做出行为决策时，必须以对交易对手的行为的预期为基础，并在交易之后的一段时期内，对应于交易中交易对手的实际行为做出调整。而且这种预期及转变会由于模仿等复制机制形成整个交易环境的一部分。在这个“动态演化过程”中，不同的交易行为、不同的交易规则在竞争的作用下不断演变。

### 4.6.2 经济交易中的信任形成与演化的博弈分析

行为博弈与经济交易看似两个毫无关联的现象和研究领域，却有着内在的、实质性的联系。行为博弈论与经济交易紧密相连，两者共同探索个体在经济活动中的决策过程及其影响。行为博弈论是对传统博弈论的深化，它不再单纯假设参与者是完全理性的经济人，而是融入了心理学和社会学的研究成果，关注人类行为中的非理性因素。在经济交易中，买卖双方的行为往往受到多种因素的影响，包括个人情感、文化背景、社会规范等。这些因素使得交易过程不仅仅是简单的价格谈判和商品交换，更是一个涉及信任、合作与竞争的复杂博弈。行为博弈论通过引入公平偏好、互惠原则等概念，解释了为何人们在经济交易中不仅仅追求个人利益最大化，还会考虑对方的感受和行为的合理性。此外，行为博弈论还关注个体在面临不确定性时的决策行为。在经济交易中，不确定性普遍存在，如市场价格的波动、商品质量的差异等。行为博弈论提供了一系列模型和分析工具，帮助人们理解在不确定环境下如何做出最优决策，以及这些决策如何影响经济交易的效率和结果。同时，经济交易本身也可以被视为一种博弈过程。交易双方通过协商和谈判，试图在有限的资源和信息下达成最优的交易条件。行为博弈论可以应用于分析这一过程中的策略选择、信息传递和博弈均衡等问题，为经济交易提供了更为深入和全面的理解。

博弈行为表现为一个数量有限的互动各方在权衡各种信息、付出和利益之后，做出的一种最佳行为选择。博弈是一种特殊形式的社会互动行为，说它是社会互动行为是因为博弈一定要涉及两个以上的互动行为者，单一个体的策略行为不能称为博弈；说它特殊是因为博弈一般要涉及双方的代价和利益取舍。博弈行为可以是经济博弈行为，也可以是社会博弈行为或者其他类型的博弈行为。当博弈表现于社会活动中时，即是社会行为博弈或行为博弈。

典型的博弈涉及双方的付出和利益的获取，博弈的参与者均试图最小化他们的代价和最大化他们的收益，表现为一种以社会交换为机制的博弈行为。霍曼斯经典的社会交换理论认为，社会交换是“彼此相互有选择地强化对方的活动，并影响到未来交换可能性的两个人之间的活动或行为”。布劳也表述了相同的思想，社会交换仅局限于下述行为：这些行为视他人对报酬的反应而定，而当这些所期望的反应未出现时，这些行为也便停止。上述思想蕴示着浓厚的博弈色彩，表明社会交换理论的创立者们已经体悟到了社会交换中的博弈性质。当然，并非所有的博弈行为均为社会交换行为，当互动双方在共同的互动活动中有投入或付出、有收入或所得，进行了某种心理和行为的互换且相互强化对方的行为时，便发生了社会交换。同样，也并非所有的社会交换都是博弈行为，当互动双方对他们的交换付出与收入以及他们的交换行为意向进行策略性“算计”时，才表现为一种博弈行为。这样，人们便可以明晰社会互动、行为博弈与社会交换诸概念之间的联系与区别。之所以认定社会交换与博弈有关或博弈行为以社会交换为机制，这是因为当社会交换的参与者之间在使用一种博弈策略或依据对方的策略信息选择自己的决策时，便表现出一种博弈的社会交换情形。或者，在博弈活动中，当各方依据社会交换的原则或以付出换取收获的行为模式算计他们的策略时，便形成社会交换的博弈行为。这时的社会交换与博弈行为互为里表、互为机制与形式，混合成为一个整体而难以分开。

博弈中有一个关键性的概念或原理，被称为“纳什均衡”(Nash Equilibrium)，指的是博弈的参与者会调整他们的行为策略，直到各方均认为他们从中获得了最大的收益，而无法再从策略改变中有新的收益为止的一种平衡状态。在纳什均衡的基础上，参与者都会针对他人的策略而选择自己的最佳即效用最大化战略。

纳什均衡的实质反映的是，互动行为中双方认为各自的付出与收益达到最佳状态时的一种平衡现象，这与在社会交换中当参与者认为其付出与收获达到最佳状态时所产生的平衡现象在本质上是一致的。平衡作为一种自然与社会规律或运行的机制，在行为博弈与社会交换中也同样有效。在社会交换中，对于交换各方而言，交换资源总是从一方转移到另一方那里，或者双方互换各自所需要的资源同时也付出相应的代价。交换各方参与交换的总的资源并未增加或减少，所发生的只不过是资源的易手而已。这与纳什均衡所表述的内容异曲同工。

信任演化理论中的选择单位的多样性、复制机制中的变异和创新以及选择机制还可以用数学变量表示，已经从形式上说明经济交易中的信任的形成与演化。我们将选择单位的多样性表示为博弈参与者及其策略的多样性，将复制机制中的变异和创新作为马尔科夫过程的扰动因素，将交易主体所采取的“冷酷战略”作为演化中的选择机制。

### 4.6.3 信任的形成——从囚徒困境到协调问题博弈

经济交易中的信任不是交易主体有意识地设计，而是交易者行动的结果。我们分析信任的形成，不再把信任看作外在的交易规则，而是把它看作经济交易的内生变量。它是交易主体在追逐自身利益的过程中通过模仿和创新所产生的，是交易主体之间互动的产物。我们以一个洛克式的自然状态（State of Nature）作为分析的起点。在自然状态下，经济交易中根本没有信任，只有交易者、他们的偏好以及可用于交换的资源，交易者唯一的决策基础来自追逐自身利益的动机。最初的经济交易可以看作一个囚徒困境博弈模型。

著名的囚徒困境（Prisoner's Dilemma）是一个典型的反映纳什均衡的案例。在这个博弈中，每一方的行为不仅取决于他自己，还取决于另一方的行为决定。

我们先考虑一个具体的经济交易，如图4-5所示，假定在这个交易中有甲和乙两位交易者。每位交易者都存在两个可以采用的策略，策略A和策略B，分别代表守信与背信。在这个博弈中，每一方的行为不仅取决于他自己，还取决于另一方的行为决定。无论对方守信还是背信，对于任何一方来说，选择“守信”是“占优策略”。因此，交易双方都给与对方信任，即都采取行动策略A，则交易双方的得益为4，这是一个纳什均衡；如果交易双方互不信任，交易者可能会因为交易成本过高而放弃交易，两人的得益为零。由于在经济交易中存在交易主体之间的利益冲突，因此交易者存在机会主义倾向，一方可能利用交易对手的信任而做出背信行为。如果甲信任乙，而乙做出背信行为，甲就会受到损失，他的得益为-3；而乙在这次博弈中的得益会超过正常交易所带来的交易剩余，他的得益为8。显然，在无约束机制对双方的行为进行约束时，经济主体倾向于不合作，博弈的纳什均衡为（0，0）。这个行为博弈背后发生作用的社会交换机制是，基于利益交换和付出与收获权衡的算计，一方选择的策略可能成为另一方面临的风险和得到的收获，双方在交换一种由风险和获益组成的混合资源，即当算计风险和获益以后的平衡结果成为双方最佳的交换资源时，双方才做出交换的决策，这样以社会交换为机制的纳什均衡便产生了。纳什均衡的这种社会交换机制，意味着双方的付出与获益的资源的交换平衡。社会交换平衡是社会交换理论中的经典法则之一，是维持社会交往顺利进行的基本规律。

| | 策略A | 策略B | |
|---|---|---|---|
| 甲 | 4，4 | -3，8 | 守信 |
| 乙 | 8，-3 | 0，0 | 守信 |
| | 策略A | 策略B | |

**图4-5　博弈分析图一**

如果交易者认为交易行为是有限次的，交易者就会通过逆向归纳法来选择单阶段的占优策略，重复博弈不会改变囚徒困境的均衡结果。但是，一旦引入不完全信息，均衡就可能改变。一项交易可能是有限次的重复博弈，但由于交易者掌握的是不完全信息，他并没有充足的知识和精力预测到最后一次交易究竟什么时候会发生，从而逆向归纳法就失去了作用。在分工和专业化已经充分发展的现代社会，对每一个经济主体来说，交易都可以被看作是无限次的，或者说博弈的次数足够多、持续的时间足够长。如果囚徒困境模型成为重复博弈，均衡结果就会改变。经济主体会在短期利益和长远利益之间进行权衡。交易者的总得益是所有阶段博弈得益的贴现值之和或加权平均值，他可能会为了长远利益而牺牲眼前的利益从而选择不同的均衡策略。尽管交易主体甲和乙在选择守信时承担着被另一方背叛的风险，但如果他选择了背信行为，在交易对手守信的情况下，他就失去了获得长期合作收益的可能。如果交易重复的次数足够多，未来的收益损失就会超过短期收益。因此，在信息不完全的无限次重复模型中，经济交易也会产生交易双方之间的信任。

信任产生以后，由内生变量转变为外生变量，成为博弈参与者的行为规则，如图4-6所示。在信任产生以后的交易博弈中，博弈结构会发生变化。交易者之间的博弈不再是一个囚徒困境模型，而转变成为一个协调问题博弈。每一个参与者的策略问题是他想和他的对手协调他的策略选择，因为给定对手的选择，协调总是好的。如下面的博弈模型，如果交易双方的行为是协调的，则两者的得益都是非负的，他们的得益为（4，4）；如果交易者互相不信任，则可能会拒绝交易，双方的得益为（0，0）。相反，由于存在信任的约束以及相应的惩罚机制，交易双方行为不一致时，双方的得益同时为负，背信一方会由于失去信任而长期遭受损失。

| | 策略A | 策略B |
|---|---|---|
| 甲 | 4，4 | −3，−2 |
| 乙 | −2，−3 | 0，0 |
| | 策略A | 策略B |

**图4-6　博弈分析图二**

但是，交易双方协调所产生的策略数组并不是无差异的，在协调问题的博弈中，并不只是存在一个均衡。信任产生以后，并不能保证交易主体都能够采取合作的策略，他们可能继续采取不信任的策略，拒绝交易。更糟的情况可能是，信任并不能完全约束交易主体的机会主义行为，他可以在取得短期收益之后中断交易，人为制造最后一次交易，进而退出市场或者进入其他的交易市场以逃避失信带来的长期损失。因此，尽管存在信任作为约束机制，交易主体之间的博弈存在两个纯策略均衡。市场有可能陷入低水平均衡（0，0），而只有均衡（4，4）对市场来讲才是有效的。

## 4.6.4　信任的演化与路径依赖

信任演化与信任的形成有根本不同。信任是交易主体行动协调的结果，或者说是交易主体之间博弈的策略均衡；但是信任作为演化的选择单位，它本身受到交易主体行为的影响而不断变化。信任的基础是交易主体对交易对手的行为遵循其所承担角色的预期。他对交易对手的交易角色的认识来源于社会化和交易对手以前行为的经验性频率分布。机会主义以及在信任的复制过程中出现的变异和创新，使得信任并不能成为一个稳定的交易规则。因此，在信任的演化过程中，均衡是暂时的，信任不断地受到外来的随机扰动。因此，演化并不代表进步，经济交易中信任的演化并不意味着经济交易会承载越来越高的信任水平。在交易主体有限理性的情况下，交易主体对满意的预期值随着其他交易主体的可信度而不断变化。外部的交易环境是低信任水平的，交易主体的预期值就会下降，他更可能选择不信任策略，他的创新可能是更具机会主义倾向。如果他的创新被承认和模仿，整个经济交易中的信任水平就会下降。

尽管信任的演化是盲目的和不确定的，它的演变轨迹仍然具有路径依赖的特征。路径依赖是指一个具有正反馈机制（Positive Feedback System）的体系，一旦在外部偶然事件的影响下被系统所采纳，便会沿着一定的路径发展演进，而很难被其他潜在的甚至更优的体系所取代。路径依赖揭示了个体决策与环境改变之间的循环-累积关系。信任的演化并不完全是熊彼特式的创造性破坏过程，更多地体现为具体交易中的细微变动的逐步累积过程。这意味着信任的演化过程实际上是很漫长的。在市场中，由于交易主体的行为可能受到其他交易者的影响，他的变异和创新可能受到其他交易者的阻碍，因此可能导致变异或创新动力弱化。正如前面所指出的，信任作为一个非正式制度，具有自我强化机制。信任给交易主体带来的规模收益决定了信任演化的方向，并最终使得信任演化可能呈现出两种截然相反的轨迹：当收益递增普遍发生时，信任不仅得到巩固和支持，而且能在此基础上一环紧扣一环，沿着良性循环轨迹发展；当交易环境受到大的冲击时，信任带给交易主体的反而是损失，信任演化就朝着低水平方向发展，而且越陷越深，最终锁定在某种无效率状态。

# 第五章 社会信任对中小企业融资的理论分析

对于一般企业而言，正规金融可获得性取决于金融机构的信贷供给能力和金融机构对特定借款企业资信状况的主观评价（巴纳吉和杜弗洛，2008），而金融机构的信贷供给能力既取决于其融资能力、融资成本、相关信息获取能力，又取决于贷后监督能力及成本、基础设施信贷状况、违约控制机制等，还受金融机构规模、组织类型、所有制结构、人力资源状况、内部管理制度等方面的影响（马九杰、毛曼昕，2005）。对于中小企业而言，在金融机构信贷供给能力确定的情况下，能否成功获得正规信贷，核心在于金融机构对其信用资质的评估。这一评估结果深受中小企业多方面因素的影响。一方面，企业自身的属性，包括资产规模、盈利能力、信用评级及与银行的关系等，均会对金融机构的资信判断产生重要影响；另一方面，企业家的个人特质，诸如其声誉及社会关系网络等，同样会作用于金融机构对企业资信的主观评判。

债务融资作为企业融资的主要形式之一，对企业的发展和治理具有十分重要的意义。现有文献研究发现，债务融资水平和结构不仅在企业之间存在着显著的差别，在不同的地域间也存在着系统性的差异。造成债务融资水平和结构存在系统性差异的原因，学者们几乎都归根于国家间制度环境的差异。孙铮等（2005）研究发现，在我国不同的地区，企业债务水平和债务期限结构也存在明显区别。对于我国企业债务融资水平和结构存在着系统性差异的原因，学者们更多的是从正式制度因素探讨，如地方的法律保护程度，很少有学者从非正式制度环境因素去进行探讨。社会资本作为一种重要的非正式的社会制度，可以降低由于人与人之间信息的不对称以及不信任而对金融发展产生的负面作用。社会信任度越高的地区，交易各方彼此间信息不对称所产生的交易成本越会大大降低。具体而言，信任可以降低事前交易各方为获得交易机会而发生的信息搜集成本、事后交易各方的监督和执行成本，而且信任通过使交易每一方都期望另一方在未来予以回报而采取更具灵活性的让步来降低协商成本（刘凤委等，2009）。因此在社会信任度比较高的地区人们更加倾向于合作，资金的借贷会更加容易、借贷期限会更长、借贷成本也会相对较低。同时，企业也会更愿意使用成本相对低的债务融资，企业管理层也更愿意主动通过使用负债来向外界传递接受债务约束监督的意愿（潘越等，2009）。

# 5.1　融资可获得性的衡量

融资可获得性的衡量有相当的难度，国外主要有两种测量方法。一种是彼得森和拉詹（1994）采用的间接衡量的方法。他们指出直接衡量信贷可获得性非常困难，如用企业的负债率衡量信贷可获得性，但企业的负债率高低由信贷需求和信贷供给同时决定，即负债率高低受需求和供给的双重约束，因而应该选择一个替代变量即商业信贷比率衡量信贷可获得性。另一种是科尔（Cole，1998）使用的直接衡量的方法。他采用企业申请的贷款是否被银行拒绝或同意来衡量信贷可获得性。这两种衡量方法各有特点：间接衡量法较为准确，但数据难以获取；直接衡量法简单可行，更适合抽样调查，但对所要研究的问题解释力较差。

国内也有不少学者探究衡量贷款可获得性或信贷融资能力。冯兴元（2004）用企业实得贷款额与企业对贷款的需求额的比例衡量正规金融机构贷款可获得性，用企业实得民间借贷资金额与企业民间借贷资金的有效需求额的比例衡量非正规金融信贷可获得性，但由于这些指标涉及主观意愿的问题，而主观意愿很难准确衡量，因而操作性不强。林平等（2005）用贷款/负债指标衡量贷款可获得性，该指标虽然能较好地解释贷款可获得性，但常常因为数据是通过调查取得而不够准确。马九杰等（2005）用贷款总额/资产总额指标衡量信贷融资能力，该指标同样也会碰到调查数据不够准确这个问题。由于受研究条件的限制，本书借用了科尔（1998）有关信贷可获得性的衡量方法，用“是”表示获得正规信贷或非正规信贷，“否”表示没有获得正规信贷或非正规信贷。国内学者林丽琼、陈敏也采纳了这个方法对信贷可获得性进行研究。

在信贷可获得性变量选取方面，也有一定难度，目前学术界存在两种方法：第一种是以科尔（1998）为代表的直接衡量贷款可获得性的方法，即用“企业申请的贷款是否被银行接受”作为替代变量，但这种方法使得企业信贷仅局限于一次性交易，不代表企业是否获得信贷的长期均衡状态。第二种是以彼得森和拉詹（1994）为代表的间接衡量法，他们主张用一个反向指标即商业信贷比例对信贷可获得性进行间接衡量。也有相关文献用平均贷款额与平均负债的比率及负债率来衡量信贷可获得性。直接用负债率衡量企业贷款的可获得性存在一系列的问题，如企业负债率可能会低估其贷款的可获得性，因为负债率高低有可能是受供给和需求两方面因素的双重影响：一方面是信贷配给；另一方面是企业不愿意使用外部资金，不愿意找银行借贷。相反，企业负债率也有可能高估企业贷款可获得性，因为企业负债率不能完全代表企业负债是通过银行贷款实现，也可能是通过资本市场或者民间融资实现，因此具有不准确性。实证检验结果也确实表明这种变量替代法使检测结果不准确，具有偏差性。第一种方法简单，更适合抽样调查，但不够准确，并且对研究的问题解释力也较差。第二种方法虽然较第一种方法更准确，但是需要建立在容易获得准确、完整的财务数据的基础之上，兼顾到准确性与数据获取的可能性。在本书中，分别以贷款率和是否有需要贷款抵押物的要求来衡量企业贷款可获得性，被解释变量贷款额选用2021年到2023年底企业发生的银行贷款额度，通过标准化以贷款率为替代变量；贷款抵押物要求用是否需要抵押品来代表。

## 5.2 中小企业选择非正规金融的动因

美国经济学家肖和麦金农（Shaw & Mckinnon，1973）深入研究了发展中国家金融发展与经济增长之间的相互关系，认为发展中国家都存在着“金融抑制”，导致大量的廉价信贷资金被配给到政府希望优先发展的一些部门（如工业部门），而急需资金的其他行业或个体（如非公有制经济部门）的融资需求无法通过正规金融渠道获得满足，非正规金融由此应运而生。在我国，作为经济发展重要基础的整体社会信用制度还比较脆弱，中小企业的信用制度建设无疑仍是一项十分艰巨的任务。中小企业的产权改革也需要相应的外部环境条件，因此，阻碍中小企业获得正规融资支持的不利因素在相当一段时间内仍将存在。而非正规金融的借鉴意义就在于，为处于金融市场竞争劣势的中小企业提供获取资金支持的途径。中小企业选择非正规金融的动因主要体现在以下几个方面：

（1）非正规金融的内生性以及信息的相对完备性

中小企业的融资需求具有金额小、周期短且抵押物不足的特点，无法满足正规金融的信贷要求。中小企业要实现信贷融资可得，必须与银行等正规金融组织建立长久的合作关系。虽然正规金融组织如国有商业银行拥有众多的分支机构和营业网点，但是能同中小企业保持这样一种合作关系的不可能是大型国有商业银行，而现有的作为国有体制的派生物的中小型金融机构显然也不具备这样的条件。因此，适应中小企业资金需求的金融中介机构必须是内生于中小企业的经济环境自身的，这就是非正规金融。这种内生性也使它能够最大限度地了解和掌握中小企业的各方面信息，并且决定了它同中小企业资金需求相互之间的适应性，以及其巨大的发展潜能。

霍夫（Hoff）和斯蒂格利茨（1993）认为，中小企业与正规金融机构之间存在信息不对称问题，这就迫使正规金融机构为降低风险采取信贷配给，即使借款人愿意接受相当高的利率，正规金融机构也有提供信贷的能力，但其仍不愿意提供信贷。于是，就形成了信贷市场上的“信贷资本缺口”。因此，在我国中小企业获得正规金融机构信贷较低的情况下，非正规金融就满足了那些被正规金融机构拒之门外的中小企业的融资需求（列文森，1996）。与正规金融市场相比，非正规金融市场上有较为完备的信息，能够较好地防止逆向选择和道德风险。

巴纳吉等（1994）提出的“长期互动”假说以及与之紧密相关的“共同监督假说”，为我们深入理解非正规金融机构如何支持民营企业提供了重要的理论视角。“长期互动”假说指出，非正规金融机构与中小企业之间通过长期的合作关系，能够逐步积累关于企业经营状况、信用历史以及市场前景等方面的详细信息。这种信息的积累是一个渐进的过程，它依赖于双方频繁且持续的互动。与正规金融机构相比，非正规金融机构通常更加贴近地方经济，其经营者往往与当地中小企业主有着千丝万缕的联系，这使得他们更容易获取第一手的企业经营信息。这种信息的优势不仅有助于非正规金融机构更准确地评估企业的融资需求和风险水平，还为双方建立起了基于信任和了解的合作关系。与此同时，“共同监督假说”进一步强调了非正规金融机构在解决信息不对称问题上的独特作用。该假说认为，在长期的合作中，非正规金融机构与中小企业之间形成了一种隐性的监督机制。这种监督机制不仅依赖于非正规金融机构自身的专业能力和经验判断，还依赖于地方社区内的社会网络和道德规范。当地社区内的居民、企业主以及非正规金融机构之间往往存在着紧密的联系和相互依赖，这使得他们有足够的动力和意愿去监督和约束彼此的行为。在这种共同监督的机制下，中小企业的失信行为将受到社区内的广泛谴责和排斥，从而降低了其违约的意愿和可能性。因此，非正规金融机构与中小企业之间的长期合作不仅有助于解决信息不对称问题，还促进了双方之间的信任和了解。这种信任和了解为中小企业融资提供了更加灵活和高效的渠道，同时也为非正规金融机构自身的稳健发展奠定了坚实的基础。此外，长期互动和共同监督的机制还有助于培养中小企业的诚信意识和责任感，推动地方经济的健康发展和金融市场的稳定繁荣。

在我国，非正规金融直接促进了经济结构和制度的有效调整，特别是，它对我国制度变迁具有导向作用（彭兴钧，2002）。非正规金融市场的存在和发展，从微观上看，促使我国一批民营企业逐步发展壮大；从宏观上看，对我国经济效率和资本形成率的提高、体制改革都具有很强的导向作用。

（2）非正规金融提供资金额度的可行性

钱小安（2000）的研究揭示了一个现象，即随着金融机构贷款标准的提升，部分信用评级不甚理想的中小企业面临着融资难题。正规金融机构通常对借款企业的资质、信用记录和还款能力有较为严格的要求，而中小企业往往难以达到这些标准。比如，一些银行以新建企业500万元作为资本金的最低融资门槛，这一标准对于众多初创企业来说较为苛刻。同时，有些银行在处理小额贷款时，尤其是对100万元以下的贷款，显示出较低的受理与审批意愿。近年来，随着各银行纷纷将降低不良贷款率作为主要经营目标，中小企业由于信贷风险相对较高，其信贷规模不可避免地受到了更为严格的信贷策略限制。然而，非正规金融，尤其是民间金融市场，展现出了其独特的优势。与正规金融机构相比，非正规金融的贷款审批流程往往更加简化，能够更快地为企业提供所需的资金支持；非正规金融较低的融资门槛，对借款企业的资质、信用记录和还款能力要求相对宽松，使得中小企业更容易从此获得融资；非正规金融通常更加贴近当地经济环境和中小企业的实际需求。它们能够根据企业的具体情况量身定制融资方案，更好地满足企业的个性化需求。

（3）民间金融对担保要求灵活、方便

正规金融市场对担保品的要求非常严格，并且管理成本比较高。在非正规金融市场上，中小企业能够较好地应对担保问题，许多在正规金融市场上不能成为担保品的，在非正规金融市场上也可以成为担保品。这主要是因为非正规信贷充分地利用了当地的社会资本，尤其是内嵌于借贷双方间的信息共享机制。国际上小额信贷还贷率至少为98%，其成功的经验是充分地利用了社会担保机制。在发展中国家，农村信贷市场普遍面临着信息不对称的问题。由于农户的信用记录、还款能力等信息往往难以被正规金融机构全面获取，这就导致农村信贷市场的效率低下和风险较高。为了解决这个问题，世界银行推崇利用社会资本来增强信贷市场的信息透明度。社会担保、同伴监督或压力是利用社会资本成功解决发展中国家农村信贷市场上不完美信息的典型（陈军、曹远征，2008）。非正规借贷主要发生在相互熟悉的社区，借贷双方彼此知根知底，各自不仅了解对方的才干与人品，而且清楚对方的身世、财产及亲友关系（贺雪峰，2000）。贷款人通过人缘、地缘等获取借款人的信息，在此，借款人的名声及其所属的社会关系网络取代了传统的实物或金融抵押，成为非正规借贷的基础。如果借款人违约，将受到声誉丧失、社会排斥等严厉的社会惩罚。因此，非正规借贷的运行机制是利用当地固有的社会网络、关系、名声等进行履约，而这些具有完全意义上的社会属性。

（4）民间金融市场上融资的成本也比较低

民间金融市场融资的成本相对较低，这一优势主要体现在显性成本和隐性成本两个方面。从显性成本来看，在正规金融市场上，贷款申请通常需要经过烦琐的审批流程，涉及多个环节和部门，从而产生了较高的评估费、担保费等显性成本，而在民间金融市场上，融资活动通常不涉及复杂的评估费、担保费等财务成本，即使有这些成本也通常被大幅度降低，甚至完全避免。然而，显性成本只是融资成本的一部分。在正规金融市场上，还存在着许多隐性成本，这些成本往往更加难以察觉和量化。一方面，正规金融市场的贷款手续烦琐，审批时间长，这不仅增加了融资的时间成本，还可能导致企业错过最佳的投资时机，产生投机成本和机会成本。同时，由于正规金融市场存在信息不对称的问题，企业为了获得贷款，可能需要花费大量的时间和精力去寻找合适的金融机构和贷款产品，这也会产生寻租成本。另一方面，中小企业在正规金融市场上往往会面临资金可获得性的问题。由于正规金融机构对中小企业的信用评级和还款能力存在疑虑，中小企业往往难以获得足够的资金支持。即使能够获得贷款，由于贷款额度有限，企业还需要考虑资金的分配和使用效率，这也会增加时间成本和管理成本。

相比之下，民间金融市场上的融资活动更加灵活和高效。由于借贷双方建立了长期的信任关系，民间金融市场上的融资过程通常更加简便和快捷。这不仅降低了融资的时间成本，还提高了资金的使用效率。同时，由于民间金融市场上的借贷双方通常比较熟悉，企业更容易获得合适的贷款产品和服务，从而降低了寻租成本。

此外，民间金融市场上的融资活动还具有一定的风险分担机制。由于借贷双方通常都了解彼此的信用状况和还款能力，他们可以在借贷过程中进行风险分担和利益共享。这种机制不仅有助于降低融资成本，还有助于提高融资活动的稳定性和可持续性。

（5）非正规金融市场有较高资金配置效率

在金融市场处于完全竞争状态时，资源配置能够自动实现帕累托效率。在正规金融的现实活动中，由于信息不对称存在逆向选择和道德风险，信贷市场无法出清，从而降低了资金配置效率。非正规金融在很大程度上改善了资金配置效率，其一般都有明晰的产权制度，这种产权制度具有很好的激励约束功能。民间金融的委托-代理问题要少得多，极少出现在国有商业银行中经常存在的过度风险承担或风险回避的倾向。另外，从操作机制来看，中小企业从非正规金融渠道获取资金较为容易，这也是中小企业乐于从非正规金融获取资金的重要原因。

世界银行认为，非正规金融是指那些没有被中央银行监管当局所控制的金融活动。在亚非许多发展中国家，非正规金融活动有着悠久的历史，对各国的经济发展起到了积极的推动作用。在我国，非正规金融主要包括基金会、互助会、合作性小额信贷、新型农民资金互助合作社、典当业信用、私人钱庄、民间借贷等形式。同时，我国现行农村金融体系设计滞后于农村经济的发展态势，形成了一定的金融“空洞”，而这正是非正规金融发育的肥沃土壤。

## 5.3 社会信任影响非正规融资可获得性的理论分析

非正规金融发生在熟人之间，能够给中小企业提供比较宽松且方便的融资条件。从操作机制来看，大多数中小企业能获取非正规金融的资金。本部分内容主要剖析中小企业获取非正规金融实现机制，为进一步对社会信任影响非正规融资可获得性进行实证研究提供理论依据。

### 5.3.1 信息传递机制与非正规金融的获得

在社会信用体系不完善的情况下，中小企业融资信息不规范，会严重影响到信息的披露和传递。因此，非正规金融组织必须获取借款企业的融资信息，这些信息既包括反映企业经营能力、财务状况、注册资本的硬信息，也包括企业家个人的人品、能力等软信息。

在传统的社会信任关系下，企业家个人信息和企业经营信息的交流仅局限于一定的范围，而且只能被熟人所掌握和了解。在传统的社会信任网络中，企业的信任信息扩展的路径是以关系网络作为联系纽带（陈凌，1998），呈现出以家族血缘为中心的“差序格局”，与企业家越亲密、联系越密切的亲友、邻居、同学等越容易获得信息，传递的效率也更高。

由于非正规金融组织是内生于中小企业的经济环境之中的，其服务的地域限于一定的范围，因此可以利用社会关系网络成员日常的人际交往不断积累信息，通过闲言碎语方式进行收集和传递信息，在不经意间、伴随日常生活而产生这些“副产品”，信息收集费用很低。而且，非正规金融利用“熟人社会”中特有的信息搜集、甄别等优势，能够收集到非常翔实的中小企业的“软信息”，具有正规金融无法比拟的信息优势，具体表现为对资金需求者的还款能力的甄别以及对融资过程的监督等优势（刘民权等，2003）。同时由于相互了解，彼此知根知底，非正规金融组织更容易融入当地的熟人信任体系之中，使得借贷双方之间的信息更加透明，信息不对称程度下降，中小企业凭借社会关系网络的信息传递机制提高了获得非正规融资的可获得性。

### 5.3.2 信任机制与非正规金融的获得

非正规金融的运作核心在于一种深厚的关系信任机制，这一机制与我国传统信任形式的多样性和层次性紧密相连。楼远（2003）指出，非正规金融形式呈现出与信任形式相契合的层级分布，从低到高，逐步扩展。首先，最低层级的是基于亲缘、地缘以及朋友间深厚信任关系而产生的私人借贷。这种借贷方式主要发生在亲朋好友之间，依赖于个人的情感联系和相互了解，是最为基础的非正规金融形式。其次，随着信任范围的扩大，基于低级别社群信任的各种民间借贷出现了。这些借贷活动通常发生在较为熟悉的社群内部，如村庄、社区等，借贷双方虽然不一定有亲密的个人关系，但基于共同的社群认同和相互了解，也能够建立起一定的信任基础。进一步地，随着信任层次的提升，基于较高级别社群信任的企业间商业信贷出现了。这种信贷方式主要发生在企业之间，依赖于企业间的商业往来和信誉评估，是非正规金融向更高层次发展的体现。最后，最高层级的是基于正规、高级的社群信任形式而产生的金融互助组织的融资。这些金融互助组织通常具有较为完善的组织架构和管理制度，能够吸引更广泛的成员参与，并通过互助合作的方式为成员提供融资服务。这种形式的非正规金融已经超出了乡土范围，甚至能够服务于更高层次的企业融资需求。可见，非正规金融的运作机制与其信任形式的层次性紧密相连，从低级的私人借贷到高级的金融互助组织融资，服务对象和服务范围逐步扩展，满足了不同层级、不同需求的融资。

在企业家的社会关系网络内，企业家与网络成员之间因交往而信任，因信任而合作。长期的生存和交往，孕育和发展了人与人之间的信任关系，形成了一个相对封闭的、稳定的特殊信任关系网络。在一个以人际关系为纽带的信任共同体中，惩罚机制和监督机制都是非常有效的。在一个交往范围有限的关系网络中，信息的传递高效而快速，一个人的失信行为瞬间就在生活圈子里广泛传开，其必然会受到公众的谴责，以至于遭到排斥。可以说，一个相对封闭的圈子有着极强的社会制裁力，这便形成了一种“保证”的信任关系。信任机制能够提高借贷双方合作的效率，从而使得非正规融资成本降低，违约率降低。

### 5.3.3 信誉机制与非正规金融的获得

在信息不对称的环境下，信誉是反映信任主体可信任度的信号。好的信誉能赢得人们的信任进而产生合作，而不好的信誉只能产生不信任，从而使失信者失去当前的合作机会和未来潜在的交易机会。因此，信誉作为激励和约束人们行为的一种机制，通过给予守信者奖励和施予失信者惩罚来激励人们重视自身的信誉，以达到制约违约行为的目的。

社会网络能够产生社会资证作用：一个人的信誉首先在关系网络中建立“口碑”，一传十，十传百，形成声望，就像一个人的文凭和证书一样，是一种资本（林南，2005）。在中国乡土社会中，以家庭作为信任的基本载体。对一个家族式的中小企业而言，家庭的名誉对企业是至关重要的。一个家庭的信任是多方面的，大到钱款到期不还，小到借邻居家的家什不还等日常生活杂事都能体现一个家庭的信任情况。每个人心中都有一个简单而朴实的衡量信任度的标准，当一个家庭的失信行为突破了一定的限度之后，那这个家庭就会被认定为失信，就会遭受邻里乡亲的排斥，从而失去与亲戚及邻居组成互助的可能，也就失去了“人情”。

中国社会讲究“人情”，讲究“礼尚往来”，这是形成于民间的文化习俗，它具有非市场化的社会交换功能。因为关系网的存在，企业家可能因“人情”而获得资金，或获得无息借款，但是必须恪守“还人情债”或“有借有还，再借不难”的准则；否则，就会因“坏名声”遭到排斥，进而影响到整个家族的名誉。因此，“人情”成为在关系网中习俗所认可的人际交往准则。

事实上，在中小企业的非正规融资中，非正规金融契约的实施机制和信誉保护机制是一个关联博弈，即该关联博弈包括借贷双方之间的博弈以及借款人与整个关系网络成员的博弈。在交易域的经济博弈中，发生在借贷双方之间的交易行为具有重复博弈的性质。只要借款人发生一次赖账不还，其就有了违约的“记录”，他就失去了交易网络成员的普遍信任，贷款人就很可能会永远不再与其发生任何经济关系。同时由于关系网络的信息传递高效、快速，借款人的违约信息在整个关系网络中快速传播，其违约面临着扩大化的潜在惩罚威胁。交易域博弈中的失信行为最多只能发生一次，否则其失信行为必将以丧失未来的经济利益和企业发展机会为代价，并导致巨大的信用成本。在社会交换域的社区重复博弈中，由于存在信誉机制效应，作为一个社区或一片乡土的成员，中小企业除了获得一定规模的社会资本外，还将会获得信誉价值。因此，在非正规融资中，中小企业的信贷行为的奖励与惩罚会被放大无数倍，这个倍数要根据关系网中成员的数量来定。如果借款人守信，他不仅可以获得贷款人更为优惠的贷款条件以及更多的贷款，还可以获得网络中其他贷款人的普遍认同与信任；如果借款人的某一交易有失信行为，其不仅会遭受来自贷款人的惩罚，而且会遭致来自整个网络成员的排斥。

由于信任是社会活动的均衡结果，客观上促进了人们的相互合作，因此，有必要借用关联博弈模型进一步分析信誉机制的社会惩罚效力。借贷博弈树如图5-1所示：

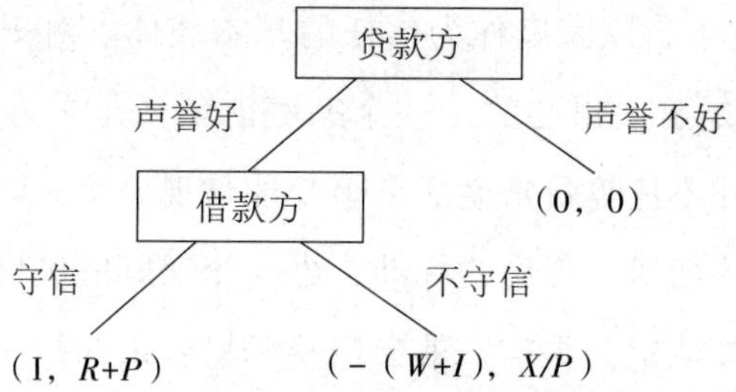


**图5-1 借贷博弈分析图**

该博弈树中的$P$称为贴现因子，即信誉价值，其大小取决于违约者的违约成本高低。在非正规金融的关联博弈中，由于首次信贷时借款人没有“信用记录”，贷款方只能根据初始信誉情况确定是否放款给借款方：如果选择拒绝贷款给借款方，双方没有发生交易行为，所以双方均没有收益；如果选择信贷交易，则进入第二阶段的博弈。交易双方的具体收益情况应根据借款方在第二阶段的行为选择来确定。根据借款方的经营策略、偿债能力和借款目的，借款方在获取信贷资金后有两种行为选择：第一种是为了获得长久、稳定地使用信贷资金的机会而选择守信，则贷款方的收益为利息（$I$），作为借款方的中小企业的收益为利用贷款所创造的扣除利息后的收入（$R$）及声誉价值（$P$）之和。第二种是借款方只为获得一次使用资金的机会而选择不守信，则贷款方会损失贷款本金（$W$）和利息（$I$），而借款方违约后的真实收益取决于其利用贷款创造的价值与违约所得之和（$X$）与信誉贴现因子（$P$）的比值，即$X/P$。根据前面的分析可知，贴现因子（$P$）受交易域和社区交换域双重惩罚，其取值必然很大，使得$X/P<R+P$。因此，要使借贷交易达成，借款方必须守信，这样信贷方能成功收回本息，实现借贷双赢，借款方良好的信用记录也为以后的合作奠定了基础。可见，信誉能促进企业与非正规金融机构的长期合作，提高中小企业的非正规融资的可获得性，起到社会担保的作用。

从以上理论分析可知，中小企业要获得非正规金融的资金，必须重视融资信息质量及其传递，发挥好信任机制与信誉机制的效用。而这两种机制作用的发挥，都与企业社会信任关系网络的特性有关。由于企业的特殊信任关系网络具有地域界限和空间边界，融资信息的传递范围受到限制，信任机制、信誉机制作用的发挥也因边界的限制而未能发挥应有的效力，这就影响了中小企业获取非正规融资的资金规模和范围。中小企业要获得正规金融机构的融资，必须突破特殊信任关系网络的限制，扩大融资范围，增加融资渠道。

## 5.4　社会信任影响正规融资可获得性的理论分析

在金融机构的信贷供给能力一定的情况下，中小企业能否获得正规金融资金，关键取决于金融机构对其资信状况的主观评价。

### 5.4.1　银企关系与正规金融的获得

有些中小企业出于利益保护的需要，不愿意公开更多的企业信息。同时，中小企业还存在财务制度不完善、法人治理结构不健全等现象，也使得社会大众形成了一种很难改变的中小企业不规范的印象。信用信息不对称及中小企业信用的缺失，必然影响到正规金融机构在信贷市场上对贷款对象的选择（张捷，2007），并作出与此相关的信贷约束。要缓解这方面对中小企业融资造成的不利影响，中小企业应与正规金融机构建立更紧密的关系。紧密的银企关系，可以使正规金融机构“熟悉”中小企业，让其充分掌握中小企业及企业家的人格化软信息，这些软信息可以弥补在硬信息不足的情况下扩展信贷融资的缺陷。

在社会信用体系不健全、社会公共信息缺乏的环境下，反映中小企业融资基础的人格化软信息，是通过企业家的社会关系网络进行传递的，只有当借贷双方都生活在同一个地域，并且还存在生产经营合作、非信贷交往等其他联系时才可以熟悉和掌握这些信息。显然，对于从外部进入到乡土社会或社区的正规金融机构而言，仅仅通过信贷关系很难完全获得融资企业完整的、有效的信用信息。因此，只有银行和企业保持长期、密切的业务合作关系，才能逐步积累大量有益于信贷决策的信息。

关系型借贷是为克服银企之间信贷信息不完全而构建的一种制度安排。该制度可以用长期关系产生的各种软信息弥补企业资产、财务数据等硬信息的不足，以改善中小企业抵押或担保不足、信息不透明的融资困境。关系型借贷涉及三个重要因素：银企关系、融资可获得性、贷款成本。有学者实证了银企关系对融资可获得性和贷款成本会产生影响。彼得森和拉詹（1994）的实证结果也表明，良好的银企关系不仅能对中小企业的融资可获得性产生正向影响，而且能降低贷款成本和贷款人的风险。

金融机构与企业之间的业务合作关系除了信贷关系外，还有金融服务关系、存款关系。这种多维度的关系可以让金融机构多方位地、多渠道获取借款者的准确信息，同时也能降低金融机构的信息搜集成本，对金融机构的信贷决策产生积极影响。

### 5.4.2 制度化信任与正规金融的获得

社会信任是对一般人的信任，以法规、制度、契约为保障，也称一般信任或普遍信任、制度化信任。社会信任是人际、群体间以及个人与群体间的信任的集中反映。虽然以个人信任为基础，但比个人信任更具理性和社会性，具有加快金融市场发展、促进经济增长和创造经济繁荣等功能。

在社区或乡村社会中，个人信任在很大程度上来源于对乡村民俗以及行为规则的遵守。长期稳定地居住于一个熟悉的环境中，个人会比较在乎邻里关系和乡邻的“闲言碎语”。也就是说，在熟人的社会关系中，社会秩序无须外力来维持，地缘关系和人际约束是维持信任的主要机制。因此在中小企业的融资活动中，企业家的个人信任与非正规金融契约的信任层级即“熟人信任”相对应，而且非正规金融契约的实施机制和信誉机制是一个关联博弈，交易域和社区交换域双重惩罚机制同时发挥作用，违约者的违约成本高，有效遏制了违约行为的发生。

在现代社会，企业家的信任结构很难与正规金融机构的普遍信任层级相对应，企业家的关系网络也不能有效发挥信誉机制的效用。这主要是因为现代社会是一个陌生人社会，交易双方通常并不认识，即使也可能居住于同一片乡土或一个社区。因此信息不对称且监督边界无限，这决定了人们相互之间缺少人际约束及其他制约关系，同时“闲言碎语”在这个开放的社会的约束效力也减弱了。现代社会最大的进步就是打破了传统社会信任的架构，人际约束在变化了的社会环境中不再保持原有的效力。现代社会信任关系的构架是建立在非人格的制度和法律基础上的。

正规金融契约是一种信任密集型契约，与制度化信任相对应，其签订效力及执行能得到国家法律的保护。但是在经济交往中，信贷合同的签订与否以及是否发生借贷行为，除了取决于贷款人对借款人的信任程度外，还取决于国家的法制是否健全，信贷合同执行力是强还是弱。而目前我国法律对违约者的惩罚力度较轻，违约者的失信成本较低，不足以有效遏制违规、失信行为的发生。因此，在社会法治建设不尽完善的情况下，正规金融契约依靠单一法律基础所作出的惩罚远远弱于非正规金融契约的双重惩罚机制，正规融资违约率不断上升，这也使得正规金融减弱了对中小企业贷款的积极性。中小企业能否获得正规金融机构信贷资金在很大程度上取决于企业及企业家的社会信任水平的高低。

### 5.4.3　信息共享机制与正规金融的获得

信任建立的机制是信息的披露与传递。在经济发展水平较低的熟人社会里，由于人们居住相对固定，乡邻关系简单而稳定，乡邻间的“闲言碎语”是较好及快捷的信息披露与传递方式，地缘关系在传统社会成为继亲缘关系之后的另一个重要信任保障机制，同乡会、行会更是成为商业信任的自我服务和仲裁机构。而现代社会的社会关系网络已经扩展到亲缘、地缘之外，社会经济关系的联系方式发生重大转变，同时空间的开放性导致信息基本上是不对称的和不充分的，像乡邻间的“闲言碎语”这样的人际约束不再在变化了的社会条件中继续保持原有的效力。社会关系的变化使得信任关系的建立在更大程度上依赖于正式制度和征信系统等非人格化的信任机制来保障。因此必须建立一条通畅的渠道来有效披露和传递信息以满足社会对信用信息的需求。

在当前整个社会信用体系不够健全，部分中小企业的经营管理不善、财务状况不佳、信用意识较低、基本信息不规范、信息不完全的情况下，中小企业只有突破信用信息不规范以及传递不畅的约束，建立和完善中小企业征信系统，充分发挥信息共享机制的保障作用，才能提高其正规融资的可获得性。信息共享机制的建立和完善，既可以为正规金融组织的授信决策和风险度量提供信息依据，还可以通过失信惩戒来防范违约风险的发生。信用信息共享机制对于违约风险的惩戒具有三种效应：筛选、激励和扩展。这些效应既能起到有效预防作用，又可以缓解逆向选择和道德风险问题。因此，从总体上来看，信用信息共享所提供的公共信息，既能起到信誉机制的作用，也能缓解信息不对称带来的信贷约束，大大缓解信贷违约问题，从而提高中小企业正规融资的可获得性。

### 5.4.4 金融资源的有效利用与正规金融的获得

为了维持企业的运转，中小企业及其企业家通常需要拥有各种资源。而社会资本被看作嵌入社会关系网络并能通过该网络获得的实际的或潜在的资源集合。因此，要拥有广泛的社会资本，企业必须关注那些嵌入社会结构之中的社会关系以及信任、规范和网络等社会资本形式。中小企业资源主要来源于企业家的社会关系网络。通过人际关系网络，中小企业既能获得较低成本的资源，也能获得稀缺性资源。

正规金融机构一般借助抵押、担保来缓解非对称信息条件下所产生的逆向选择和道德风险。然而中小企业的自身特点决定了其缺乏有效的抵押担保品来满足正规信贷融资的需要。从企业自身条件来看，资本与资产的不足和变现能力差等原因，使其缺乏有效的实物性抵押物；从外围条件来看，由于中小企业财务制度不健全、底子薄、资信度较低，很难争取担保公司等中介机构出面为其担保。在这种情况下，中小企业在信任构建上面临挑战，也难以通过正规金融领域的信用贷款、抵押贷款及担保贷款等途径获得融资。在现阶段，中小企业家的社会关系网络还存在，企业家的社会资本仍以传统社会资本为主，传统的规范约束依然发挥着重要的作用，通过网络能够传递信息，并能够降低网络成员之间的信息不对称程度，同时信誉机制仍然具有抵押担保与社会惩罚功能。因此，通过企业家的关系网络，充分利用传统社会资本的优势，以企业的“社会担保”替代金融机构的实物抵押或担保形式，能够提高中小企业正规融资的可获得性。

已有的研究表明，中小企业内生性互助联保、中小企业信用共同体、中小企业信用互助等融资模式能够在一定程度上解决银企之间信息不完全、不对称问题，达到改进信贷市场效率、改善弱势群体获得正规金融的效果。

# 第六章　社会信任对中小企业融资可获得性的实证分析

本章旨在验证社会资本对中小企业信贷可获得性的影响，说明社会资本对中小企业获得非正规信贷和正规信贷的重要作用。因此，本章在结构上分为三个部分，首先，对样本企业企业家的社会资本指标进行因子分析，提取社会资本公共因子，分别计算社会资本分量指数和社会资本总指数；其次，运用描述性统计方法分析社会资本总指数对农村中小企业信贷可获得性的影响，并且重点运用二元逻辑（Binary Logistic）回归模型分析社会资本分量指数对信贷可获得性的影响；最后，对检验结果进行讨论并进一步总结。

## 6.1　中小企业家社会信任的因子分析

根据中小企业的经营组织特点以及本书第三章中企业家作为企业社会信任研究的逻辑起点、研究思路和结论，本节通过对中小企业社会信任中的核心部分即企业家社会信任进行分析，并运用主成分分析方法提取社会信任公共因子。

### 6.1.1　社会信任测度方法的选择

信任的测量方法很多，较权威的测量来自英格尔哈特（Inglehart，1998）所做的世界价值观调查。英格尔哈特（1995）将信任分为一般信任和特殊信任，并给出这样的信任测量问题：“一般地说，你认为大多数人是可信任的吗，或者在待人接物时你没有必要小心对方？”英格尔哈特就信任和参与度进行了32个国家的跨国比较，调查结果显示：信任与参与度具有显著的相关性，但并不强烈。帕尔丹（Paldam，2002）的办法是采用思想实验的问题调查法，即采用下列两个半假设问题进行调查。问题一：你有多少亲戚朋友会信任你并给你借钱？问题二：你能相信多少个亲戚朋友并借钱给他们？另外，现场实验法也被用来测量信任，著名的钱包试验（Wallet Test）就是一个测量信任的方法。在公共场所故意遗漏N个钱包，以被送回来的个数作为信任测量指标。但这种方法只能测量社区的一般信任，并且很难建立起与其他变量的相关联系。比较起来，对个体信任的直接测量反倒既能测量个体的信任水平，也能计算出平均社会信任状况，兼顾个体和群体社会信任的测量需求。

国际学术界大多采用“一般来说，您认为大多数人是可以信任的，还是和人相处要越小心越好”来测量个体的社会信任水平，其中，“大多数人是可以信任的”编码为“1”，“要越小心越好”编码为“0”。这是目前最普遍使用的单一题目度量人们的社会信任的方法。

综上所述，目前关于社会资本中社会信任的测量，主要有两种方法。一种是使用宏观指标进行测量。这种测量方法的好处在于形式和内容统一，便于不同研究之间进行交流，但是不能体现“社会信任”丰富而复杂的内涵。另一种测量方法是根据具体的关系建立一个综合测量指标，并根据研究目的进行个性化设计。这种测量方法能够体现构成社会信任的具体内涵，但是由于每个研究设计的测量指标包含不同的项目，也不便于在研究之间进行社会信任总量的比较。

由于是先对中小企业及企业家的社会信任进行测度，再以企业家的社会关系、信任和规范等企业家社会信任的构成要素作为研究起点来论证、分析中小企业社会信任与信贷融资可获得性的关系，因此，本节在总结前人对社会信任测度的研究基础之上，借鉴了边燕杰（2004）“位置生成法”测量个体网络社会资本，增加了对企业家信任和规范的测量。

### 6.1.2 数据来源与调查方案

根据实证研究的需要和研究所具备的条件，本书采用问卷调查的方式进行数据收集。此次调查问卷主要通过问卷星平台以及实地调查进行采集，具体的调查方案内容如下：

（1）调查对象与内容

调查的对象是广西壮族自治区的中小企业，其职工数、销售额和资产总额符合2011年6月18日，工业和信息化部、国家统计局、国家发展改革委、财政部研究制定的《中小企业划型标准规定》。调查企业家分布在电器电子、环保科技、建材、化工、服装加工、商贸等行业，既有高科技企业，也有传统的服务业，具有较好的代表性。调查的内容包括企业基本情况、融资情况、社会资本情况三个部分，其中，24个企业家社会资本指标是调查的主要内容。

（2）问卷设计、发放与回收

借鉴国外相关研究成果，同时考虑到我国中小企业所处的外部环境、内部的经营管理情况与国外存在较大差异，因此，我们对在国外已得到验证的成熟量表做了适当调整，以适合我国国情。在量表题项的选择上，主要借鉴了边燕杰（2004）、陈晓红和吴小瑾（2007）、曾寅初（2006）、张建杰（2008）、林丽琼（2009）等对社会资本的实证研究经验，尝试采用因子分析法测量187家中小企业企业家的社会资本。

样本数据来源于2021—2023年在广西壮族自治区内的中小企业调查数据。问卷自2024年4月起开始发放，至2024年9月30日结束回收。实际回收226份，剔除问卷项目填写缺漏太多以及填写不认真的无效问卷，挑选出有效问卷187份，有效回收率为82.74%。

经过对样本数据的整理发现，有效样本企业以制造业为主，占样本总数的52.47%，商业和服务业所占比重为37.53%，其他类型占10%。企业年龄为0～5年的样本企业数有71家，占样本总数的37.97%；企业年龄为5年以上的样本企业数有116家，占样本总数的62.03%，样本企业的行业分布和年龄分布基本合理。

### 6.1.3　社会信任指标的选取

研究的自变量是社会信任，因变量是企业的融资可获得性。根据对企业家社会信任的界定，拟选取企业家与交往人群的联系密度、企业家对不同人群所持的信任程度、社会责任及亲友互助、纠纷常用的解决办法、偿还贷款态度等24个指标对企业家社会信任程度进行测量，具体可见表6-1。在表6-1中，企业家的社会关系网络资本采用网络规模、强关系资本、网络密度来衡量。

表6-1 企业家社会信任指标、均值及标准差

| 社会信任指标 | 均值 | 标准差 | 样本量 |
|---|---|---|---|
| 银企关系 | 3.18 | 1.16 | 187 |
| 密切亲属数量 | 2.59 | 1.31 | 187 |
| 密切朋友数量 | 3.12 | 1.4 | 187 |
| 父亲职业 | 3.59 | 2.09 | 187 |
| 母亲职业 | 3.8 | 2.37 | 187 |
| 密切朋友的最高行政级别 | 2.66 | 1.53 | 187 |
| 密切朋友的最富有财富状况 | 2.82 | 1.18 | 187 |
| 密切亲属的最高行政级别 | 2.77 | 1.63 | 187 |
| 密切亲属的最富有财富状况 | 3.55 | 1.32 | 187 |
| 与普通朋友关系 | 3.56 | 1.08 | 187 |
| 与密切朋友关系 | 4.2 | 1.14 | 187 |
| 与合作伙伴关系 | 3.57 | 1.29 | 187 |
| 与密切亲属关系 | 4.09 | 1.16 | 187 |
| 给最亲近的朋友信任的打分 | 4.86 | 1.03 | 187 |
| 给普通朋友信任的打分 | 3.5 | 1.38 | 187 |
| 给生人信任的打分 | 2.9 | 1.49 | 187 |
| 给合作伙伴信任的打分 | 3.68 | 1.28 | 187 |
| 给亲人信任的打分 | 5.14 | 1.1 | 187 |
| 是否参加社会公益活动 | 0.78 | 0.41 | 187 |
| 是否得到亲友帮助 | 0.54 | 0.5 | 187 |
| 是否给亲友帮助 | 3.21 | 1.17 | 187 |
| 纠纷常用的解决办法 | 3.02 | 2.98 | 187 |
| 偿还贷款态度 | 2.02 | 1.47 | 187 |
| 是否加入协会 | 0.84 | 0.36 | 187 |

之所以选择测度社会资本的网络规模、强关系资本、网络密度来衡量反映企业家的社会信任关系网络，是基于社会关系网络与信任的关系。信任关系的确立离不开人与人之间或人与组织之间的行为表现。信任型网络关系能够比其他类型的网络传递更丰富、更敏感的信息。同样，人与人之间或人与组织之间通过不断的交流与合作能够实现网络成员对共同愿望的认同，从而有助于加强企业间的信任。

网络规模通过联系密切的亲属和朋友的总数量来衡量，其大小意味着企业家融资来源渠道的多寡；关系资本用父母亲的职业、联系密切的亲友最高行政级别以及最富有财富状况来衡量，其厚薄决定着企业家的融资数量、融资范围和融资难易程度等；网络密度通过与密切亲友、有业务往来的合作伙伴、普通朋友、银行人员一年走动的频率进行测量，其高低可以反映企业家与交往对象相互了解和信息对称的程度。信任指标是企业家对亲人、最亲近的朋友、普通朋友、不认识的人以及有业务往来的合作伙伴的平均信任程度进行打分，具体量级用50分及以下、51～60分、61～70分、71～80分、81～90分、91～100分6个等级来表示，测量时分别用1～6进行赋值。企业家的信任度差异在很大程度上决定了企业家借贷的容易程度和交易成本高低。考虑到中小企业的社会属性，企业家的信任行为约束包括参加社会公益情况、亲友互助、纠纷的解决办法、对偿还借款的态度以及参与协会等，具体赋值方式，除亲友互助、偿还贷款态度、加入协会的赋值外，其他的赋值处理同社会关系网络的赋值。当然，这些指标并不能反映企业家社会信任的全部，更不能反映企业社会信任的全部，本书在社会信任具体指标的选取上不仅尽可能地考虑了我国中小企业的实际情况，还考虑了指标的可获取性。鉴于指标间可能具有多重共线性，并且结合以往学者对社会信任的实证研究经验，本书尝试采用因子分析法测量187家农村中小企业企业家的社会信任。

### 6.1.4　研究工具选用

因子分析（Factor Analysis）是多元统计分析的一个重要分支，主要目的是浓缩数据，通过对诸多变量的相关性研究，可以用假设的少数几个变量来表示原变量的主要信息。由于测量社会信任的难度很大，指标设计应遵循合理性、全面性、可行性、综合性等原则，在具体设计问卷时应对指标尽可能多地设计一些问题，以避免信息丢失导致分析结果出现偏差。鉴于指标之间具有相关性，如果直接运用回归分析可能导致结果有误差，因此，本书首先对187家中小企业企业家的社会信任进行因子分析，找出其中相互独立的几个社会信任公共因子，这样，一方面可以考察每个公共因子对信贷可获得性的影响，另一方面，也可以计算出每个样本关于社会信任的综合得分，再利用总得分研究社会信任与信贷可获得性之间的关系，考察社会信任作为整体对信贷可获得性的影响。对样本对象进行因子分析和回归分析，可选用统计软件SPSS进行处理。

### 6.1.5 数据分析与结果

马庆国（2002）指出，因子分析的前提是变量之间的相关性，否则，如果变量彼此正交，就不会存在公共因子。因此，在因子分析之前，首先，要检验社会信任各指标之间的相关性。检验的方法主要有KMO样本测度和巴特利特球形检验。一般情况下，KMO值越接近1，越适合作公共因子分析。KMO值在0.9以上，非常适合；KMO值在0.8～0.9，很适合；KMO值在0.7～0.8，适合；KMO值在0.6～0.7，不太适合；KMO值在0.5～0.6，很勉强；KMO值在0.5以下，不适合。巴特利特球形检验统计值的显著性水平小于0.05，表明可以做因子分析。从KMO样本测度检验和巴特利特球形检验结果（见表6-2）可以看出，自变量样本数据的KMO值为0.712，大于0.7，且巴特利特球形检验显著性水平为0.000，小于0.05，说明问卷中的因子有较强的相关性，样本数据适合做因子分析。

表6-2 KMO样本测度检验和巴特利特球形检验结果

| | | |
|---|---|---|
| KMO样本测度值 | | 0.712 |
| 巴特利特球形检验 | 方差近似值 | 1 530.842 |
| | 自由度 | 276 |
| | 显著性水平 | 0.000 |

接下来就需要提取公共因子并确定因子个数给因子命名。本书采用主成分分析方法提取公共因子，因子分析中广泛以特征值大于1的方法决定主成分的取舍。在社会信任总方差解释表（见表6-3）中，特征值大于1的因子有前9项，且这9个因子的方差贡献率都大于5%，最高的达到17.744%，累计方差贡献率已达到73.539%，能够解释所有原设计自变量的73.539%方差。因此本书选取了前面9个主要因子进行分析。

表6-3 社会信任总方差解释

| 因子 | 特征值 | 方差贡献率 | 累计方差贡献率 |
|---|---|---|---|
| 1 | 4.259 | 17.744 | 17.744 |
| 2 | 3.083 | 12.847 | 30.591 |
| 3 | 2.272 | 9.467 | 40.058 |
| 4 | 1.930 | 8.042 | 48.100 |
| 5 | 1.478 | 6.158 | 54.258 |
| 6 | 1.294 | 5.392 | 59.650 |
| 7 | 1.255 | 5.230 | 64.880 |
| 8 | 1.069 | 4.455 | 69.335 |
| 9 | 1.009 | 4.204 | 73.539 |
| 10 | 0.947 | 3.945 | 77.484 |
| 11 | 0.879 | 3.661 | 81.145 |
| 12 | 0.816 | 3.401 | 84.546 |
| 13 | 0.710 | 2.957 | 87.503 |
| 14 | 0.584 | 2.434 | 89.937 |
| 15 | 0.468 | 1.948 | 91.885 |
| 16 | 0.406 | 1.690 | 93.575 |
| 17 | 0.311 | 1.296 | 94.871 |
| 18 | 0.283 | 1.179 | 96.050 |
| 19 | 0.258 | 1.077 | 97.127 |
| 20 | 0.229 | 0.955 | 98.082 |
| 21 | 0.162 | 0.675 | 98.757 |
| 22 | 0.126 | 0.525 | 99.282 |
| 23 | 0.099 | 0.411 | 99.693 |
| 24 | 0.074 | 0.307 | 100.000 |

为了便于主成分对实际问题的解释和分析，需要对因子载荷矩阵进行旋转才能将影

响因素在每个因子上的负载情况表示出来，从而能够反映不同因子代表的含义。对因子载荷矩阵实行方差最大化正交旋转，旋转后结果见表6-4。

表6-4 **旋转后9个因子的负载值表**

| 社会信任指标 | 因子1 | 因子2 | 因子3 | 因子4 | 因子5 | 因子6 | 因子7 | 因子8 | 因子9 |
|---|---|---|---|---|---|---|---|---|---|
| 银企关系 | 0.04 | −0.09 | 0.15 | −0.06 | 0.02 | 0.03 | −0.08 | 0.09 | 0.84 |
| 密切亲属数量 | 0.22 | 0.03 | 0.01 | 0.21 | 0.02 | 0.84 | 0.10 | −0.09 | 0.07 |
| 密切朋友数量 | 0.28 | −0.18 | 0.09 | 0.11 | 0.24 | 0.63 | 0.27 | 0.32 | −0.07 |
| 父亲职业 | −0.03 | 0.80 | 0.14 | 0.11 | 0.12 | −0.22 | 0.05 | −0.04 | −0.12 |
| 母亲职业 | −0.16 | 0.80 | 0.23 | −0.04 | 0.12 | 0.02 | −0.08 | −0.03 | −0.05 |
| 密切朋友的最高行政级别 | −0.18 | 0.44 | −0.08 | 0.05 | 0.56 | 0.21 | 0.11 | 0.00 | 0.18 |
| 密切朋友的最富有财富状况 | 0.05 | 0.19 | 0.03 | −0.06 | 0.77 | 0.15 | −0.05 | 0.25 | −0.27 |
| 密切亲属最高行政级别 | 0.16 | 0.22 | −0.15 | −0.04 | 0.43 | 0.12 | 0.55 | 0.12 | 0.36 |
| 密切亲属的最富有财富状况 | 0.34 | 0.23 | 0.25 | −0.35 | 0.09 | 0.20 | 0.40 | 0.23 | −0.18 |
| 与普通朋友关系 | 0.17 | −0.17 | 0.68 | 0.21 | 0.20 | −0.01 | −0.32 | 0.26 | −0.12 |
| 与密切朋友关系 | 0.03 | 0.08 | 0.79 | 0.04 | −0.04 | −0.18 | 0.15 | −0.19 | 0.19 |
| 与合作伙伴关系 | 0.43 | 0.21 | 0.48 | −0.27 | 0.21 | 0.15 | 0.08 | 0.37 | 0.04 |
| 与密切亲属关系 | −0.14 | 0.32 | 0.56 | 0.03 | 0.07 | 0.31 | −0.07 | −0.07 | 0.12 |
| 给最亲近的朋友信任的打分 | 0.28 | −0.01 | 0.08 | 0.89 | 0.05 | 0.05 | 0.05 | 0.00 | −0.15 |
| 给普通朋友信任的打分 | 0.93 | −0.05 | 0.04 | 0.07 | 0.03 | 0.05 | −0.02 | 0.01 | 0.08 |
| 给生人信任的打分 | 0.88 | −0.04 | −0.02 | 0.07 | 0.01 | 0.08 | −0.05 | 0.02 | 0.04 |
| 给合作伙伴信任的打分 | 0.70 | −0.07 | −0.01 | 0.38 | −0.09 | 0.34 | 0.01 | −0.06 | −0.15 |
| 给亲人信任的打分 | 0.04 | 0.04 | 0.15 | 0.83 | −0.01 | 0.23 | 0.15 | 0.11 | 0.07 |
| 是否参加社会公益活动 | −0.04 | −0.03 | −0.02 | 0.07 | −0.09 | 0.05 | −0.07 | 0.70 | 0.12 |
| 是否得到亲友帮助 | −0.17 | −0.17 | 0.07 | 0.23 | 0.06 | 0.19 | 0.75 | −0.11 | −0.14 |
| 是否给亲友帮助 | −0.07 | 0.17 | 0.56 | 0.26 | −0.14 | 0.16 | 0.42 | 0.04 | −0.02 |
| 纠纷常用的解决办法 | −0.08 | −0.22 | 0.02 | −0.04 | −0.22 | 0.25 | −0.49 | −0.58 | 0.13 |
| 偿还贷款态度 | −0.02 | 0.06 | −0.11 | −0.03 | −0.70 | 0.09 | −0.11 | 0.20 | −0.11 |
| 是否加入协会 | 0.29 | 0.59 | −0.20 | −0.15 | −0.07 | 0.19 | 0.10 | 0.32 | 0.07 |

因子负载的绝对值越大，表明该因子和该变量的重叠性越高，在解释因子时越重要。一般认为，负载绝对值大于0.71时所选择的因子优，变量的方差能被该因子解释的部分至少为50%，负载绝对值大于0.600时所选择的因子很好，变量的方差能被该因子解释的部分至少为40%，负载绝对值大于0.55时所选择的因子好，变量的方差能被该因子解释的部分至少为30%，负载绝对值大于0.45时所选择的因子一般，变量的方差能被该因子解释的部分至少为20%。本书选用0.600作为解释因子的分割点，并对因子命名。

从表6-4可以看出，因子1上有显著载荷的变量是给普通朋友信任的打分、给生人信任的打分、给合作伙伴信任的打分，主要反映企业家的普遍信任程度，可以命名为普遍信任。因子2上有显著载荷的变量是父亲职业、母亲职业，显示企业家的先赋性社会资本，对企业家的价值观、行为习惯产生影响，还可能深刻影响其对社会的认知与信任态度，因此可以命名为代际效应。因子3上有显著载荷的变量是与密切亲属关系、与密切朋友关系，主要显示企业家对与自己密切关系的亲朋的信任，可以命名为网络密度。因子4上有显著载荷的变量是给最亲近朋友信任的打分、给亲人信任的打分，主要显示企业家对与自己具有血亲关系的“自己人”、亲密朋友的特殊信任，可以命名为特殊信任。因子5上有显著载荷的变量是密切亲属的最富有财富状况、信用意愿，主要显示了企业家关系网络内密切亲属拥有财富多寡以及信用程度，这些关系是企业家资金的主要来源，是企业的主要经济利益所在，可以命名为信用意愿与能力。因子6上有显著载荷的变量是密切亲属数量、密切朋友数量，主要反映企业家的关系资本的多寡，可以命名为网络规模。因子7上有显著载荷的变量为是否得到亲友帮助，主要显示了企业家在亲友关系中，由于存在血缘或长期交往的情感纽带，个体之间建立起来的深厚信任。当亲友之间提供帮助时，这种帮助往往是基于彼此之间的信任和互助精神。因此，是否得到亲友帮助，可以看作衡量人际信任程度的一个重要指标，因此可以命名为人际信任。因子8上有显著载荷的变量为是否参加社会公益活动，主要反映企业家的企业在追求经济效益的同时，对社会、利益相关者所承担的责任的履行程度，可以命名为社会责任履行度。因子9上有显著载荷的变量为银企关系。

最后，计算各样本的社会信任分量指数和总指数。在上述所有社会信任变量进入SPSS的因子分析程序后，结果显示：提取的9个公共因子分别记为$F_1$、$F_2$、$F_3$、$F_4$、$F_5$、$F_6$、$F_7$、$F_8$、$F_9$，这9个因子在每个样本上都有因子值，代表样本企业的因子得分，可直接作为社会资本分量指数。社会信任总指数可以这9个公共因子为基础，乘以各自的方差贡献率，再除以这9个公共因子的总方差贡献率，来求得。社会信任总指数记为F，其公式为：

$$F=(17.744F_1+12.847F_2+9.467F_3+8.042F_4+6.158F_5+5.392F_6+5.23F_7+4.455F_8+4.204F_9)/73.539$$

由此可见，9个因子对社会信任总指数的贡献有差异：普遍信任的贡献最大（17.744），其余依次为代际效应（12.847）、网络密度（9.467）、特殊信任（8.042）、信用意愿与能力（6.158）、网络规模（5.392）、人际信任（5.230）、社会责任履行度（4.455）、银企关系（4.204），这说明普遍信任可能是最好的单项社会信任总指数指标，而银企关系可能是相对最差的单项社会信任总指数指标。尽管9个因子对社会信任总指数的贡献差异很大，但这9个因子都是用来衡量企业家社会信任的很好的指标。

## 6.2 企业家社会信任与信贷可获得性的实证分析

为检验企业家社会信任对中小企业融资可获得性的影响，有必要引进二元逻辑回归模型进行回归分析，以考察企业家社会信任分量指数对融资可获得性的影响。在进行二元逻辑回归分析前，考虑到社会信任总指数是单因素变量，需要将社会信任总指数与融资可获得性进行描述性统计分析，以分析企业家社会信任作为整体对中小企业融资可获得性的影响。

### 6.2.1 变量选择

由于实证分析部分需要考察社会信任总指数和分量指数对信贷可获得性的影响，变量的选择也需要分成两个步骤。首先，把社会信任总指数作为自变量，信贷可获得性作为因变量，通过描述性统计分析方法分析社会信任总指数与正规信贷可获得性和非正规信贷可获得性的定量关系；其次，考察社会信任分量指数对信贷可获得性的影响，需要将社会信任分量指数作为自变量，信贷可获得性作为因变量。需要特别说明的是，由于中小企业企业家对非正规信贷所占比重多少比较保密，在问卷中无法提取到较为准确的数据。根据王宣喻、储小平（2002）的调查资料，83.02%私营企业家参与民间借贷。林平等（2005）通过对广东民营企业的调查也发现，资产规模在500万～3 000万的中小企业，银行贷款可获得性最低，非正规信贷比例最高，其非正规信贷占负债的比例均超过贷款占负债的比例，因此，中小私营企业普遍存在非正规信贷现象。基于这一认识，本书的问卷调查中设计了“企业2021—2023年生产经营中的资金主要来源渠道”调查项，通过对问卷数据的整理，发现该调查项数据较为真实可靠。由此，本书统计上的非正规信贷可获得性是指2021—2023年生产经营中的资金是否主要来源于亲友借贷、私人借贷或民间金融组织借贷等。由于该调查项为“可复选题”，只要选择亲友借贷、私人借贷、民间金融组织借贷、企业间借贷、商业借贷等其中任何一项便可视为获得非正规信贷，用“1”表示，反之，则为没有获得非正规信贷，用“0”表示。考虑到影响信贷可获得性的因素有很多，本书根据实际调研的情况与因子分析的结果，从企业家社会信任角度出发，选取普遍信任、代际效应、网络密度、特殊信任、信用意愿与能力、网络规模、人际信任、社会责任履行度、银企关系共9个因子的因子得分即社会信任分量指数作为自变量，是否获得信贷包括正规信贷和非正规信贷分别作为因变量，考察企业家社会信任对中小企业信贷可获得性的影响程度。$Y$作为因变量，（$Y$=0表示没有获得信贷，$Y$=1表示获得信贷），为0/1二值型变量。

其中，自变量$F_1$为普遍信任的因子得分，企业家对生人和有业务往来企业家的信任度越高，普遍信任因子值越高。普遍信任反映来自不同网络群体之间的联系和信息沟通，能够为企业提供异质性的融资信息和融资机会，能促进企业获取稀有资源和正规融资，从而减少对非正规融资的需求。因此，该变量对企业正规信贷可获得性应该具有正向影响，而对非正规信贷可获得性可能具有负向影响。$F_2$为先赋资本的因子得分，其中父母是企业家情感及创业最有力的支持。在借贷关系中，父母比兄弟姐妹发挥着更重要的作用。企业家的家庭背景往往决定了其初始资源和社会资本。如果企业家来自一个资源丰富、社会地位较高的家庭，他们可能更容易获得他人的信任，因为他们的家庭背景为他们提供了更多的社会支持和认可。相反，如果企业家来自一个资源匮乏、社会地位较低的家庭，他们可能需要付出更多的努力来建立自己的社会信任。因此，先赋资本因子值对企业的正规信贷和非正规信贷可获得性可能都具有正向影响。自变量$F_3$为网络密度的因子得分，网络密度可以反映企业家与交往对象相互了解和信息对称的程度。一般而言，与密切亲属和朋友关系越好，企业越容易获得正规金融机构的贷款，从而就会减少对非正规信贷的依赖，反之，则企业更多地依赖非正规信贷。因此，网络密度因子值对正规信贷可获得性可能具有正向影响，而对非正规信贷可获得性则可能具有负向影响。$F_4$为特殊信任的因子得分，主要说明对朋友包括最亲近朋友和普通朋友的信任度越高，企业获得信贷越容易，因此，特殊信任因子值对企业的正规信贷和非正规信贷可获得性可能都具有正向影响。$F_5$为信用意愿与能力的因子得分，这种信任关系不仅体现在亲属之间的情感联系上，更体现在他们之间的经济交往和利益共享上，信任关系之间往往存在一种隐性的互惠协议，即彼此在需要时会提供帮助和支持，这种互惠性增强了家族信任的可靠性和持久性，因此，信用意愿与能力因子值对企业的正规信贷和非正规信贷可获得性可能都具有正向影响。$F_6$为网络规模的因子得分，随着关系网络的扩展，企业家能够接触到更多的人和资源。这些新的联系往往建立在已有的信任关系之上，或者通过已有关系的介绍和推荐而建立。关系网络的扩展有助于信任的传递和扩散，增强了社会整体的信任度。因此网络规模的因子得分对正规信贷可获得性可能具有正向影响，而对非正规信贷可获得性则可能具有负向影响。$F_7$为人际信任的因子得分，人际信任体现了人与人之间基于情感纽带和交往经验而形成的信任关系，也反映了社会支持网络的力量。一个拥有强大社会支持网络的人，在面临困难时更容易获得他人的帮助和支持，从而增强自己的应对能力和社会适应能力。因此人际信任的因子得分对企业的正规信贷和非正规信贷可获得性可能都具有正向影响。$F_8$为社会责任履行度的因子得分，企业若能积极履行社会责任，将赢得社会的广泛认可与信任。反之，若企业忽视社会责任，将严重损害其社会信任度。社会责任履行度是衡量企业社会信任水平的重要标准之一，因此社会责任履行度的因子得分对企业的正规信贷和非正规信贷可获得性可能都具有正向影响。$F_9$为银企关系的因子得分，其得分对企业的正规信贷可获得性可能具有正向影响，对企业的非正规信贷可获得性可能具有负向影响。将上述所选的9个社会信任分量指数作为自变量，各个变量的符号及其对信贷可获得性的可能影响方向见表6-5。

表6-5　模型中拟选择的变量及可能影响方向

| 变量 | 变量名 | 变量符号 | 变量含义 | 影响方向 |
|---|---|---|---|---|
| 因变量 | 信贷可获得性 | $Y$ | 2021—2023年企业是否获得正规信贷；2021—2023年生产经营中的资金是否主要来源非正规信贷，1=是，0=否 | |
| 自变量 | 普遍信任 | $F_1$ | 给普通朋友信任的打分，给生人信任的打分，给业务往来企业主信任打分等的因子得分 | 正规（+）<br>非正规（-） |
| | 先赋资本 | $F_2$ | 父亲职业、母亲职业等的因子得分 | 正规（+）<br>非正规（+） |
| | 网络密度 | $F_3$ | 普通朋友关系，与密切朋友关系等的因子得分 | 正规（+）<br>非正规（-） |
| | 特殊信任 | $F_4$ | 给最亲近的朋友信任的打分，给亲人信任的打分等的因子得分 | 正规（+）<br>非正规（+） |
| | 信用意愿与能力 | $F_5$ | 密切朋友的最富有财富状况，偿还贷款态度等的因子得分 | 正规（+）<br>非正规（+） |
| | 网络规模 | $F_6$ | 密切亲属数量，密切朋友数量等的因子得分 | 正规（+）<br>非正规（-） |
| | 人际信任 | $F_7$ | 是否得到亲友帮助的因子得分 | 正规（+）<br>非正规（+） |
| | 社会责任履行度 | $F_8$ | 是否参加社会公益活动的因子得分 | 正规（+）<br>非正规（+） |
| | 银企关系 | $F_9$ | 银企关系因子得分 | 正规（+）<br>非正规（-） |

### 6.2.2　社会信任对信贷可获得性影响分析

社会信任作为一种交往互惠性的关系资源或桥梁纽带性的媒介资源，具有较强的资金调动与调配能力（张建杰，2008）。因而，企业家社会信任作为企业获取资金的关系资源平台，往往会发挥其在资金融通方面的潜能，实际影响企业的信贷可获得性。为进一步分析企业家社会信任对中小企业信贷可获得性的影响，有必要将因子分析的分量指数代入二元逻辑回归模型。接下来，通过二元逻辑回归模型来考察社会信任各因子对信贷可获得性的影响。

（1）影响非正规信贷可获得性的二元逻辑回归分析

将上述社会信任变量指数作为自变量，将自变量与因变量利用SPSS进行二元逻辑回归分析，采用反向逐步筛选策略进行变量选择，自变量进入回归方程的显著性水平为0.05、剔除方程的显著性水平为0.05，最终运行结果见表6-6、表6-7：

表6-6　**非正规信贷可获得性的二元逻辑分析结果**

| 变量 | 回归系数 | 标准误差 | 瓦尔德统计量 | 自由度 | 显著性水平 | 优势比 |
|---|---|---|---|---|---|---|
| （截距） | 5.065 | 1.547 | 10.724 | 1 | 0.001 | 158.339 |
| $F_1$ | −0.388 | 0.162 | 5.699 | 1 | 0.017 | 0.679 |
| $F_3$ | −0.485 | 0.201 | 5.804 | 1 | 0.016 | 0.616 |
| $F_6$ | −0.475 | 0.166 | 8.166 | 1 | 0.004 | 0.622 |

表6-7　**剔除变量后模型的稳定性检验（1）**

| 变量 | 模型对数似然值 | -2对数似然值变化量 | 自由度 | 变化的显著性水平 |
|---|---|---|---|---|
| $F_1$ | −106.127 | 5.754 | 1 | 0.016 |
| $F_3$ | −106.286 | 6.072 | 1 | 0.014 |
| $F_6$ | −107.588 | 8.677 | 1 | 0.003 |

在最终模型中，$F_2$、$F_4$、$F_5$、$F_7$、$F_8$、$F_9$变量不符合要求被剔除，保留的变量在模型中都是显著的，且由保留的变量所组成的模型在整体上是显著的（$\alpha = 0.05$）。由此建立的非正规信贷可获得性的二元逻辑回归模型为：

$$logit = 5.065 - 0.388F_1 - 0.485F_3 - 0.475F_6$$

由以上模型可知，普通信任、网络密度、网络规模自变量在5%的水平上显著，其系数符号为负值，这与实际情况一致。

（2）影响正规信贷可获得性的二元逻辑回归分析

将上述社会信任变量指数作为自变量，将自变量与因变量利用SPSS进行二元逻辑回归分析，采用反向逐步筛选策略进行变量选择，自变量进入回归方程的显著性水平为

0.05、剔除方程的显著性水平为0.05，最终运行结果见表6-8、表6-9：

表6-8　**正规信贷可获得性的二元逻辑分析结果**

| 变量 | 回归系数 | 标准误差 | 瓦尔德统计量 | 自由度 | 显著性水平 | 优势比 |
|---|---|---|---|---|---|---|
| $F_1$ | -0.939 | 0.327 | 8.225 | 1 | 0.004 | 0.391 |
| $F_3$ | -0.768 | 0.342 | 5.050 | 1 | 0.025 | 0.464 |
| $F_4$ | 1.317 | 0.342 | 14.834 | 1 | 0.000 | 3.733 |
| $F_5$ | -0.792 | 0.343 | 5.335 | 1 | 0.021 | 0.453 |
| $F_6$ | 0.774 | 0.300 | 6.647 | 1 | 0.010 | 2.169 |
| $F_9$ | 0.682 | 0.230 | 8.809 | 1 | 0.003 | 1.978 |
| 截距 | 0.304 | 1.701 | 0.032 | 1 | 0.858 | 1.355 |

表6-9　**剔除变量后模型的稳定性检验（2）**

| 变量 | 模型对数似然值 | -2对数似然值变化量 | 自由度 |
|---|---|---|---|
| $F_1$ | -52.964 | 10.355 | 0.056 |
| $F_3$ | -50.774 | 5.974 | 0.048 |
| $F_4$ | -59.403 | 23.231 | 0.013 |
| $F_5$ | -50.535 | 5.496 | 0.056 |
| $F_6$ | -51.545 | 7.515 | 0.048 |
| $F_9$ | -52.650 | 9.726 | 0.013 |

在最终模型中，$F_2$、$F_7$、$F_8$变量不符合要求被剔除，保留的变量在模型中都是显著的，且由保留的变量所组成的模型在整体上是显著的（$\alpha$=0.05）。由此建立的非正规信贷可获得性的二元逻辑回归模型为：

$$logit = 0.304 - 0.939F_1 - 0.768F_3 + 1.317F_4 - 0.792F_5 + 0.774F_6 + 0.682F_9$$

以上模型反映出，普通信任、网络密度、特殊信任、信用意愿与能力、网络规模和银企关系6个自变量在5%的水平上显著，其中，特殊信任与网络规模、银企关系的系数符号为正，这与实际情况一致，而普遍信任、网络密度、信用意愿与能力均在5%的水平上显著，系数为负值，这与预期的影响方向不一致。普遍信任与预期不一致的原因可能是普遍信任包含普通朋友信任和生人信任，使得企业家的交友范围扩大。同时企业家参加社会公益活动，企业家个人信息和企业的经营信息越能被朋友所了解，被社群、集群企业所了解，企业间借贷越普遍，使得非正规信贷可获得性提高，正规信贷减少。结构信任包含密切朋友的最高行政级别、密切亲属的最高行政级别等指数，一般而言，结构信任越高，说明企业家越有可能通过亲友获得正规金融机构的贷款。但是实证分析结果却是结构信任与预期的影响方向不一致，其原因可能是我国商业银行信贷条件严格，严格按照信贷纪律开展信贷活动。同时，传统的社会信任越高，获得正规信贷的可能性越低。

## 6.3 实证结论

上述实证研究结果表明，企业家社会信任对中小企业信贷可获得性的影响部分地得到了检验，社会信任对企业获得信贷具有重要的作用，本章的实证结论可以归纳为以下几点：

第一，企业家社会信任作为整体对中小企业信贷可获得性的影响较明显。企业家个人信任越高，来源于非正规信贷融资的比重越高。企业家的现代社会信任越高，获得正规信贷的比重越高。上述统计分析表明，企业家社会信任高，获得非正规信贷的比重仍然较高，其原因是中小企业普遍地受到正规信贷约束，企业家社会网络越大，社会资本越雄厚，企业的融资范围越大。

第二，从社会信任分量指数影响非正规信贷可获得性的二元逻辑回归结果看，普遍信任变量的影响是显著的，且是负向关系。普通朋友信任、生人信任、合作伙伴的信任对企业的非正规信贷可获得性可能具有负向影响的原因是多方面的。在实际情况中，这些关系可能与其他因素相互作用，共同影响信贷决策和信贷资源的分配。

概括起来，主要有以下几个方面的原因：

①信息透明度与风险评估。

A.信息不对称。

在非正规信贷市场中，贷款方往往依赖于对借款方的深入了解来进行风险评估。普通朋友、生人以及合作伙伴相比于直系亲属或紧密商业伙伴，可能提供的信息相对较少，且信息的真实性和完整性难以保证。这种信息不对称可能导致贷款方对借款方的风险评估产生偏差，从而降低非正规信贷的可获得性。

B.风险感知。

贷款方在面对普通朋友、生人或合作伙伴时，可能更容易感知到潜在的风险。这些关系相较于亲密的关系，缺乏足够的稳定性和可靠性，因此贷款方可能更倾向于谨慎行事，避免潜在的风险损失。

②信任程度与信贷决策。

A.信任深度。

在非正规信贷中，信任是建立信贷关系的重要基础。然而，普通朋友、生人以及合作伙伴之间的信任程度可能相对较低，这种浅层次的信任可能不足以支撑贷款方做出信贷决策。贷款方可能更倾向于与信任程度更高的借款方建立信贷关系，以确保资金的安全性和收益性。

B.信任转化。

虽然信任可以建立在多种关系之上，但在非正规信贷市场中，信任往往需要转化为具体的担保措施或还款承诺。普通朋友、生人以及合作伙伴之间的信任可能难以转化为有效的担保措施，从而增加了贷款方的风险敞口，降低了非正规信贷的可获得性。

③社会网络与信贷资源分配。

A.社会网络效应。

在非正规信贷市场中，社会网络往往发挥着重要的作用。紧密的社会网络关系可以促进信息的传递和资源的共享，从而提高信贷的可获得性。然而，普通朋友、生人以及合作伙伴可能并不属于借款方的紧密社会网络，因此难以享受到社会网络带来的信贷资源分配优势。

B.资源竞争。

在非正规信贷市场中，信贷资源是有限的。当借款方依赖于普通朋友、生人或合作伙伴的信任来获取信贷时，可能需要面临更激烈的资源竞争。这种竞争可能导致借款方在信贷市场中处于不利地位，从而降低非正规信贷的可获得性。

④信贷市场的规范性与监管。

A.市场规范性。

非正规信贷市场往往缺乏统一的规范性和监管机制。这使得贷款方在面对普通朋友、生人以及合作伙伴时，可能更难以评估和控制风险。为了降低风险敞口，贷款方可能更倾向于与信任程度更高的借款方建立信贷关系。

B.监管缺失。

在非正规信贷市场中，监管的缺失可能导致贷款方在面临潜在风险时缺乏有效的法律保障。这使得贷款方在面对普通朋友、生人或合作伙伴时可能更加谨慎和保守，从而降低了非正规信贷的可获得性。

第三，从社会信任分量指数影响非正规信贷可获得性的二元逻辑回归结果看，网络密度变量的影响是显著的，且是负向关系，与预设以及实际情况一致。

原因主要是：

①信任关系的差异性。亲密朋友或密切关系往往基于长期、深入的交往和共同经历，这种关系下的信任通常更为深厚和稳定。而普通朋友关系则可能相对较为松散，信任基础可能不如亲密朋友那样坚实。如果网络中的信任关系不够紧密或稳定，其传播效应可能会受到限制，甚至产生负面影响。

②信任度不足。如果企业在普通朋友关系或密切朋友关系中的信任度不足，可能会导致这些关系在非正规信贷市场中无法发挥有效的信任传递作用。这种信任度不足可能源于过去的负面经历、信息不对称或市场中的不确定性等因素。

③风险规避。在非正规信贷市场中，由于信息不对称和道德风险的存在，借贷双方都可能采取风险规避策略。如果企业认为普通朋友关系或密切朋友关系中的信任不足以支撑借贷交易的安全性，可能会选择避免在这些关系中寻求非正规信贷。

④替代效应。如果企业在其他关系中（如商业伙伴、金融机构等）能够获得更稳定、更可靠的信任支持，可能会选择在这些关系中寻求信贷支持，从而替代非正规信贷市场中的借贷行为。

第四，从社会信任分量指数影响非正规信贷可获得性的二元逻辑回归结果看，网络规模变量的影响是显著的，且是负向关系，与预设以及实际情况一致。

其原因主要有：

①从信息对称性的角度来看，虽然朋友关系（无论是普通还是密切）在一定程度上能够降低借贷双方的信息不对称程度，但这种降低的效果可能并不总是显著的。在非正

规信贷市场中，信息收集和传递的效率往往受到多种因素的影响，包括但不限于借贷双方的交往频率、交往深度、信息的敏感性和复杂性等。因此，即使存在朋友关系，借贷双方也可能因为信息不对称而无法达成有效的借贷协议。

②从信任机制的角度来看，朋友关系中的信任虽然具有一定的稳定性，但这种稳定性可能并不足以支撑非正规信贷交易的安全性。在非正规信贷市场中，由于缺乏正式的法律约束和监管机制，借贷双方往往需要依靠彼此的信任和道德约束来维护交易的顺利进行。然而，当朋友关系中的信任受到挑战或破坏时（例如因借贷纠纷、还款问题等），这种信任机制可能会迅速失效，从而导致借贷交易的失败或破裂。

③从融资范围的角度来看，朋友关系可能限制了企业的融资范围。在非正规信贷市场中，企业的融资往往依赖于其社会关系网络中的成员。然而，如果企业的社会关系网络主要局限于朋友关系（无论是普通还是密切），那么其融资范围就可能被人为地“锁定”在这些特定的对象中。这种限制可能导致企业在寻求非正规信贷时面临更大的挑战和困难，因为不是所有的朋友都具备提供信贷的能力或意愿。

第五，影响非正规信贷可获得性的其他变量如先赋资本、特殊信任、信用意愿与能力、人际信任、社会责任履行度等是不显著的。

①先赋资本因子。先赋资本因子包含父亲职业、母亲职业，说明企业家社会关系网络的质量高低。企业家的先赋性关系资本越雄厚，企业获得非正规信贷融资支持越有可能。然而实证分析结果表明代际效应因子对企业获得非正规信贷的影响不显著。主要原因是中小企业企业家多数出生于收入水平一般的普通家庭。正如表6-5所示，企业家父亲是农民和一般工人的分别占30.53%、26.32%，母亲是农民和一般工人的分别占32.63%、20%。

②特殊信任因子。导致特殊信任社会信任分量指数对企业非正规信贷可获得性不显著的原因可能是：亲人间信任度已经相当高，亲戚间的借贷更加注重亲情关系，信任并不是亲戚间借贷考虑的一个关键变量。理论上，密切亲友圈越小，网络差异程度就会越小、网络同质性就越强，企业家对外联结的方式就越少，企业获得资金的渠道就越窄。因此，密切亲友数量越小也即密切亲友网络规模越小，企业的对外融资范围越容易被“锁定”在特定的范围和对象，从而使得非正规信贷可获得性提高。但是，实证分析结果却是网络规模影响不显著。这反映了正规金融机构倾向于向正规制度约束强的企业提

供贷款，而非正规信贷的贷款人倾向于向受传统约束强的企业提供贷款，因此该社会信任因子对非正规信贷可获得性的影响不显著。

③信用意愿与能力因子。该因子在本书中只反映了密切朋友的最富有财富状况和偿还贷款态度等的因子得分，可能是非正规信贷中“人情”的因素较为重要，反而企业家的密切亲属行政级别高低、财富状况对企业是否获得非正规借贷不太重要。

④人际信任因子。该因子包括是否得到亲友帮助的因子得分。人际关系本身是一个复杂且多维度的关系，可能受到以下因素的影响：首先是时间跨度。获得帮助行为可能发生在不同的时间点上，而借贷决策通常基于当前的信任状况。因此，过去的帮助可能不足以影响当前的借贷决策。其次是帮助类型。互助行为可能包括经济、社会、情感等多个方面。不同类型的互助行为在信任建立中的作用可能有所不同，且可能相互交织，使得互助程度的影响变得复杂且难以量化。

⑤社会责任履行度因子。在社会信任要素中，导致社会责任履行度变量对企业非正规信贷可获得性不显著的原因可能是：社会责任履行度是一个相对抽象且难以量化的概念。尽管企业可以通过发布社会责任报告、参与公益活动等方式来展示其社会责任履行情况，但这些信息往往难以被非正规信贷市场的参与者所准确评估和验证。因此，即使企业在社会责任方面做出了积极努力，也可能因为量化与评估难度问题而无法在非正规信贷市场中获得明显的信任提升。

第六，从社会信任构成分量影响正规信贷可获得性的二元逻辑回归结果看：普遍信任、网络密度、信用意愿与能力三个变量的影响是显著的，且是负向关系，与实际情况不符；特殊信任、网络规模、银企关系的影响也是显著的，且是正向关系。

第七，影响正规信贷可获得性的其他变量如先赋资本、人际信任、社会责任履行度等是不显著的。反映父母职业的先赋资本、反映是否得到亲友帮助的因子得分的人际信任、是否参加社会公益活动的社会责任履行度等因子得分等指数属于企业家特殊关系信任，这说明正规金融组织受到正式制度约束，倾向于向受国家强制约束力强的企业提供贷款，导致特殊信任分量指数对于企业正规信贷可获得性的影响不显著，也恰好印证了特殊信任对非正规信贷的正向影响，以及现代社会信任对正规信贷的正向影响。企业要获得正规金融，必须从个人的关系信任向社会信任转型。正规金融机构是信任层级最高的组织，企业家对亲人的特殊信任水平只能降低非正规信贷的成本而不能降低正规信贷的成本，因此，先赋资本、人际信任、社会责任履行度等对于企业获得正规信贷并不是最重要的。

第八，从社会信任分量指数影响信贷可获得性的二元逻辑回归总体结果看，无论是企业获取非正规信贷资源还是正规信贷资源，信任都是一个关键变量。这说明信任是信贷的基础，信任能够降低企业违约的风险，提高企业还贷的积极性。不仅正规金融组织重视信任，而且非正规金融组织和个人更加看重信任。由于非正规借贷常常发生在相互熟悉的社区，借贷双方相互间彼此了解，信息透明度高，放贷者主要根据对借款人的了解程度、借款人的信用状况作出发放信贷的决策，借贷手续相对简单，因此信任对于非正规信贷可获得性异常重要。

第九，影响信贷可获得性的因素是多方面的，除了社会信任因素以外，还可能包括经济因素、政策因素等。但由于因子分析时所选择的负载绝对值以0.600作为解释因子的分割点，所以部分因子未能进入二元逻辑回归模型中。

# 第七章 政策建议与研究展望

本书的理论研究部分通过剖析企业家社会信任对中小企业获得信贷的内在作用机制，分析了企业家的关系社会信任对中小企业获得非正规信贷具有的重要作用，揭示了中小企业普遍依赖非正规信贷融资的深层原因；探讨了社会信任对中小企业突破正规信贷融资障碍的作用；分析了整合企业家社会信任资源具有现代社会资本的属性，能够改善中小企业的正规信贷融资困境，从而为实证研究提供了理论依据。在上述研究的基础上，本章尝试从企业家自身社会信任与社会信任的建构、非正规金融的规范发展、正规金融制度建设和政府在社会信任建构中的作为等方面提出若干有助于破解中小企业信贷融资困境的政策建议，为促进中小企业的发展提供有价值的参考。同时，本章简要分析了研究的不足，并提出将来值得继续深入研究的方向。

## 7.1 政策建议

### 7.1.1 实现中小企业从个人信任向社会信任转型

（1）企业的成长的实质是企业的个人信任向社会信任逐步转移的过程

企业的融资行为是其成长历程中的关键一环，其实质反映了从个人信任（或关系信任）向社会信任逐渐过渡的趋势。在创业及发展初期，中小企业因其独特性，个人信任在其社会资本构建中占据主导地位，这一现象既具有必然性也具备合理性，且与中小企业所处的转型期宏观制度环境、社会文化背景及市场环境紧密相关（何显明、何建华，

2006)。特别是在家族及泛家族文化浓厚，同时产权等市场经济配套法律制度尚未完善的中小企业群体中，为了缩减交易成本并加速自身发展，个人信任自然而然地成为了中小企业获取社会资本的首要途径，并对企业的快速崛起起到了显著的推动作用。

（2）发挥个人信任的正面效应

从个人信任对非正规金融的作用机制来看，中小企业非正规金融活动深深植根于熟人网络之中。在这一特定范畴内，交易与合作所遵循的非正式规范及制度是行之有效的。然而，当非正规借贷活动超出个人信任的有效范围时，便会出现信任局限、规范失效的情况，导致社会资本的功能障碍（陈军、曹远征，2008），进而引发非正规借贷的执行难题。因此，中小企业的非正规借贷活动往往被局限于熟人社会的框架内，其融资基础主要依赖于特殊信任，即人际关系信任。相比之下，在正规借贷领域，促进交易与合作形成的信任则是更为宽泛的一次性信任，也就是“陌生人信任”——一种制度化信任。由于企业家的信任结构呈现出“差序格局”的特点，即对内高度信任，对外信任度相对较低，信任具有一定的边界性。因此，企业家的制度化信任必须建立在正式制度和组织的基础之上，并受到正式制度的强制性约束。鉴于此，新时期中小企业要提升社会信任水平，就必须尽快构建基于社会信任的企业社会信任网络，实现从个人信任向社会信任的企业资本转型。这不仅是中小企业提升融资效率、拓宽融资渠道的关键，也是其实现可持续发展、增强市场竞争力的重要战略选择。

（3）建立制度化信任

制度化信任是企业实现可持续发展的关键。通过完善公司治理结构、建立健全信用管理体系、加强信息披露与沟通、强化制度执行与监督以及推动企业文化建设等措施，企业可以逐步建立起基于正式制度和组织结构的信任体系，为企业的长远发展奠定坚实基础。同时，企业还应持续关注外部环境变化，不断调整和优化制度化信任构建策略，以适应市场发展的需求。

### 7.1.2 建构企业及企业家的社会信任

中小企业融资难是由外部环境形成的外部障碍和企业内部障碍共同作用的结果，因此，中小企业融资行为也必须从企业内外部共同努力，消除不利的影响因素，最终解决中小企业融资难的问题。

对于中小企业而言，企业家不仅是企业社会关系网络的建构者，而且是企业社会资本的利用者，因此，企业家社会信任在很大程度上代表了企业社会信任。企业家应该建构有助于企业在市场经济条件下经营发展的社会信任，重点培育和发展现代社会信任而非传统的血缘、亲缘为基础的关系信任，以改变企业信贷融资难的境况。鉴于中国社会的特殊性和本章的研究结论，新时代企业家社会信任的建构应该遵循以下两个原则：一是发挥传统社会信任即个人信任的积极效应；二是积累和提升社会信任，扩大现代社会资本的规模。

（1）提高企业家综合素质

随着中国市场经济的逐步完善，一些不规范的市场行为将逐步被人们所摈弃。如果企业经营者自身素质不高，不愿突破传统的血缘、地缘人际关系网络，就难以把握未来的市场变化和产业动向。一般认为，企业家的信任是企业家竞争力与企业家品格两个因素的乘积。因此，企业家应该具有深厚的伦理道德基础，继续弘扬优秀的传统文化，加强优秀传统文化熏陶，培养良好的个人品行以树立良好的社会形象，增加企业获得融资的机会。优秀的传统习俗、价值、道德等社会规则对于企业家具有较强的约束力，因此，必须加强企业家队伍的建设。通过培训、组织企业家到国内外先进地区参观、交流等形式，开拓企业经营者眼界，提高其综合管理素质。在边燕杰对企业社会资本的研究中，企业法定代表人受教育程度每增加一个水平，其社会资本就提高约8%；反之则减少约8%。因此，提高教育水平是个人投资社会资本的一条有效途径。具体而言，企业家可以通过学习和工作经历加强优秀传统文化的熏陶，充分挖掘传统伦理文化的精髓，塑造个人品行。首先，企业家应该利用各种教育和培训机会有意识地学习中华民族优秀文化，提高文化素质，增加个人的社会责任感，成为品格高尚的、胆识才能俱备的、言行一致的优秀企业家。其次，通过工作交往加强优秀传统文化的熏陶。企业家与不同阶层、不同领域、不同背景的人相互接触，形成广泛联系，能够不断地改变和塑造个人的品行特征，提高企业家个人综合素质。最后，企业家在经营管理过程中应该倡导良好的道德规范，培育诚信文化：将诚信作为企业文化的核心价值观，营造诚信经营的良好氛围。强化责任意识：增强员工的责任感和使命感，鼓励员工积极参与企业建设，共同维护企业信誉。

（2）提升企业家及企业的信用和信誉水平

在中小企业的管理过程中，存在大量的企业家利用信息不对称欺骗供应商、顾客、银行等的事例，这往往给中小企业的信用和信誉带来负面影响。市场经济是一种资金约束型经济，也是一种信用经济。拥有较高信用和信誉水平的企业家不仅更容易赢得其他人的信赖，而且能够通过企业家个人的良好社会形象、个人魅力将员工、合作伙伴、顾客联系起来，增加企业凝聚力，促进企业间的相互信任，有利于与合作伙伴建立长久的合作，并获得更多的融资机会，尤其是获得正规金融机构的贷款机会。企业家自身应致力于提高内部管理水平，重建中小企业信用，采用正确的融资策略，降低信息不对称成本。家族企业应当认识到，资金短缺是人才短缺、管理水平不高的反映。如果不从根本上解决问题，筹集到的资金利用效率也会不高。因此，为破解企业的信贷融资困境特别是解决正规信贷融资困难，企业家必须进一步提升企业家的信用和信誉水平，促进企业家特殊的人际关系信任向制度化信任转变，这是建构企业家现代社会资本的关键。首先，企业家应该确立市场经济是信誉经济的观念。在企业生产、销售、管理、融资等过程中，始终恪守职业道德，讲求信用、维护信誉，树立良好的社会效应。其次，加强企业家个人的信誉建设，搭建企业家信誉平台。企业家应该积极、主动利用网络媒体构建信誉平台，关注员工利益、企业与社区的关系、银企的信用关系以及企业的社会责任，及时公开企业家个人的信誉建设情况，接受全社会的监督。再次，积极加入行业协会组织。行业协会组织属于社会中间组织，能够培养出相互承担责任、共同分享权力和以信用和信誉为基础的合作精神。企业家融入这些组织不仅能够与其他企业家交流，而且有助于提升自身的信用和信誉水平，并能分享到网络内部的信息优势、交易成本优势等。最后，提高企业的信用水平。企业融资与信用文化有着密切的关系，企业信用制度重建是改善企业融资环境、提高企业融资效率、建立新型企业融资机制的重要前提和条件。重建企业信用制度要确立企业信用文化，在企业文化的核心价值观中突出信用要素的重要地位，形成企业信用的内在约束机制。

（3）增强法治观念，规范企业行为

加强法治观念，规范企业行为，可以促使企业家诚信交易、守法经营、有序竞争，提高信用水平。这意味着企业家受到正式的法律、法规制度约束性越强，企业越容易获得金融机构的贷款。因此，转型期企业家除了要加强优秀传统文化的熏陶外，还要树立正确的法治观念，自觉遵守信贷纪律规范。市场经济也是信用经济，市场经济的发展需要与发达的市场信用和法律法规制度相适应，因此，企业要获得充分的发展空间，突破正规金融困境，必须树立正确的法治意识，转变某些错误的观念，消除短期行为，立足于长远发展，重视信用制度的建设。要尽快建立起有效的财务制度，改变农村中小企业现有的企业财务制度不健全、财务信息不真实等这些严重阻碍金融机构对其资金投入的制约性因素。企业家也要十分注重个人的信用积累，任何不良信用记录会使企业失去在正规金融机构的融资，应在法制框架内履行信贷合同的规定，提高正式制度的约束力。

（4）建构新型社会关系网络

企业家的新型社会关系网络不同于建立在血缘、亲缘、地缘等关系基础上的传统社会关系网络，是一张建立在以学缘、业缘为基础的包括客户网、朋友网、信贷网等在内的大网，能够扩大企业家的现代社会资本规模，从而获得更多的正规金融的机会。

①构筑与法律法规体系衔接的社会信任网络。

影响个体经济行为决策的法律和社会信任网络属于典型的正式和非正式两种制度，两者具有不同的适用环境、合作机制、经济属性和成本结构秩序，对企业融资行为选择有着不同的影响模式。我国正处于向规范的市场经济法治秩序转轨时期，市场经济的正式规则尚没有完全确立，既有公开化的法律制度规则，又有隐蔽性的社会信任网络的关系规则，法律与社会信任网络之间的共存和互动存在于每个经济行为中。在企业融资环节，制度化信任与正规融资、社会信任网络与非正规融资相对应。因此，在非正规融资活动中，企业只有遵守法律和社会信任网络规则，才能实现融资的可获得性。

②建构以业缘关系为核心的新型社会信任网络。

从社会信任网络发展特征看，社会信任网络可分为传统社会信任网络与现代社会信任网络。传统社会信任网络往往是以血缘、亲缘、地缘关系为核心，是一种“由亲而信”的信任关系，具有“差序格局”的结构特征，其网络呈现闭合状态，具有网络同质性高等特点。传统社会信任网络虽简化了借款程序与手续，增进了企业间的交易与合作，降低了交易成本，但其作用力仅限于一个乡土社会或熟人社会。随着企业的业务扩张，企业家的交往范围及活动空间将得到大幅提升，其关系结构网络也将发生变化。企业家需要构建一种与企业发展相适应的现代新型社会信任网络，这种网络将更多地以业缘关系为核心，网络将呈现更多异质性、开放性、动态性等特征，更适合于陌生人社会，并逐步向正规融资靠拢。从更广阔的社会网络中捕捉商机，嵌入不同的社会信任网络并实现网络资源的整合，是企业构筑信任网络的目标所在。因此，对于企业主来说，更应该关注社会网络平台的建设与发展，并通过互动频率、感情力量、亲密程度、互惠交换等维度来发展社会网络关系，获取更多的信贷资源，提升融资可获得性的。

③优化信任网络结构，提高企业资金可获得性的能力和水平。

一般而言，较高阶层地位和声誉背景的企业主能够拥有更多的金融和社会资源，实现资源的整合与能力提升。在依托血缘关系的亲戚朋友之间，依托业缘关系的上下级和合作伙伴之间，依托地缘的政府管理机构和社会服务网络之间，各种类型社会关系的互动所形成的集合才是经营活动的根本特质。随着中小企业的不断发展，企业主的社会信任网络在网络密度、层次和结构等方面将得到更大的发展，社会信任网络不断丰富和提升。要维系企业主在社会信任网络的主体位置，需要企业主扩大和拓展其获取社会资源的能力，不断调整优化、提升其社会信任网络结构，并利用自身的社会网络权力，实现社会信任资源的积聚和扩散，巩固和扩充其影响社会信任网络的规模和强度，进一步提高企业资金可获得性。

④构建非正规融资与正规融资协调发展的社会信任网络。

伴随着中小企业的快速发展和经营规模的扩大，有限的个人关系网络资源难以满足企业做大做强的需求，企业主必将进一步拓宽其融资途径与渠道，获得更有保障、成本风险更低的正规融资。这就需要中小企业将银行为代表的金融机构纳入企业主的社会信任网络之中。在与金融机构的关系互动中，企业主可以选择强联系，即企业主须根据银行贷款条件，调整自身的审贷信息提供机制和完善担保品，通过多次借款活动以及与银行等金融机构的多次博弈，将其纳入自身的社会信任网络体系，最终实现中小企业非正规融和正规的双向融资，从根本上解决中小企业的融资难题。

### 7.1.3 规范发展非正规金融

在非正规金融和正规金融并存的信贷市场上，非正规金融广泛存在并在中小企业融资中发挥着重要的作用，改进了缺乏信息的正规金融部门的信贷配置效率，使得整个信贷市场可以达到最优的市场均衡（林毅夫、孙希芳，2005）。非正规金融作为中小企业融资的一种主要渠道，有其存在的必要性。它具有其他融资渠道难以替代的优越性：非正规金融风险收益搭配合理，利率、期限灵活，手续简便，适应企业临时性资金需求，借贷的信息成本和监督成本较低。因此，对于非正规金融应该针对不同地区的具体情况区别对待，适当规范和引导非正规金融的发展，以破解中小企业融资困境，进而促进中小企业的发展。

（1）不断提高制度对非正规金融的约束力

非正规金融已经成为中国金融体系中的重要组成部分，是正规金融功能的重要的、有益的补充。非正规金融既有有利于中小企业融资的一面，又有潜在蔓延性以及不规范的一面，主要表现为：从微观角度看，由于缺乏制度规范，这些金融组织往往治理机制不到位、业务管理不完善、风险控制不健全，在这种情况下它们难以具备持续发展的能力；从宏观角度看，由于缺乏合法地位，非正规金融给金融监管带来很大困难，增加了难以有效识别和控制的宏观金融风险。虽然传统的社会资本的规范对于企业获得非正规信贷的作用明显，但传统的人情、面子、声誉等毕竟不具有法律约束力，也可能扰乱正常的信贷秩序。因此，要推动非正规金融组织的健康发展，应尽快建立健全各种与非正规金融相关的法律法规以提高正式制度的约束力。首先，要依据一定的标准和条件给予民间自发的金融组织以合法地位，这样才能以法律进行规范和监督；同时要尽快制定与民间借贷相关的法规，对民间融资主体双方的权利义务、交易方式、契约要件、期限利率、税务征收、违约责任和权益保障等方面加以明确，规范和引导民间融资健康发展。其次，建立一整套合理的治理机制、管理流程、风险防控体系和政府监管制度，从而保证非正规金融组织的持续、健康发展。最后，应加强对非正规金融组织和行为的监测和监管，具体有：一是要加强对非正规金融组织及非正规金融信贷情况的监测，尽快建立非正规金融信贷融资信息采集机制，定期收集有关数据，分析非正规金融对经济和社会可能产生的影响，并据此实施调节。二是要积极依托中央银行现有的信贷登记系统和个人征信系统，探索开展非正规金融组织融资方的信用登记，为民间融资搭建交易和信用平台，加强对失信者的限制与处罚，维护正常的民间融资秩序。三是要对非正规金融组织监管主体以法律法规的形式加以明确，消除监管盲区，保护正当的民间融资行为，打击非法集资，促进民间融资组织成为一支健康发展的融资力量。这样做，既可以把非正规金融组织纳入监管部门的视野，准确地把握非正规金融交易的规模和发展动向，以便为经济和金融宏观决策提供可靠依据，同时也可以有效地防止借贷纠纷，有利于建立正常的民间融资秩序。

（2）探索“社区金融”的新模式

近来在美国、欧洲、日本等地迅速发展的社区银行在为当地中小企业和居民提供金融服务方面取得了良好成效，这为我国中小金融机构的发展模式带来启示。所谓社区金融，是指在一定地区的社区范围内按照市场化原则运营、主要服务于中小企业和个人客户的中小银行。在经营特色和发展战略上，社区金融强调的是在特定社区范围内提供针对客户的个性化金融服务，与客户保持长期性的业务关系（巴曙松，2002）。因此，发展社区信任关系可以防止信息不完全和非对称。

我国辽阔的地域、庞大的市场以及企业间众多的差异性决定了全国性的大型银行难以有效掌握不同地区的市场和客户信息，作为区域性金融中介，社区金融生存的比较优势突出地反映在其所从事的关系型贷款上，而这种业务是以“软信息”的生产和运用为基本前提。社区金融由于长期与企业及其所有者、供货商、客户和所在社区等在多个渠道上接触，积累了关于企业的大量信息。社区金融基于地缘优势上的信息优势，具有超过企业财务报表、担保品和信用分数等的显著价值，从而有助于促进关系型贷款的发放者能够更好地解决借款人的信息不透明问题（巴斯和库滕，2005；伯格和尤德尔，2000、2002），使社区银行能够以较低的交易成本开展经营活动，相关的实证研究也支持这一结论（安祥，2007）。

（3）发展中小金融机构，改善农村金融结构

围绕信息不对称问题的解决，不少学者呼吁大力发展地方性、民间中小金融机构，改善地区金融结构，以破解中小企业融资困难的状况，但这个方案是否具有可行性和可持续性，关键在于借贷双方的信息不对称问题如何解决。

从信贷需求角度看，中小企业对资金的需求常常具有很强的时间性，但现行的银行贷款程序使得它们难以及时获得资金，抵押贷款时相对偏高的资产评估费用又使得家族企业获取银行信贷所需成本几乎与民间金融借贷相同。因此，即使在不存在所有制差异的融资体系中，中小企业的发展也强烈需要地方性民间金融机构为其提供金融服务。而地方性民间金融机构能够充分利用地缘、血缘、人缘等关系形成的特殊信任，利用区域范围内的频繁联系、信息共享以及重复交易所形成的合作规范克服信息不对称，低成本地了解到中小企业的经营状况、项目前景和信用水平，容易克服信息不对称和交易成本

较高这一金融服务业的障碍。并且，同一地区的人自然知道彼此的信用状况，可以省去大量的调研费用，减少审核批准程序，从而使金融业务的成本降低，使供求双方达到双赢。所以，中小企业的发展强烈需要地方性民间金融机构的支持，而民间金融机构具备本地化优势也使得其愿意为中小企业的发展提供资金支持。

### 7.1.4 加强获得正规金融的制度建设

从创新主体看，我国现行金融制度依托政府的信誉以弥补社会信任不足，正规金融机构因有国家资本的参入而取得了社会信任。因此，金融监管部门可以采取集权形式，通过直接和间接的手段自上而下组织实施创新。随着社会信用体制的建立与健全，社会普遍信任的加强，微观经济主体拥有清晰的产权和自主决策的能力，能力信任和履行社会责任能力不断增强，拥有足够的经济实力来承担金融制度创新的成本和风险，为金融制度由供给主导型向需求诱导型变迁提供可能。从创新内容来看，金融制度改革应立足于中小企业的融资需求特征，创新信贷产品和担保方式，采取还款激励机制等措施，建立满足中小企业融资特点的多层次、多元化的金融服务体系。应规范发展与不断完善多种形式的、适合中小企业融资特点和需要的、为中小企业提供有效服务的制度创新性金融机构和企业。

伴随着经济不断发展和市场机制的逐渐完善，传统的以血缘、亲缘关系为基础的关系信任将被现代的以市场规则为基础的现代企业社会信任所取代。正如斯蒂格利茨在研究正规与非正规制度之间的关系时曾指出，随着社会经济的发展，社会资本也会发生相应的变化，让人际关系网络部分地被基于市场经济的正式制度所代替。根据社会信任对中小企业正规信贷获得的作用机理，在现阶段，为破解中小企业正规信贷融资困境，重点应加强正规金融制度建设，可从以下几个方面着手：

（1）加强企业的信用制度建设

正规金融契约是一种信任密集型契约，需要与层级较高的信任水平相匹配，低水平的信任即纯粹的人际关系信任（也称为特殊信任）作用有限，有利于交易和合作形成的信任是范围更广的社会信任，也即制度化信任。在这种情况下，为促进中小企业与正规金融机构达成普遍的金融契约关系，必须加强信用制度建设。加强中小企业信用制度建设，提高企业的信用能力，是提高企业获得正规金融的基础。通过培育企业家的信任、互惠、合作等公共精神，促进人际关系信任到制度化信任的转变，以提高整个社会的信任水平。提高中小企业信用能力，一方面要加强中小企业信用软实力建设，树立诚信文化理念，打造诚信经营品牌，以一种积极主动的态度防范“逆向选择”，规避“道德风险”。同时，进一步增强中小企业自身的经济实力，优化资产配置，改善经营管理，降低财务成本，提高产品科技含量，提高资金使用效率及企业市场竞争力。企业不仅要重视企业文化、资本实力、有效资产、经营规模等信用能力的提高，还需完善企业内部信用管理机制，全面提升企业信用管理能力和管理水平，密切银企关系，实现银企博弈均衡。

（2）完善公司治理结构，控制系统风险信用制度

以产权制度为基础，产权明晰是社会信用体系赖以生存发展的基础和前提。我国许多中小企业产权不明，企业信用管理缺乏有效的约束机制，信用体系基础脆弱，系统性风险大。完善公司治理结构，明晰产权关系，建立现代企业制度，加强风险管理，已成为中小企业加强信用管理、规避系统风险的重要内容。

（3）提高中小企业信息披露质量，缓解信息不对称风险

在正规信贷融资中，中小企业对自身的经营状况、资产质量、偿还贷款意愿以及承担信贷风险等方面信息具有更大的知情权，处于信息绝对优势地位，而银行则处在信息劣势的地位。信息不对称放大了融资风险，影响着企业的融资成本、融资结构和融资行为，也直接削弱了银行对信贷资金的供给意愿。提高中小企业信息披露质量，是解决信息不对称、缓解信贷融资风险的重要手段。提高中小企业信息披露质量，一是要建立健全中小企业信息基础数据平台，及时披露企业登记、合同履行、银行贷款偿还、产品质量、企业经济合同纠纷以及法定代表人信用记录等情况。凭借数据平台，如实反映企业品质、财务状况、资产质量、经营状况、支付能力、社会信誉、发展潜力等信用能力指标，完善企业自我约束、自我完善和自我发展的信用管理机制。二是要建立健全企业资信及信用信息系统，规范市场信息传递机制，全面、及时、准确地反映中小企业的诚信状况及经营风险信息，为银行等金融机构开展信贷提供真实、有效的资讯，实现对信贷风险的有效控制。三是通过开放式的信用资讯平台，将企业的诚信行为置于社会监督之中。一方面将企业失信行为公开化，增加企业的违信成本，加强对违信行为的监督与惩戒；另一方面加大对守信企业的正面引导与激励，鼓励企业诚信经营，促进企业关注长

期利益，实现中小企业可持续发展。

（4）发挥第三方信用评级的作用，提升中小企业信用水平

在非对称信息背景下，尽管企业拥有信息绝对优势，但企业为实现低成本快速融资目的，对自身信用及可抵押资产质量评价，往往会做出利己性选择，而将信用成本与融资风险转移给银行。而银行在信息资源相对匮乏的背景下，基于信用成本及风险方面的考虑，对中小企业的信贷采取更为审慎或消极的态度。因此，通过一个具有客观、公正、独立、专业的第三方信用评估机构及担保机构对融资企业信用作出公平、公正、公开、公允的评价，有利于实现双方彼此互信、紧密、持久的银企合作关系，并在中小企业融资发展中起到“催化剂”作用。第三方信用评级是企业建立信用管理机制的基础，是提高中小企业信用水平的重要途径，有利于帮助中小企业提高信用透明度，弥合中小企业的信用缺口。降低银行贷款的成本是解决市场信息不对称及信用风险防范的重要工具。因此，中小企业要在资本市场赢得银行的认可，除加强自身信用体系建设外，还可以通过第三方的参与，完善企业信用及债权性资产评估标准，挖掘自身价值，督促自身强化信用意识，不断提高经营管理水平。通过第三方信用评级机构对中小企业信用现状与信用增级进行权威性评级，不仅有利于健全中小企业信用服务体系，提高企业融资效率和信用意识，而且有利于为银行提供更为专业的信用服务，缓解信息不对称导致的信贷风险，解决逆向选择引起的信贷配给问题，化解再融资的道德风险，降低银行的信息成本、机会成本与经营成本，提高银行对中小企业贷款的积极性和有效性。

（5）转变经济抵押为社会抵押的信贷方式

从上述理论分析可知，信任可以起到社会担保作用。社会资本的核心就是创造强有力的信用关系，能够充当抵押品，其作用机制就是充分利用传统社会资本的网络机制、信任机制以及社会压力，以减少企业违约的可能性和道德风险，增强企业的获贷能力。这对于缺乏足够有效抵押品的中小企业而言尤其重要，转变了传统的以实物抵押为主的信贷方式，变经济抵押为社会抵押，充分利用了企业家社会关系网络的作用，借助社会资本降低监督和交易成本，促进中小企业正规信贷融资效率的提高。这种创新的信贷方式，还可以考虑建立以企业家社会资本为依托的融资体系，充分利用企业家社会关系网络，探索多样化的小额信贷模式。

（6）创新信用担保制度

目前信贷市场的信用担保制度设计与中小企业经济实际条件之间的差异很大，现行制度安排无法促使中小企业金融交易有效进行及拓展。为缓解这种困境，可以考虑建立基于小微企业特性的互助合作担保模式，这种模式能够排除中小借款主体向金融机构融资担保能力不足的障碍，可以有效缓解目前的信用担保困境，实现促进农村中小企业与正规金融机构交易的目的。互助担保机构是在一个小的社区范围内，成员之间存在基于经济或是地缘、血缘的特殊联系，每一成员都投入一定的资金，形成担保基金，这一基金作为成员从银行获取贷款的担保基金。互助担保机构不以营利为目的，担保机构的运作和集体决策所依据的规则是在一定经济、地域联系基础上具有自我实施机制的社区规范，以集体合作、相互回报和共同分享为特征。在互助担保机构中，基于共同的道德规范和经济联系，成员之间存在特殊的“团结”理念，促进了正规信贷契约的有效履行。显然，互助合作担保模式切合社区经济社会的实际，与区域社会企业家的“差序格局”关系网络相吻合，更好地提升了中小企业信贷交易效率。因此，应大力推广这类充分利用社会资本降低信息不对称、交易成本和信贷风险的信用担保机构，进一步完善中小企业信用担保体系。具体可以采取多渠道筹措资金和多种组织形式，积极促进中小企业担保公司的建立，鼓励社会团体、行业协会、企业群体共同出资设立以中小企业信用担保为主要内容的互助担保机构，增强担保机构担保能力，加强政策扶持和风险管理并举，建立资本金补充机制，保障各级担保机构的可持续发展，拓宽中小企业的受益面。

### 7.1.5　加强社会信用体系建设，优化中小企业融资环境

（1）加强信用治理，从法律层面推进社会信用体系建设

近年来，我国连续出台了加强中小企业和社会信用体系建设方面的政策，如《关于加强中小企业信用担保体系建设的意见》《中国人民银行关于开展中小企业信用体系建设试点工作的通知》《关于进一步强化中小微企业金融服务的指导意见》《社会信用体系建设规划纲要（2014—2020年）》等。这些文件的发布对社会上的各种失信行为形成了一定的威慑与约束，但是还应尽快制定独立的、系统的信用管理条例，加强社会信用法律建设。

（2）加快社会征信系统建设，构筑中小企业融资平台

征信是社会信用体系的一个重要构成部分，没有征信建设，社会信用体系就失去了重要的载体——信用数据。因此，社会信任、征信系统都有助于解决信息不对称问题，对企业融资可获得性起到有效的作用。社会征信系统是从正规制度方面全面了解交易对手的信息，为客观评估信用风险提供全面的信息保障，是事前控制信用风险的最佳方式。正规金融需要现代社会信任，制度化信任的渴求增强了主体间共享信息的动力。征信机构也被世界银行称为重要的金融基础设施之一。所以说，征信是现代经济中预防道德风险和逆向选择的重要制度设计，是维护现代经济健康运行的重要保障。

商业银行对中小企业的信贷融资的风险评级必须以可靠的企业征信为基础，加快社会征信系统建设，应做好以下几方面的工作：

①有效执行信用管理条例，发挥信息征集、使用、披露、保护和监管的作用。

②建立全社会信用标准体系，采用标准化的技术和手段，推动社会信用健康发展。

③依托中国人民银行的企业和个人征信体系，加强各地区、各行业和各部门间的协作，建立信用信息共享平台，促进征信信息的互联、互通和共享。

④开展中小企业信用评级，多层次、全方位、连续及时掌握中小企业的征信状况。

⑤建立多部门共同参与的中小企业融资平台建设，引导商业银行增加对中小企业的信贷支持，提高对中小企业的金融服务水平。

（3）培育现代信用服务体系，推进信用服务社会化进程

随着社会对信用需求增长，信用服务业已成为重要的新兴行业。信用服务具有智力密集、技术密集、专业化程度高和市场集中度高的特点。应加强信用服务标准化工作，构建信用社会化服务体系。

①构建完整、科学的信用标准体系，包括信用基础标准、信用技术标准、信用产品标准、信用服务标准及信用管理标准。通过标准化，实现信用评级的公正、客观和真实，最大程度规避应收账款质押融资的道德风险与经营风险。

②以市场为导向，培育和扶持信誉好、实力强、业务精、具有市场公信力的信用服务中介机构，降低全社会信用管理成本。

③加强对信用服务业的监管，建立健全市场监管体系，严格市场准入，规范信用管理市场秩序，提升信用服务业的社会公信力。

（4）加大违信惩治力度，营造诚信社会环境

配套建立信用监督惩戒体系，惩治失信行为，加大信用管理方面的立法和执法力度，明确处罚标准，加大惩治力度，提高违信成本；建立市场联防机制，对失信企业和个人依法进行信用公示、警告提示、限制消费、限制市场准入、降低信用等级、行政处罚等惩戒；对信用记录良好的企业和个人，政府有关部门在工商年检、纳税服务、政府采购、行政许可等方面给予政策性鼓励，金融、商业和社会服务机构给予优惠或便利，促使企业和个人信用行为逐步走向规范。

同时，要加强全社会信用道德教育，培育信用意识，加强信用安全管理，防范信用道德风险，营造诚信社会环境。彻底改变目前对违信的处罚较轻，违信的经济成本和社会成本偏低，违信获得的利益高于违信成本的怪相。

## 7.2 研究的不足之处

虽然本书利用社会信任理论探索了中小企业的融资可获得性问题，运用社会学的理论分析经济现象，但是中小企业的融资问题是一个世界性难题，因而作者在研究过程中必然受到自身认识、方法以及区域文化等诸多方面的限制。因此，本书还存在如下不足之处：

（1）在问卷投放方面

调查问卷主要在广西壮族自治区内的各市进行投放，采用实地发放调查表及问卷星平台相结合的收集方式，可能使得被调查者在认识上不足，出现有顾虑以及对调查表中的一些题项理解有偏差等情况，因而所收集的资料难免存在无效、填写不认真及不真实等情况。

（2）在样本数据方面

受时间等因素的限制，本次研究仅选取了广西壮族自治区部分地区的中小企业进行实证研究，且投放区域仅限于广西壮族自治区，存在投放范围过于集中、随机性不够的情况，可能会导致数据产生偏差。

（3）在研究内容方面

本书主要从社会信任视角来研究中小企业的融资可获得性，没有考虑金融机构信贷供给以及其他经济和政治因素对中小企业融资可获得性的影响，而且区域文化、经济发展的差异也会影响研究结果，这些都使得研究内容存在一定的局限性。

## 7.3 未来研究展望

运用社会信任理论分析中小企业融资可获得性问题是研究中小企业融资问题的一个新的分析视角，还有许多有待进一步开展的研究。

第一，由于历史资料的欠缺和取得的难度，本书难以从时间上获取纵向数据对中小企业在不同时期融资的可获得性进行研究，也难以完全获得征信体系建设程度不同的地区、经济发达的东部地区与经济落后的西部地区的横向资料进行对比，部分研究结论难以得到直接的数据检验。因此，如何采集纵向数据，了解不同时期中小企业的融资模式的演变及其特点，如何采集到横向数据分析不同地区的中小企业融资可获得性的差异将是今后继续探索的方向。

第二，从企业家社会信任切入分析中小企业融资问题，抓住了中小企业的社会信任网络的核心，而如何进一步从中小企业层面来分析社会信任对中小企业融资可获得性的影响成了将来继续研究的内容。

# 参考文献


[1] 林南. 社会资本——关于社会结构与行动的理论［M］. 上海：上海人民出版社，2020.

[2] 边燕杰，丘海雄. 企业的社会资本及其功效［J］. 中国社会科学，2000（2）：87-99.

[3] 边燕杰，张文宏. 经济体制、社会网络与职业流动［J］. 中国社会科学，2001（2）：77-89；206.

[4] 边燕杰. 城市居民社会资本的来源及作用：网络观点与调查发现［J］. 中国社会科学，2004（3）：136-146；208.

[5] 陈晓红，刘剑. 我国中小企业融资结构与融资方式演进研究［J］. 中国软科学杂志，2003（12）：65-71.

[6] 陈晓红，吴小瑾. 中小企业社会资本的构成及其与信用水平关系的实证研究［J］. 管理世界，2007（1）：153-155.

[7] 储小平，李怀祖. 家族企业成长与社会资本的融合［J］. 经济理论与经济管理，2003（6）：45-51.

[8] 储小平，王宣喻. 私营家族企业融资渠道结构及其演变［J］. 中国软科学杂志，2004（1）：62-68.

[9] 樊纲. 金融发展与企业改革［M］. 北京：经济科学出版社，2000.

[10] 费孝通. 乡土中国［M］. 长沙：湖南人民出版社，2022.

[11] 冯兴元. 温州市苍南县农村中小企业融资调查报告［J］. 管理世界，2004（9）：53-66.

[12] 福山. 信任 社会美德与创造经济繁荣［M］. 郭华，译. 桂林：广西师范大学出

版社，2016.

[13] 郭斌，刘曼路. 民间金融与中小企业发展：对温州的实证分析［J］. 经济研究，2002（10）：40-46.

[14] 郭沛. 中国农村非正规金融规模估算［J］. 中国农村观察，2004（2）：21-25.

[15] 刘亦文，欧阳莹，丁攀. 中国农村非正规金融规模估算与时空演变特征研究［J］. 海南金融，2022（3）：10-25；61.

[16] 何广文. 中国农村金融转型与金融机构多元化［J］. 中国农村观察，2004（2）：12-20.

[17] 何广文，冯兴元. 农村金融体制缺陷及其路径选择［J］. 中国农村信用合作，2004（8）：24-26.

[18] 胡军，钟永平. 华人家族企业网络：性质、特征与文化基础［J］. 学术研究，2003（2）：37-41.

[19] 胡士华，李伟毅. 农村信贷融资中的担保约束及其解除［J］. 农业经济问题，2006（2）：68-71；80.

[20] 胡小平. 中小企业融资［M］. 北京：经济管理出版社，2000.

[21] 黄君慈，罗杰. 声誉、关联博弈与民间信用私人实施机制［J］. 江淮论坛，2006（3）：55-58.

[22] 李强. 增长与控制：从企业家视角透视中小家族企业融资［J］. 上海经济研究，2005（3）：43-49.

[23] 李伟民，梁玉成. 特殊信任与普遍信任：中国人信任的结构与特征［J］. 社会学研究，2002，17（3）：11-22.

[24] 林平，何伟刚，蔡键. 民营企业融资结构的总体状况和差异分析：基于广东的实证［J］. 金融研究，2005（11）：172-183.

[25] 林毅夫，李永军. 中小金融机构发展与中小企业融资［J］. 经济研究，2001（1）：11-18；53.

[26] 林毅夫，孙希芳. 信息、非正规金融与中小企业融资［J］. 经济研究，2005，40（7）：35-44.

[27] 林毅夫. 发展中小银行服务中小企业［J］. 瞭望，2000（16）：32-34.

[28] 毛云婷. 中小企业融资与中小金融机构发展探究 [J]. 中国商论，2018 (27): 48-49.

[29] 慕庆宇，王凤荣，王康仕. 中小银行发展如何影响民营企业创新？——基于异质性融资约束的机制分析 [J]. 山东社会科学，2019 (4): 127-133.

[30] 楼远. 非制度信任与非制度金融：对民间金融的一个分析 [J]. 财经论丛，2003 (6): 49-54.

[31] 卢燕平. 社会资本的来源及测量 [J]. 求索，2007 (5): 5-8.

[32] 罗杰. 基于关联博弈和声誉的私人契约执行机制：特殊信任主义条件下的民间信用研究 [J]. 商场现代化，2005 (11): 64-65.

[33] 田晓霞. 小企业融资理论及实证研究综述 [J]，经济研究，2004，39 (5): 107-116.

[34] 万俊毅，欧晓明. 还贷能力信任与农村中小企业融资难题 [J]. 农业经济问题，2005 (9): 31-36; 80.

[35] 王朝弟. 中小企业融资问题与金融支持的几点思考 [J]. 金融研究，2003 (1): 90-97.

[36] 王霄. 我国中小融资的合作行为：一项社会资本视角的演化分析 [M]. 北京：科学出版社，2012.

[37] 王宣喻，储小平. 信息披露机制对私营企业融资决策的影响 [J]. 经济研究，2002 (10): 31-39; 94.

[38] 杨其静. 财富、企业家才能与最优融资契约安排 [J]. 经济研究，2003 (4): 41-50.

[39] 张杰，经朝明，刘东. 商业信贷、关系型借贷与小企业信贷约束：来自江苏的证据 [J]. 世界经济，2007 (3): 75-85.

[40] 张杰. 中国农村金融制度调整的绩效：金融需求视角 [M]. 北京：中国人民大学出版社，2007.

[41] 张捷. 结构转换期的中小企业金融研究：理论、实证与国际比较 [M]. 北京：经济科学出版社，2003.

[42] 张维迎. 法律制度的信誉基础 [J]. 经济研究，2002 (1): 3-13; 92.

[43] 林丽琼. 社会资本视角下农村中小企业信贷融资机制创新［M］. 杭州：浙江大学出版社，2012.

[44] 罗正英，周中胜，詹乾隆. 中小企业的银行信贷融资可获性：企业家异质性特征与金融市场化程度的影响［J］. 会计研究，2010（6）：44-50.

[45] 张琦，陈晓红，蔡神元."规模歧视"与中小企业信贷融资——基于湖南中小企业问卷调查数据的实证［J］. 系统工程，2008（10）：61-66.

[46] 王锦慧，杨毅. 中小企业融资中银行贷款的可获得性——主要影响因素与地区差异［J］. 大连理工大学学报（社会科学版），2009（2）：46-51.

[47] 俞兆云，陈飞翔. 对中小企业信贷融资约束及其影响因素的实证研究［J］. 统计与决策，2010（8）：93-96.

[48] 周中胜，王愫. 企业家能力、信用评级与中小企业信贷融资可获性——基于江浙地区中小企业问卷调查的经验研究［J］. 财贸研究，2010（6）：10-17.

[49] 陈昆. 基于信息的信任——制度的生发机制探讨［J］. 社会科学家，2007（5）：72-76.

[50] 尤斯拉纳. 信任的道德基础［M］. 张敦敏，译. 北京：中国社会科学出版社，2006.

[51] 马得勇. 东亚地区社会资本研究［M］. 天津：天津人民出版社，2009.

[52] 帕特南. 独自打保龄球：美国社区的衰落与复兴［M］. 刘波，祝乃娟，张孜异，等译. 北京：北京大学出版社，2011.

[53] 王绍光. 民主四讲［M］. 北京：生活·读书·新知三联书店，2008.

[54] 杨明，等. 1995—2004年北京社会经济发展年度调查数据报告［M］. 北京：北京出版社，2007.

[55] 王俊秀. 中国社会心态研究报告（2023）［M］. 北京：社会科学文献出版社，2024.

[56] 王俊秀. 中国社会心态研究报告（2022）［M］. 北京：社会科学文献出版社，2023.

[57] 王俊秀. 中国社会心态研究报告（2021）［M］. 北京：社会科学文献出版社，2021.

[58] 张宜强，上官酒瑞. 复杂性与社会信任：卢曼思想研究 [J]. 华侨大学学报（哲学社会科学版），2024（4）：81-88.

[59] 黄卓，陶云清，王帅. 社会信用环境改善降低了企业违规吗？——来自“中国社会信用体系建设”的证据 [J]. 金融研究，2023（5）：96-114.

[60] 李叶，佘伯明. 社会关系网络对中小企业融资行为影响的实证研究——以广西为例 [J]. 广西职业师范学院学报，2022，34（4）：10-16.

[61] 刘变叶，陈安琪. 纾解小微企业融资困境的“双链”模式创新 [J]. 财会月刊，2023，44（22）：112-118.

[62] 刘建华，张敏锋. 优序融资与权衡理论比较研究——基于面板数据分数回归模型的实证 [J]. 牡丹江师范学院学报（哲学社会科学版），2021（6）：30-36.

[63] MYERS S C，MAJLUF N S. Corporate financing and investment decisions when firms have information that investors do not have [J]. Journal of Financial Economics，1984，13（2）：187-221.

[64] BERGER A N，UDELL G F. The economies of small business finance：the role of private equity and debt markers in the financial growth cycle [J]. Journal of Banking and Finance，1998，22（6）：613-673.

[65] ANGELINI P，SALVO R D，FERRI G. Availability and cost for small businesses：customer relationship and credit cooperatives [J]. Journal of Banking and Finance，1998，22（6）：925-954.

[66] STIGLITZ J E，WEISS A . Credit rationing in markets with imperfect information [J]. The American Economic Review，1981，71（3）：393-410.

[67] WETTE H C. Collateral in credit rationing in markets with imperfect information [J]. The American Economic Review，1983，73（3）：442-445.

[68] KANE A，MARCUS A J，MCDONALD R L. Debt policy and the rate of return premium to leverage [J]. Journal of Financial and Quantitative Analysis，1985，20（4）：479-499.

[69] BRICK I E，RAVID S A. On the relevance of debt maturity structure [J]. The Journal of Finance，1985，40（5）：1423- 1437.

[70] KIM C S, MAUER D C, STOHS M H. Corporate debt maturity policy and investor tax-timing options: theory and evidence [J]. Financial Management, 1995, 24 (1): 33-45.

[71] LEWIS C M. A multiperiod theory of corporate financial policy under taxation [J]. The Journal of Financial and Quantitative Analysis, 1990, 25 (1): 25-43.

[72] SCHOLES M S. Taxes and business strategy: a planning approach [M]. NJ: Prentice Hall, 2002.

[73] STOHS M H, MAUER D C. The determinants of corporate debt maturity structure. [J]. Journal of Business, 1996, 69 (3): 279-312.

[74] MORRIS J R. On corporate debt maturity strategies [J]. The Journal of Finance, 1976, 31 (1): 29-37.

[75] FLANNERY M J. Asymmetric information and risky debt maturity choice [J]. The Journal of Finance, 1986, 41 (1): 19-37.

[76] PETERSEN M A, RAJAN R G. The effects of credit market competition on lending relationships [J]. The Quarterly Journal of Economics, 1995, 110 (2): 407.

[77] BARCLAY M J, SMITH JR C W. The priority structure of corporate liabilities [J]. Journal of Finance, 1995, 50 (3): 899-916.

[78] GRAHAM J R. Do personal taxes affect corporate financing decision [J]. Journal of Public Economics, 1999, 73 (2): 147-185.

[79] FUKUYAMA F. Trust: the social virtues and the creation of prosperity [M]. New York: Free Press. 1996.

[80] MEYER J R, CONRAD A H. Economic theory, statistical inference, and economic history [J]. The Journal of Economic History, 1957, 17 (4): 524-544.

[81] COLEMAN J S. Foundations of social theory [M]. Cambridge: Harvard University Press, 1990.

[82] UZZI B. Embeddedness in the making of financial capital: how social relations and networks benefit firms seeking financing [J]. American Sociological Review, 1999, 64 (4): 481-505.

[83] LIUY J, LiIANG C Y, CHICLANA F, et al. A knowledge coverage-based trust propagation for recommendation mechanism in social network group decision making [J]. Applied Soft Computing, 2021, 101: 107005.

[84] XU Y X, GONG Z W, FORREST J Y L, et al. Trust propagation and trust network evaluation in social networks based on uncertainty theory [J]. Knowledge-Based Systems, 2021, 234: 107610.

[85] BLAY A D, GOODEN E S, MELLON M J, et al. Can social norm activation improve audit quality? Evidence from an experimental audit market [J]. Journal of Business Ethics, 2019, 156 (2): 513-530.

# 索引

# 后记

中小企业的存在既迎合了现代社会经济发展的需要，也是为了适应多层次生产力结构的需要。作为个体弱势而整体强势的群体，它们的生存和发展环境不尽如人意，特别是不能得到有效的信贷支持，长期处于融资饥渴状态。在政策扶持和市场的合力下，融资难的坚冰在慢慢融化，但与此同时，伴随着宏观经济环境的变化，新的问题不断涌现，又添加了许多变数，中小企业融资问题常议常新。

笔者长时间关注中小企业融资问题，深知所涉及的领域广泛，所以写作之前做了一些准备，尽管如此，动笔之后仍然感觉压力很大。随着思路的展开和探讨的深入，越来越受制于资料的欠缺和调研的不足，加之时间有限，有些书中论及的问题没有进行更深层次的剖析和论证，留下了遗憾。

书稿在撰写过程中参阅了大量公开发表文献，这些成果提供了大量可资借鉴的资料和观点，引发了作者深入的思考与探讨，在此谨向原作者表示诚挚谢意！受到笔者学识、水平、时间、精力的局限，书中难免有疏漏与不足，恳请专家、读者不吝赐教。

作　者

2024年9月28日于南宁